高等中医药院校通识教育系列教材

中华优秀传统文化概要

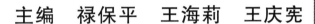

主编 禄保平 王海莉 王庆宪

郑州大学出版社

图书在版编目(CIP)数据

中华优秀传统文化概要 / 禄保平,王海莉,王庆宪
主编. -- 郑州:郑州大学出版社,2025.5. --(高等
中医药院校通识教育系列教材). -- ISBN 978-7-5773
-1030-5

Ⅰ. K203

中国国家版本馆 CIP 数据核字第 202592YU18 号

中华优秀传统文化概要

ZHONGHUA YOUXIU CHUANTONG WENHUA GAIYAO

策划编辑	陈文静		封面设计	苏永生
责任编辑	李瑞卿		版式设计	苏永生
责任校对	许久峰		责任监制	朱亚君

出版发行	郑州大学出版社		地　　址	河南省郑州市高新技术开发区
经　　销	全国新华书店			长椿路 11 号(450001)
发行电话	0371-66966070		网　　址	http://www.zzup.cn
印　　刷	新乡市豫北印务有限公司			
开　　本	787 mm×1 092 mm　1 / 16			
印　　张	12.25		字　　数	270 千字
版　　次	2025 年 5 月第 1 版		印　　次	2025 年 5 月第 1 次印刷

书　　号	ISBN 978-7-5773-1030-5		定　　价	48.00 元

编审委员会

总序

在新医科建设背景下,通识教育教学担负着新的历史使命。为培养具有专业素养和人文精神、全面和谐发展的高素质中医药人才,自 2014 年起,河南中医药大学开始探索适合中医药院校教育的通识教育教学改革。

截至目前,我校通识教育教学改革大致经历了三个阶段:改革与探索阶段(2014 年—2017 年),主要是贯彻通识教育理念,初步构建通识教育课程体系,建设通识教育师资队伍,探索构建通识教育教学运行机制和评价体系;完善与发展阶段(2018 年—2020 年),学校加入郑州市龙子湖高校园区六所高校联合组建的课程互选学分互认联盟,完善通识教育课程体系,改革考试评价体系;深化与提高阶段(2021 年至今),学校着力推动大类人才培养模式改革,成立通识教育研究中心,推进师资队伍建设,重塑通识教育课程体系,加强通识教育系列教材建设。学校通识教育注重突出中医药文化特色,将中国传统文化和中医药文化课程纳入通识课程,并坚持"五育"并重,将美学教育、劳动教育、国家安全教育等课程纳入通识课程模块,初步构建起了具有河南中医药大学特色的通识教育课程体系。2022 年,学校启动具有高等中医药院校特色的通识教育教材建设工作。

本套教材目前已建设 16 部,包含《汉字文化》《五运六气基础》《中外科技史》《劳动教育》《中国古代文学经典导读》《化学与生活》《旅游地理与华夏文明》《大学生自我管理》《生活中的经济学》《本草文化赏析》《中国饮食文化》《中医药人工智能及实践》《中华优秀传统文化概要》《情绪睡眠与健康》《常用软件及应用》《音乐鉴赏》。本套教材不仅可在我校各专业通识教育教学中使用,也适用于其他中医药高等院校及相关院校本科生、研究生通识教育课程教学。

在编写过程中,我们参考了其他高等院校的相关教材及资料。限于编者的能力与水平,本套教材难免有不足之处,还需要在教学实践中不断总结与提高,敬请同行专家提出宝贵意见,以便再版时修订完善。

高等中医药院校通识教育系列教材编审委员会

2025 年 3 月

前言

经历高考步入高校的大学生,普遍在现代科学文化环境中完成了基础教育阶段的学习,其中国传统文化知识储备相对有限,对中国传统文化何以构成优秀的文化体系缺乏足够的理解。这种认知状态不利于当代大学生形成正确的世界观、人生观,更不利于他们凝聚对中国传统文化的坚定信念。

为了给国家的建设事业源源不断地输送大批思想政治合格的人才,现代大学教育的一个重要任务,是对大学生进行中国传统文化的通识教育,以激起他们对中华优秀传统文化的传承动力。

我们在对中国传统文化优秀本质理论研究成果的基础上,针对当代大学生的心理和认知特点,编写了这本以介绍中国传统文化优秀体现和优秀本质为主的通识教材。本教材主要包括如下内容。

从文化学的角度阐述文化的含义,文化是人类在认识、适应和利用客观世界的过程中,所创造并利用的一切物质和精神的总和;中国传统文化是中华民族在为生存、生活和发展生产而进行的社会实践中,创造并利用的呈现一脉相承的文化体系;中华民族在中国古代时期,创造了领先于世界的先进生产力和一系列影响世界的科技发明,创造了世界历史上的中国辉煌;中国古代的辉煌是中华民族用勤劳的双手和富含特质的认知思维智慧相结合创造出来的;中华民族在认识天、地、人的创造文化的历程中,走出了一条与西方民族完全不同的文化发展道路,这条道路符合人类思维发展的规律;中国传统文化在近代以来并没有衰落或衰败,是因为外国强权文化和霸权主义压制了中国传统文化的活力;中国传统文化在中华民族复兴的伟业中将发挥不可估量的作用。

本教材的编写是主创人员团结协作完成的,禄保平为主要策划和主要撰写人,王海莉为第二撰写人,王庆宪负责整体策划、撰写和统稿工作。

本教材在策划和编写初期,得到时任河南中医药大学党委书记别荣海同志的指导、支持和鼓励,在编写中期又得到现任河南中医药大学党委书记李小芳同志的指导、支持和鼓励,学校党组织的持续关怀、指导和帮助是本教材得以顺利完成的关键。

鉴于编者水平有限,本教材的编写难免存在诸多不足,敬请各位专家批评指正。

编者

2025 年 2 月

目录

第一章

中国传统文化的通识教育

中国传统文化是中华民族在中国古代生产力条件下,在认识、适应和利用客观世界的社会实践中,经过符合人类思维发展规律的认识过程,所创造并利用的一切物质和精神的总和,并经古代中国人代代相传而呈现一脉相承的文化体系。

中国传统文化既包含以人文文化为核心的精神文化,又包含古代中国人创造的领先于世界的生产力,如古代中国一系列科技发明和创造。所有中国人都应为我们伟大的民族创造出优秀的文化体系而自豪。

在建设文化强国的实践中,在创造中华民族现代文明的事业中,在为实现中华民族伟大复兴的奋斗中,每个中国人都应当熟悉和了解中国传统文化,应当了解我们的祖先在古代艰苦条件下是怎样创造辉煌的,理解中国传统文化的深邃内涵,感悟中国传统文化的优秀本质。

新时代的大学生是祖国未来建设事业的接班人,是民族复兴大业队伍中的生力军,更是中国传统文化的传承人,大学生们欲在未来的学业和事业中践行中国传统文化,更应当以极大的热情和求实的态度,投身于熟悉、了解和感悟中国传统文化的热潮中。

第一节　为什么要进行中国传统文化的通识教育

什么是中国传统文化的通识教育,为什么要进行中国传统文化的通识教育,是本课程首先需要搞清的问题。

一、什么是中国传统文化的通识教育

(一)通识

通识,即贯通性认识的意思,而非专业性深入的研究和探讨性认知。在人们的生活、学习和工作中,常常需要对一个或者一类事物有一定的贯通性了解和认识,这种了解和认识不需要专业性的深度理解,只需要在通俗的层面对认识对象有一个系统的、贯通性的和条理性的认识,例如健康和疾病问题,它与每个人都有非常密切的关系,但又没必要人人都在专业层面认识人体、健康和疾病,只需要在一般知识层面将人体的健康和疾病问题,以贯通、通俗的形式进行了解,懂得其中的一般知识、道理、理念即可。

（二）文化通识

文化通识，是对文化在通识层面的认知。文化，是一个非常宽泛的概念，文化不能和专业理论、专业知识和专业技术画等号，专业的理论、知识和技术虽属于文化的范畴，但文化还包括与专业有关的人、社会、智力和协调等诸多因素。文化通识，就是将与文化有关的因素，如文化主体、文化历史、文化表现、文化形态等贯通起来，说明文化与创造和践行文化的主体之间的关系，文化与社会之间的关系等，从而形成具有完整体系的文化通识资料。过去有关于文化学、人类文化学、比较文化学、文化哲学等学术性很强的文化研究理论，但文化是每个人都在思考的问题，怎样从总体上通俗地说清文化的问题，并能在文化层面解决与自己的专业工作和学习有关的问题，是文化通识教育的核心目标。例如，过去的大学专业教育，一开始就进入专业教学，对于刚走出中学校门，刚打下文化基础的大学新生来说，很难迅速进入专业学习状态。从中学的基础性文化，到大学的专业性文化，中间必然有一个文化学习的转换问题。大学教育在进入专业教学之前都有针对所修专业进行相关文化通识性学习的必要。

（三）中国传统文化通识

中国传统文化通识，是对中国传统文化在通识层面的认知。中国传统文化是人类文化的一个重要组成部分，它是中华民族于五千多年以前进入中华文明时代以来创造并利用的一切物质和精神的总和，它在文化形态、文化风格、文化品质等多方面都表现出与西方文化完全不同的特质。中国传统文化在文化层面的解读，梳理了中国传统文化发生发展的历史脉络，说明了中国传统文化与中华祖先及中华民族的内在联系，揭示中国传统文化与中国古代辉煌的内在联系，阐述中国传统文化为什么走出了一条独自发展的道路。

中国传统文化通识不仅仅只在人文文化层面讨论，还在文化的基本含义层面讨论，因为中华民族在认识、适应和利用大自然的社会实践中，不仅创造了丰富多彩的人文文化，而且创造了辉煌的物质文化，创造了中国古代领先于世界的先进生产力，创造了一系列影响世界的科技发明，使中华民族早在五千多年以前就屹立在世界的东方，使中华民族在五千多年以前就率先迈入了人类文明时代。基于这样的客观事实，我们不应该只注意到人文文化，人文文化只是中国传统文化的一个组成部分，近些年来人们一论及中国传统文化就讨论儒、释、道等，人文文化是中华民族对人的深刻研究成果，中华民族不仅研究了人，而且还深刻研究了大自然，研究了中国人赖以生存的客观世界，即关于对自然界的认知。因此，中国传统文化通识一定要了解中华民族是怎样展开对大自然，对其生存的物质世界的认知，其认知的成果形式就是中国传统文化的自然文化。因此，我们要从中国传统文化的完整层面认识它。

中国传统文化通识以中国古代文化史料为依据，但是不以考证的方式严格列出史料的原文与出处，因为我们进行的是通识性概括和阐述。中国传统文化通识不是文化史，更不是研究中国传统文化的全部内容，而是利用已有资料的研究成果，将这些成果贯通起来，从而概括出关于中国传统文化的通俗认知。

中国传统文化通识不需要过多地罗列文化内容的"是什么",而是在讨论中国传统文化"是什么"的同时,说明这些"是什么"的"为什么";通识性的概括不追究中国传统文化中人文文化的各个学术派别各有什么观点,也不追究各种学术观点的思想根源,更不追究各种学术思想的正确性和正确程度,而是寻找各派学术思想共有的认知,并在共有认知的基础上阐述中国传统文化共有的思想体系和认知发展趋向,使同学们对中国传统文化有一个整体的把握。

中国传统文化通识运用通俗的语言,借助人们熟知的中国古代文史、哲学、科学和技术资料,概括地介绍中国传统文化发生发展的概貌。因此,通俗易懂地阐述中国传统文化的认知思维本质、文化本质和实践特质等,则是应遵循的原则。

中国传统文化通识是以中华民族创造了先进的中国古代社会生产力为事实依据,从中概括出中国传统文化的表现内容、表现形式、文化本质和文化特点等,使同学们了解古代中国人的聪明和才智。

（四）中国传统文化通识教育

中国传统文化通识教育,是运用中国传统文化通识的通俗资料,对受教育者进行的一般性文化教育,其教育的特点是非专业性、普及性、多学科性和形式多样性。

首先,中国传统文化通识教育不是专业教育。专业性的中国传统文化教育应当在专业研究的基础上进行,是通过许多学术性研究成果深入揭示中国传统文化的本质、联系和规律。而通识教育的目的只是了解和知道中国传统文化都包括什么内容,有什么特点,其发生发展的概况等。

其次,中国传统文化通识教育是普及性文化教育,意为大家都应接受的教育。作为中国人,特别是处于中华民族复兴大业中的每一个中国人,都应当了解中国传统文化的基本知识,都应当知道我们的祖先曾经经历过怎样的认知活动,获得了哪些认知,是通过什么样的文化形式表现出来的。

其三,中国传统文化通识教育是将多种学科、多种知识中的中国传统文化有机联系起来的贯通性教育。将中国传统文化的多种学科、多种知识贯通起来,必然涉及人、事、自然、物质、思想、观念、生产、生活等多方面,这些本来就不属于同一参照系下的事物类别,却要将它们有机串连起来,是一种认知和阐述的创新,也是一种新的文化形式,利用这种文化形式对需要了解中国传统文化的群体进行通识教育,是一种创新性教育方式和教学内容。

其四,教育的形式可多种多样。阅读、授课、讨论、知识竞赛等都是比较好的通识教育的形式,中国传统文化的通识教育也可以采取上述形式进行,对不同的群体可以根据其工作、学习的时间特点,采用不同的形式。对于刚进入大学准备进行专业学习的大学生来说,采取课堂教学的形式是适宜的,教学过程中可以充分发挥课堂教学互动的功能,激发学生独立思考的积极性,使中国传统文化的通识性教学开设的既生动又活泼。

二、开展中国传统文化通识教育的必要性

说起中国传统文化,每个中国人都有一定的了解,但是要每个人给中国传统文化下一个既通俗又含义恰当的定义,却不是一件容易的事。至于中国传统文化都包括哪些内容,以儒、释、道等为代表的各家学术思想是否就是中国传统文化的全部和主体,中国传统文化与中国古代辉煌有什么内在联系等,不是每个中国人都能了解和讲清楚的。因此,开展中国传统文化通识教育是十分必要的,广大中国人民都应该熟悉和了解中国传统文化,新时代的大学生更加有必要通识中国传统文化,其必要性主要体现在如下几个方面。

其一,对中国传统文化应有一个完整的了解。一般人认为中国传统文化是指以儒、释、道为主体的人文文化,因为同学们常看到的文献资料亦多从这个层面讨论中国传统文化。但是,我们是在中华优秀文化的层面认知其本质和规律的,而中国古代人文文化并不是中国传统文化的全部,欲从整体上把握中国传统文化,必须在文化的基本含义层面讨论中国传统文化,只有这样才能了解其全貌。

其二,应当了解中华民族在古代是怎样创造优秀的中华文明。当代大学生在中学阶段主要接受现代科学文化教育,却对自己祖先是怎样创造文化的了解甚少,不知道我们的祖先经过了怎样的艰难困苦和认知思维过程创造的中国传统文化,实际上处于对中国传统文化知之不多的状态。进入大学深造,将要以极大的热情投身于民族复兴的伟大事业,如果没有对中华祖先创造力的正确认知,没有对中国传统文化优秀本质的深刻理解是不足的。

其三,应当了解中国传统文化与西方文化的本质区别。我国要建设中国特色的现代化国家,中国特色的本质内涵就是中国传统文化,即要在建设过程中弘扬中华传统文化。我国的建设事业还需要向西方学习先进的科学和技术,这就必然要接触到西方文化,当中西文化同时出现在同一社会实践过程中时,中西文化的碰撞就不可避免,怎样在中西文化的碰撞中驾驭中西文化,怎样做到在弘扬中国传统文化的同时,有选择地吸收西方文化的特长,必然需要未来的祖国建设者们把握好中国传统文化与西方文化的本质区别。

其四,弘扬中国传统文化不能不知道其优秀所在。我国新时代的大学生不能只在情感层面颂扬中国传统文化,而应当从认知的心灵深处迸发出对中华传统文化的热爱,欲发自内心热爱,必须以深刻的认知为基础,必须在哲学认知的层面理解古代中国人是经过了怎样的符合人类认知发展规律的思维过程创造的中国传统文化,理解中华民族创造中国古代辉煌的必然性。

其五,弘扬中国传统文化需要深刻理解它为什么以一脉相承的状态呈现于世界,又为什么传承不息。中国传统文化是世界文化体系中唯一没有断代而保持一脉相承和传承不息的文化体系。了解中国传统文化一定要了解中华民族是怎样保持传统认知思维方式,是怎样做到了文化的代代相传的,贯穿其中的文化主线是什么等,这都是当代大学生们必须掌握的。

其六,需要从更深的层面理解中国传统文化在中华民族复兴伟业中的作用。我国要走自己的路,建设中国特色社会主义,中国特色的核心内涵就是中国传统文化,当代大学生只有深刻理解中华优秀传统文化的内涵本质,才能在未来的建设事业中充分发挥自己的主观能动性,以更加自觉的精神状态投身于伟大的事业中。

第二节 中国传统文化通识教育的主导思想、原则和主要内容

一、中国传统文化通识教育的主导思想

中国传统文化通识教育的主导思想是以弘扬中国传统文化为基本思路,引导学生追溯中华民族在古代经历怎样的社会实践,创造了中国古代的辉煌,感悟中国传统文化的魅力,强化对中国传统文化的认知,增加中华民族的自豪感,从而增加践行中国传统文化自觉性。

二、中国传统文化通识教育的原则

中国传统文化通识教育的基本原则是实事求是,引导学生独立思考,自主学习。

三、中国传统文化通识教育的主要内容

中国传统文化通识教育的主要内容是由其本身所涵盖的范围所决定的,主要有以下几个方面。

其一,关于中国传统文化通识教育必要性、内容、意义和方法的阐述。主要介绍什么是中国传统文化通识教育,为什么要进行中国传统文化通识教育;介绍中国传统文化通识教育的主要内容,引导学生们充分认识到教育的意义,从而自觉积极参加学习。

其二,欲在通识层面了解中国传统文化,一个重要的前提是在通识层面认知关于文化的涵义。特别要说明的是,欲了解中国传统文化的全貌,体会中国传统文化的本质,必须在文化的基本含义层面,即广义层面阐述文化,因为广义层面的文化既包含社会人文文化,又包含自然文化,如果不能在文化层面说清中华民族在古代的创造,就难以说清中国古代的辉煌。为了使学生们对文化有一个清晰的认知,通识教育应当帮助学生们掌握关于"文化"概念的结构;欲在通识层面了解文化,就要粗线条的介绍人类文化发生和发展的历程;人是文化的主体,人类是人类文化的主体,那么介绍人类是怎样创造文化的,人类的社会实践和认知思维在文化的发生和发展中起了什么作用等就十分必要;人类创造文化的目的是利用文化,让文化发挥其应有的功能,应当着重介绍文化的共有功能和特殊功能。文化的出现和存在多种多样,文化的表现形式千差万别,如何提

纲挈领地把握文化,可以通过分类的办法使文化成为一个有机联系的庞大体系,文化通识教育的内容之一还需介绍关于文化分类的方法,并介绍几种常见文化分类标准下的文化内容。

其三,中国传统文化通识教育的重点是介绍中国传统文化,可以将欲介绍的内容分类逐一介绍,这些内容分别是:为什么说中国传统文化是一脉相承、世代相传的文化体系,怎样理解中华民族拥有五千多年的文明史,介绍中华祖先在史前文化时期创造了怎样的文化,是什么动力促使中华民族比世界上其他民族更早地进入了文明时代,中华民族在进入文明时代以后积淀了怎样的特质思维方式,使之在中世纪创造了领先于世界的先进生产力,创造了一系列影响世界的科技发明。

其四,阐述中国传统文化的第二大任务是介绍中华民族在古代创造了哪些辉煌成就,将从社会生产力和中国古代科技发明两个方面,选择有代表性的事件、实物或人物故事,让学生们感受我们祖先的以自身勤劳、智慧支撑的创造力。

其五,中国传统文化中的人文文化是中国传统文化的核心,也是在世界古代文化中最早形成体系的文化,因为古代中国人非常注重对人的研究,注重对人与人相互关系研究,因此涌现了众多经典性的人文文化著作,其中的思想、观念、理念深刻反映了中华民族的高尚情怀。

其六,中国传统文化的文化特点。中国传统文化在反映中华民族对客观世界的认知过程中,形成了一系列具有中国特色的文化特质,主要有整体认知观和动态认知理念等,使中国传统文化表现出极大的生命活力。中国传统文化通识教育要依据学生们熟知的历史文化资料,阐述中国传统文化的特有属性和性质;介绍古代中国人是怎样将天、地、人联合在一体认识的,这种认知理念具有怎样的合理性;介绍古代中国人为什么总是在客观事物的宏观动态条件下认知客观事物;着重分析中国传统文化的活力所在。

其七,中国传统文化与西方文化的区别。中西文化的区别和联系,是本教育的又一个重点,因为欲说清中国传统文化的本质和规律,必须将中国传统文化与西方文化做一比较,要向人们说清古代时期的中西方民族分别是在怎样的自然条件、历史文化积淀和心理趋向环境中,创造了具有不同风格的文化体系。古代中国和古代欧洲在距今3000年至2500年以前,分别在中国的中原大地和西方的欧洲,创造了代表本民族群心理趋向的文化体系,需要从中西方民族分别所处的地理环境、史前文化积淀、民族心理特点和认知思维特点等方面,分别阐述这些因素在中西文化发展中的作用,以帮助人们分析中西文化的区别。

其八,中国传统文化与中华民族的复兴。我国正在进行的中华民族复兴的伟大事业,是实现中华民族百年梦想的战略部署,是新时代大学生即将施展聪明才智的广阔天地。中国传统文化通识教育就是引导学生自觉进行中华优秀传统文化的学习和感悟,为积极投入伟大的事业做好认知的准备。

第三节　中国传统文化通识教育的意义和任务

一、中国传统文化通识教育的意义

在我国正在进行中国式现代化建设的进程中,对新时代的大学生进行中国传统文化通识教育,有着特别重要的意义,主要体现在如下几个方面。

首先,中国传统文化通识教育是培养新时代中国特色社会主义建设事业合格接班人的需要。新时代的大学生是建设中国特色社会主义事业的生力军,我国新时代中国特色社会主义建设事业对接班人条件的要求中,中国传统文化素养是其中的重要内容,因为只有懂得中国传统文化的人,才能在实践中坚持中华民族的本色,才能坚决地维护中华民族的利益,才能在各行各业的建设中体现出中国传统文化的特色。

其次,中国传统文化通识教育是弘扬中国传统文化的需要。建设中国式的现代化,不可能走西方人走过的路,不可能按西方社会的发展模式进行我国的现代化建设,只有在现代化建设中展现出中国传统文化的元素或文化精神才能体现中国特色。

再次,中国传统文化通识教育是新时代大学生树立中国传统文化坚定信念的需要。中国式现代化的建设者群体不能崇洋媚外,不能以西方文化的标准衡量一切行动,中国有中国的国情,中国的国情就是中国传统文化在广大民众心目中的地位。只有坚定中国传统文化信念才能自觉践行之,而信念是在对中国传统文化的认知中凝聚的,中国传统文化通识教育将为新时代的大学生认知中华优秀传统文化提供最佳途径。

最后,中国传统文化通识教育是建设我国文化强国的需要。建设文化强国是党和国家的重要战略部署。中国的文化强国建设,一定是以中国传统文化为核心的文化体系建设,需要大批的敬仰于中国传统文化的建设大军,对内以优秀中华传统文化充实我们的认知,指导我们的行动,强化中国传统文化的文化体系;对外以优秀中华传统文化吸引和影响世界人民,使中华民族以更加强大的姿态屹立于世界文化之林。

二、中国传统文化通识教育的任务

进行中国传统文化通识教育是当前高校教育教学工作的一个重要任务,所有新时代的大学生都应以极大的热情和求实的精神,投身于熟悉、了解和践行中国传统文化的热潮之中。

其一,深刻认识进行中国传统文化通识教育的迫切性。过去我们没有充分认识到对在校大学生进行中国传统文化通识教育的必要性和重要性,因而没有展开这种教育。国家的发展,新时代的建设事业需要未来的人才崇尚中华优秀传统文化。因此,统一进行关于中国传统文化通识教育的思想,统一对中国传统文化优秀本质的认识尤为迫切。

其二，自觉强化中国传统文化信念的自主教育，充分利用大学校园里文化资源丰富的有利条件，制定适宜自主学习的学习规划，将自主学习中国传统文化的意愿落实于学习的实际行动中。

其三，带着问题学。大学生经过从小学到初中、高中的学习和生活，已经体悟到中华优秀传统文化的无穷魅力，但他们是否深切理解到中国传统文化的优秀本质，是否从理性的层面认识到中国古代辉煌的必然性，对中华文化优秀本质的认识一定还有一个理性认知的过程，一定还有许多问题需要解决，如：为什么古代中国人在当时的科学水平条件下创造了领先于世界的生产力？他们经过了怎样的认知过程？表现出怎样的认知和创造规律？为什么古代中国人走的是一条与西方人创造文化不一样的道路？中西文化的本质区别是什么？等等，这都是在中国传统文化通识教育中需要厘清的基本问题。带着这些问题学习本教材可以收到理想的学习效果。

其四，自觉践行。中国传统文化博大精深，其中不仅有关于祖先们对大自然，对人类社会的深刻认知，而且有教育和引导人们怎样劳动、怎样思考、怎样学习、怎样为人处事等各方面的行为理念及行为规则，这些都是祖先们对后辈的期望和教诲，我们应当认真领会，并付之于行动。

其五，自觉培养中华民族自豪感。作为伟大中华人民共和国的公民，作为伟大中华民族的一分子，又生活并学习在中国新时代社会和文化环境中的大学生，我们在中国传统文化的通识教育中感悟我们祖国的伟大，我们为祖先们的辉煌创造而自豪。

第四节　中国传统文化通识教育的学习方法

在我国高等院校对大学生实施中国传统文化通识教育，是我国进行新时代建设事业的需要，我们应当充分利用国家教育部门关于在国内各高校实施通识教育决定的有利条件，积极、主动接受对中国传统文化的自我教育。

首先，在感悟中华优秀传统文化的魅力中学习。我们在日常学习和生活中处处可以感受到中国传统文化的气息，处处可以体察到我们祖先创造的辉煌，处处可以领悟到创造人文文化先哲们的文化魅力。这是我们深刻领会中国传统文化深邃内涵的最好机会，我们只有深切感悟到祖先们创造的文化的魅力，才能激发更自觉的学习热情。

其次，以课堂领会、理解为主，以自己主动查找资料为辅。该课的教学不属于专业知识性教育，没有系列性的公式和概念需要背诵，教师满怀对中国传统文化的敬意投入教学，学生以倾听、思考、理解为主。本课需要的认知内容绝非教材内容所列，更多、更深入的问题及内容需要同学们循着教学认知的方向，选择自主学习的方式深入学习。

再次,理论联系实际,激发创新性学习的热情。中国传统文化通识教育课的讲授可以说理为主,说理过程多以大家熟知的古代中国人认知、思考、劳动、创造的实例为依据,人们可以在熟知的事实基础上升华为理性认知,深刻理解祖先们创造的辉煌与中国传统文化的必然联系。

　　最后,课堂内外结合,营造校园文化氛围。通识中国传统文化是为了践行中国传统文化,学生们在校园的学习和生活的许多方面都涉及文化生活,如果将中国传统文化的元素有机融合于校园生活,将是最佳、最现实的学习方式。

第二章　人类创造和利用的文化

人类诞生以前的地球上本没有文化,是人类为了自己的生存和发展才创造的文化,创造文化的目的是利用文化。

第一节　"文化"及其含义

关于文化的含义,人们多从狭义层面进行阐释,即习惯于从精神层面理解文化,这样的思路很难把握文化的全貌,尤其难以把握文化与社会发展的内在联系。如果我们换个思路,从广义文化的层面理解文化,则出现另一种景象。

一、从人类创造和利用文化的层面理解"文化"的含义

从广义层面理解文化,即人类为了生存和发展有意识创造的一切,既包括创造的精神,又包括创造的有形物品,并且创造出来是为了利用。

（一）关于"文化"一词

文化一词是当今人们见得最多,用得也最多的一个词。在半个世纪以前,人们认为能识字、写字、写文章的人才是有文化的人,同学们已经读完小学、初中、高中,中学毕生考进国家的高等学府,已经成为一名大学生了,大学生应当属于知识分子的队伍了,知识分子都是文化人,文化人应当很熟悉文化,但是每当与同学们谈及什么是文化的时候,很多人却感到一时难于用简要的语言给文化概括出一个清晰的界定,以展现文化的本质含义。

难以用简要的表述概括关于文化的含义,是因为在现代社会里文化太发达、太繁荣了,仅与同学们关系密切的就有科学文化、专业文化、校园文化等,如果用文化一词表示社会现象,同学们见得更多了,如酒文化、饮食文化、养生文化、美容文化、网络文化、广场舞文化、群众文化,等等,不可计数。如此纷杂的文化现象出现在同学们面前,作为新时代的大学生对文化现象应当有一个从实践到理性的认知,否则,同学们会误认为进大学就是学习并掌握专业知识、理论和技术的,不必要了解更多的关于文化的知识。如果这样,不仅使同学们感到学习专业知识的困难,更重要的是虽然专业知识学习合格了,但是如何将学到的专业知识助力于未来的专业实践,必然遇到更大、更多的困难。对一个人来说,有了专业知识、理论和技术不等于就有文化,因为有了专业知识和专业理论及技术不等于掌握了文化。

　　专业知识、专业理论和专业技术都属于文化的范畴，都是文化的不同表现形式，但这些都是别人创造的，属于社会的文化。学生们学习专业知识是为了自己获得实践能力，在未来的专业实践中为社会创造财富。同学们必须清醒地认识到，从学习专业知识到运用专业知识创造客观效益，它们之间有一个漫长的道路，在这个漫长的道路上不仅涉及学习的专业知识，还涉及与所学专业相关的知识，涉及从事专业实践的人，因为人既是专业知识、理论和技术的创造者，又是专业知识、理论和技术的践行者，更何况绝大多数的实践环节都不是一个人，实践中人与人的沟通和协调是完成实践过程的必要条件，所有这一切都属于文化活动的范畴。每个大学生只有在文化的层面理解专业知识，才能迅速进入专业学习，并且提高学习效率；只有在文化的层面驾驭专业知识，才能顺利地进行专业实践，获得理想的实践效果。

　　综上所述，进入高校深造的大学生非常有必要了解关于"文化"的知识和理论，欲了解文化，首先需要理解文化的含义。

　　关于"文化"的含义，古往今来的中外学者们有不少的探讨，西方人最早有耕种、照料、栽培的意思，后来引申为培养、教育、发展的意思。中国的学者们习惯于在中国的古典著作中找由来，一般多从文化一词的文字结构着手，将文化一词的两个字分别开来，先找"文"这个字在古汉语中多作什么解释，因为最早的古汉语词中没有今天人们常见的"文"这个字，便找到了"纹"字，"纹"这个字在古汉语中多用来作文身用，因为文身的过程和目的有修饰的意思，即将自己改变得好看一些；"化"这个字，人们把它作会意字解，意为这是正反两个"人"字变化而来，这是一种解释"文化"含义的说法。当人们意识到将一个词的两个字分解开来找原意不合适，人们又在古籍里寻找"文"和"化"在什么时候合在一起用的，结果在西汉刘向的《说苑·指武》中找到："圣人之治天下也，先文德而后武力。凡武之兴，为不服也。文化不改，然后加诛。"其实这段话中关于"文化"二字合在一起并非作一个双音词用，不一定是作者的原意。

　　以上关于"文化"的含义都是在精神文化的层面做解释，但是文化不是仅有精神文化，还有同学们常见的物质文化不也是属于"文化"的范畴吗？概括关于文化含义的表述，应当将物质性文化涵盖其中。

　　中国古代没有人专题讨论"文化"一词的含义，人们多从表意性汉字"文"和"化"应用的演变和引申中领悟其中之意，最后多以"文治教化"而概之。体会古代中国人对"文"和"化"的应用，其中应含有这样的意思：人们可以创造优秀的、良好的思想及品德，并通过其影响社会的人们。没有发现古代西方人关于对"文化"认知的阐释，多是关注近代以来西方人对"文化"一词的引用和引申，其含义有知识、艺术、信仰、风俗等。现代人多从"文化"的广义和狭义两个层面讨论文化的含义，意为古代中国人和近代的西方人多是在狭义层面讨论文化。

　　综合上述关于"文化"含义内容所涉及的范围，构成"文化"含义的基本要素主要有：人、人的生存和生活实践、人的创造过程、创造出的物质财富、创造出的精神成分、利用过程等；还有一个过去的人们很少提及却又不可缺少的关键要素，就是人的思考活动。

如果用一句话概括以上要素,则可以表述如下:文化是人类在认识、适应和利用客观世界的社会实践过程中,经思维和劳动所创造并运用的一切物质及精神的总和。

我们暂且用以上的概括作为本教材阐述"文化"的概念表述,并以此为出发点,展开关于文化基本知识的阐述。

(二)"文化"含义的组成元素

为了使同学们加深对文化含义的理解,增加对文化问题认知的自觉性,我们有必要对"文化"的含义做进一步的解读。

依据上述关于"文化"含义的表述,我们可做如下细化的分解,换言之是将表述中的关键词分别做一细化的阐释。第一个关键词是人,人是最核心的元素,是主体,是产生一切文化现象的原始动力;第二个关键词是实践,实践是文化的基础性元素;第三个关键词是思维,思维即是思考,思维是创造文化的桥梁;第四个关键词是劳动和创造,创造文化表现为一种过程;第五个关键词是物质,是指创造文化产品的体现形式;第六个关键词是精神,是指创造出的意识、思想产品;第七个关键词是载体,载体是承载文化的附着体。

1.人 人是文化的创造者,体现出最核心的作用。文化是人创造的,人的因素作用于创造文化的全过程。人的感觉器官感受客观世界的刺激,接收来自客观世界的各种信息;人的意识调节和分配对客观事物的注意方向及注意程度;人的识记能力将感觉到的客观事物的表象或获得的认知保存起来;人的回忆能力在必要时将有用的知识、表象等提取出来供思考用;人的语言能力可以将个人的认知、感觉、感受等传达给他人,传达到社会成为社会的文化元素,人的语言表达方式多种多样,有不分音节的发音语言,有分音节的发音语言,有人的肢体语言如眼神、表情、动作等,文字语言又有表意性和拼音字母性文字之分;人的思维能力更为重要,下面将做专题讨论。

人类创造的文化有物质文化和精神文化,无论创造哪种文化都需要人付出艰苦的劳动。人类创造物质文化是为了生存、生活和发展生产,人类为了更好地生存、更舒适地生活和生产出更多更好的产品而不停地创造物质文化;人类创造精神文化也是为了生存、生活和生产,因为人类只有掌握了关于客观世界的本质、规律和联系,才能达到更好地生存、更幸福的生活和获得更多财富的目的,精神文化还可以使人类获得不断提高质量和数量的精神享受。

人类在创造文化的过程中不仅需要付出脑力劳动,而且还要付出体力劳动,智力和体力是人类创造文化的基本付出。

智力劳动是多种心理活动的付出,其中有智力心理活动因素,如感觉、注意、记忆、语言、想象、思考等,这些因素中的任何一个都是人们创造文化不可缺少的。智力心理因素的不同表现影响创造文化的过程,影响文化的表现形式,例如语言因素中用分音节的发音语言,还是用不发音的表意文字传达或接收文化信息,都直接影响文化的表现方式,甚至影响到文化的性质或特质。

脑力劳动中还有非智力心理活动因素的参与,如人的性格、情绪、心境、意志、品质、兴趣等都可能以不同的表现作用于文化创造的过程,不同的心理素质是创造不同文化的重要影响因素,如古希腊人由于长期与大海作斗争,形成了他们勇敢、坚毅的性格,这种性格是古希腊文化表现出理性、实证、抽象等特质的重要因素;如古代中国人善良的品质、温顺谦和的性格,是中国传统文化表现出中和、圆润、务实文化风格的重要因素。

人的主体作用是推动文化创造和发展的原动力,没有人的存在和主动,一切文化都不可能产生。

2.实践　实践是人们创造文化的客观基础,人类的实践包括为生存而进行的狩猎、种植、采摘、防兽、避寒、取暖等活动;还有为生活而进行的饮食、穿衣、用品制作、食物保存、物品搬运、改善居住条件等;人类进入文明时代所从事的农业生产,制造各种劳动工具和生活用具等,现代人的农田作业,工厂里的机器操作,各种产品的生产、保存、运输、销售,餐饮行业人的各种制作及服务等,都属于社会实践的范畴。其活动本身就是一类文化现象,即人类的文化活动。人类的社会实践还有人与人的相处、人与人的交流、人与人的劳动配合等;人的感情生活、人的娱乐活动、人的情绪表达等。所有这些实践活动都可能使人们产生许多问题,都从不同层面,以不同的方式输入于人的思考活动,构成文化创造的一个环节。

人类的各种社会实践因生产力水平不同、文化底蕴不同、经济方式不同和社会心理趋向不同等,使不同的人群所表现的实践方式、方法也不同,这是创造不同文化的重要客观条件。实践方式有不同的劳动、操作、观察等,其中劳动的形式又有手工劳动、操控机械等;操作性实践有试验性实践和受控性实验;观察的实践有宏观感知、借助仪器测量的不同等。实践方式的不同为创造文化思维活动提供不同性质的资料,接受"加工"的资料不同,创造的文化也不同。如医学临床过程的试探性治病的资料与动物实验获得的资料对医学研究产生的效用是不能同等的。

3.思维　即思考活动,人类自从进入主动认识客观世界的思维发展阶段,有目的地从事一切活动就成为创造一切的重要环节,也是人在创造文化过程中体现人的意志的唯一通道。所以,思考活动是人类创造文化的必经桥梁,是创造和利用文化的核心环节。

人类的思维活动可以将感知到的各种现象进行辨认、梳理等,再利用已知的与认识中的相关的知识、理论等,寻找事物的内外联系。思维活动可以将积累的经验集中起来,从中寻找事物规律性的联系或变化;思维活动可以将感觉、注意、记忆、语音等智力活动集中于对某一事物的认知过程,使客观事物在人的认知中发生质的变化;思维活动在兴趣、性格、意志、品质等心理活动的配合下,使创造的文化表现出多样的形式。人类只有通过思维活动才能逐渐把握客观世界的本质、规律和联系。

思维活动又可以使人们产生各种思想、激发各种情感,人们正是利用思维活动引起和调节人们的精神生活。

思维活动还是人类创造物质财富的"发动机",因为没有思考活动人们就不可能产生创造物质财富的动机,故又可以说思维是人们创造物质文化的无形模型"加工厂",任何物质文化的创造,都是首先在创造者的思维中形成关于欲制造器物的"模型",制造的操作是根据这个"模型"而展开的。

思维活动在创造文化中的作用将做专题讨论。

4.创造　文化的创造表现为一个客观过程,占有一定的时间,任何文化都是人们通过一定的劳动创造出来的。创造文化的劳动过程将人的因素、实践因素、思维因素等有机融合为一个有始有终的过程,创造出人们需求的文化产品。

5.产品　从某种意义上说,人类为了生存、生活和发展生产,所有经大脑思考、创造出来的有形物品或无形精神性意识等,都是文化创造的结果,其存在形式就是文化的产品。

6.载体　载体是指承载文化的附着体。文化的载体有物体、语言、文字等。

物质文化产品本身既是文化的一种存在形式,又是文化的载体,如桌子、椅子、房屋、衣服等都是物质文化,它们既是物质文化又可以承载精神文化。物质文化的不同展现方式从两个方面表达着文化的不同性质,其一是物质文化本身的格式、风格、结构、形态等,是展现文化风格的重要途径,如中国的旗袍蕴含着中华民族追求真、善、美的高尚情操,体现着中国传统文化的特色,而西方人设计的西装体现着西方文化的特点;其二是物质文化的器物也可作为精神文化的载体,如古代皇宫里皇帝龙袍上的龙和皇后衣着上绣的凤图案表达着某种至高无上的权威。

语言作为文化的载体,有发音语言和肢体语言。发音语言又可分为不分音节语言和分音节语言;肢体语言又有表情、眼神、肢体动作之分。文化借助什么样的语言形式为载体,以及语言载体运用的方式、方法等都可能使文化表现出不同的风格,如中国古代诗词的隐喻、寓意表达方式和西方诗歌文化的直白表述分别体现出中西文化的风格。

文字有没有承载文化的功能是中西文化区别的一大依据,西方文化的文字以字母文字为主,语言学认为文字是第二性的,文字只是语音的符号,文字不表意。西方语言学这个关于文字的定义是不符合中国汉字实际情况的,中国的汉字是以形表意的,文字的形状与文字表示的意义是一致的,中国的汉字具有第一性的特征,因此,表意性汉字具有承载文化的功能。

正是因为汉字具有承载文化的功能,汉字的创造和利用过程在中华文化的发展走向中起到了重要作用。其一是因为古代中国人在创造汉字表达事物,和利用汉字在理解、认知事物的过程中不能脱离客观事物的形象,从而影响着古代中国人思维方式的形成;其二是汉字的表意功能为中华文化从未断代做出了重大贡献,因为承载文化的表意性汉字可以不随着活人的消失而消失;其三是表意性汉字的字义在相隔四五千年之后的今天,人们还能发现其中之义,说明汉字通过表意承载着中华文化传承的重要功能;其四是中国传统文化运用表意性文字承载文化的特征,是中国传统文化区别于西方文化的重要标志。

(三)广义和狭义和"文化"

文化有广义、狭义之分,人们多从文化的狭义层面讨论文化,而狭义的文化多从精神文化的层面阐述文化,当涉及中国传统文化时,人们很容易把目光投向中国古代以儒、释、道等为代表的中国古代人文文化体系。诚然,中国传统文化的人文文化在世界文化体系中都占有极为重要的地位,中华民族对人与人之间社会关系的认知是非常深刻和符合古代中国国情的,它是中华民族在中国古代创造辉煌的文化基础和思想基础,为古代中国的稳步发展打下了最广泛的认知基础。但是,却很少有人在中国古代自然文化的层面讨论中国传统文化。中国传统文化不是没有自然文化,古代中国人不可能不关注自身生存的自然环境,不可能不把认知的目标投向物质世界,如果不是这样我们的祖先凭什么创造中国古代的辉煌,何以能使中华民族自立于世界民族之林?

中华民族之所以在中国古代创造了领先于世界的先进生产力和一系列影响世界的科技发明,说明古代中国人创造了优秀的自然文化。为什么人们没有将它展示出来呢?是因为近100多年以来人们多按照西方自然科学文化的模式,在中国古代的文化中寻找其存在方式。其实,在中国传统文化的体系中,不仅有丰富的自然文化内容,而且是自成体系的文化系统,是与西方自然文化完全不同的文化体系。

为了引导同学们全面地了解中国传统文化,我们必须从广义文化的层面讨论文化的本质和发展规律。

从现代大学生们需要树立坚定的中国传统文化信念的角度说,应当从广义文化的层面讨论文化,因为只有在广义的层面理解文化的含义、发生、内容、表现形式、发展规律等,才有利于学生从整体层面了解中国传统文化的内涵、特色和优秀品质,促进同学们从内心深处迸发出对中国传统文化的热爱、信念和敬仰。

二、文化的表现形式

由于人类有地域的差别、民族的区别、文化底蕴的不同、经济基础及生产方式的不同等因素,人类创造文化的表现方式也不同;又由于人们在认识、适应和利用客观世界的社会实践中,要从事多种性质的认知内容和实践内容,致使人们创造的文化也有不同的表现形式。

(一)物化的文化

物化的文化即是物质文化,人类为了自己的生存、生活和生产而创造自己需要的物质资料,人类又为了生存和生活得更好以及为了发展生产,又不断地努力创造,创造更多更丰富的物质财富以满足人类不断增长的物质生活需要。

物质文化的存在方式多种多样,其一,人类为了生存经过一定的劳动获得的生活资料,如农业生产收获的谷物,将谷物经加工做成的各种食物;人们上山采摘的果实,果实在树上生长着或掉在地下时是野果不是物化的文化,但是经辨认或试吃可以用来充饥,经劳动摘下运回家以备食用就具有物质文化特征了,因为物体上烙有人的劳动和智慧印迹;人们打猎获取的可食用的动物,经过加工变为可食用的原料就属于物质文化了。其二,人类为了生存和生活经劳动创造的各种设施,如原始人搭建的草棚、遮身的物品等,现代人住的高楼大厦、穿的多款服饰、修建的铁路、农业高产农田等。其三,生活用品、用具是物化的文化,如古人和今人都用的饭碗、炊具、床及床上的被褥、盛物品的箱子、代步用的各种车、运送物品的各种货车等。其四，生产用的各种工具，原始人用于打猎的带棱角的石头、木棍、弓箭，现代人用的挖掘机、铲车等。其五，武器也是物化的文化，如古代人用的刀、箭，现代人用的各种枪支、弹药、各种火炮、坦克、战机、航空母舰等。武器是被人创造又被人利用的物质文化，恶人用它是为了掠夺和欺压别人，正义的人用武器是为了防止或制止恶人的伤害，可见武器的文化作用向什么方向发挥是受人支配的。

物化的文化存在形式和种类太多了，如果从现在逆历史发展方向而计算，现在的物质文化不可计数，古代人创造的物质文化比现代人少多了，原始时代的人创造的物质文化更是屈指可数。但其中有一个根本定律，即凡是经人的智慧、意志和劳动创造出来，供人们生存、生活和生产所用的一切物质都属于物化的文化。

（二）语言的文化

语言是文化的载体，语言本身又是一种存在的文化形式。本节主要在以语言为表现形式的层面讨论语言的文化。

以语言为表现形式的文化有发音语言文化和肢体语言文化，其中发音语言文化又有分音节发音语言文化和不分音节发音语言文化；肢体语言文化又有肢体动作语言文化和神情肢体语言文化。

分音节发音语言文化，是语言承载文化的最普遍形式，也是同学们最熟悉的语言文化形式。其文化的表现特点是通过发声语言的音节节律调节组成的发声语句承载文化内容，是人们之间日常交往运用最多的语言文化形式，如课堂上老师的讲授、学生的提问、师生的课堂互动、同学们之间的学习讨论等，打电话的语言、听收音机的语言、听学术报告的语言、看电视时听到的语言等。分音节发音语言的文化存在形式在人类的交往中太普遍了，可以说没有分音节的发音语言，就没有人类的进步，更没有人类的幸福。由于人类在语言进化的过程中受到各种因素的影响，使不同地域的不同人群发音语言的方式不同，因而人们运用语言表示文化的方式也不同，最大的区别是多音节和单音节的运用，中国的汉语是以单音节为主，中国以外的地域或民族多表现为以多音节为主。

不分音节发音语言文化，是不多见的语言现象，主要表现在三种人，一种是分音节发音语言不成熟的原始人；一种是现时社会上常见到的聋哑人；还有一种是出生不久的婴幼儿。原始人类没有成熟的分音节的发音语言，但是他们逐渐有了对大自然、客观世界和人际关系的简单认知，他们在生活实践中有许多心中的事要向他人表达，常常发出分不清音节的声音，同时配有一定的动作或表情，向其他人表达他想表示的意思；聋哑人因为听力障碍而不能得到生活环境中表达意思的分音节的发音语言信号，使他们失去了锻炼以分音节发音语言表达心中之意的能力，他们不分音节的发音语言主要依靠肢体动作和表情表达他们欲表达之意；婴幼儿不分音节的发音语言只是向大人表达他们对事物简单的认知和态度，表示他们思考的意向，有一种学术研究认为婴幼儿从最初的哭叫发音到清晰的分音节的语言发展过程复演了人类语言发生发展的过程。

肢体动作语言是社会文化现象的一种表现形式，这是一种主要依靠机体的肢体动作变化,表达语言的一种文化形式。人类在蒙昧时期由于没有发音语言,思想中已获得对客观事物一定的认知,为了将心中之意表达出来,为了将观察到的客观事物的信息传达给周围的人,便只能通过肢体的动作传达信息,由于获得的信息是主要依靠观察到的客观事物宏观形象,只能依靠肢体动作形象,用象形的比画传达信息。原始舞蹈是原始先民借助肢体动作表达他们心情或向往的文化形式。肢体动作语言文化在分音节的发音语言高度发达的今天,仍然被人们用来辅助有声语言表达心中之意,如表演艺术家的舞台动作,演讲家的手势,哑剧的表演,普通人语言交流中的手势等,都是肢体动作语言文化的展现。

神情肢体语言文化,利用神态表情展现文化是肢体语言文化的又一种形式,这种形式从原始时代就有,如惊恐、欢喜、痛苦、高兴等,随着人类实践活动的复杂化,人们的心理活动也渐趋复杂,神情肢体语言也越来越丰富,最典型的有戏曲演员的神情、眼神、面容变化等都富含文化的内容;日常生活交往中,有许多不便于用有声语言表达的文化内容或隐喻信息,都是借助表情、眼神、神情的变化等表达文化的。神情是人的心理活动的外现,有些情况下人们的部分心理活动是自然的表露,他人可以根据别人难以控制的神情外露,推测对方的内心动态。

(三)文字的文化

文字是文化表现形式中最常见的文化现象,是文化的重要载体,现代的人们处处可以见到用文字传递信息的文化现象,同学们用的教材、老师的板书、图书馆的藏书、广告牌、手机里传递的信息等,文字无处不在,无处不有,不难想象,现代的人们如果没有了文字将不能正常生活,更谈不上科学和技术。

文字是文化进步的重要标志,在半个世纪以前的中国社会,不识文字的人还有不少,人们常以是否识字作为判定某人有无文化的标志;在中国古代,人们将有能力识文断字作为文化水平的重要依据,能认识很多很多的汉字,能写一手好看的汉字,会被人们认为是有高水平的文化人。

文字本身也是一种文化现象,是文化的一种表现形式,文字的书写方法、过程、形状等都是文字文化表现形式的具体体现。汉字的书写方法已形成一门学问,自汉字形成体系至今的每个历史时期,都涌现出许多书法名人,他们用汉字写出的各种形态、姿态展现汉字之美。人们把练写汉字、欣赏汉字的过程作为敬仰和践行中国传统文化的具体行动;人们把练写汉字、欣赏汉字的过程看做净化心灵、静化心境的重要措施。仅近半个世纪以来国内大小文化机构或群众团体或个人举办的汉字书法展,就形成一种盛大的文化现象。拼音字母性文字也有书法活动,但其规模和态势远不及汉字书法。

文字是人类文化发展的重要标志,文字还是人类社会发展的重要标志,人类创造和运用文字是划分史前文化和文明时代的标志性依据,因为人类自从创造和利用文字,就可以将人类的历史过程,将正在发生的事件,将人们对客观事物的认知等用文字传递给远方的人,传达给后代的人。人类自从有了文字,人类的社会、人类的文化、人类的科技、人类的生产力、人类的生存、人类的生活等各方面都得到迅速的发展。

人类在社会实践中创造了多种文字,并在创造和运用文字的过程中表现出一定的规律性。其突出表现是人类最初的文字都是图形文字,因为在人类创造和运用文字的早期,人类的认知思维能力还很有限,人们只能借助感官获得客观世界的宏观信息,其中主要是视觉观察到的客观事物的静态形象或动态表象,欲将感知到的事物记录下来或表达给他人,人们只能照着客观事物的形象比画下来,这就是人类最早的文字都是图形文字的认知思维原因。后来由于人类不同人群文化发展过程中多种原因的作用,使一些民族的文字发展走上了字母文字方向,有的民族却沿着以形表意的文字创造的初衷,一直走下来。目前世界上的文字主要有两大类,即表意性文字和拼音字母性文字。

表意性文字的最大特点是以文字的笔画、结构等平面形状表示客观事物的意义,中国的汉字是最典型的表意性文字,如果从图形文字算起,它开始创造于中华祖先从史前文化走向文明的进程中,当时的人们为了相互传达各自对客观现象的形象性认知和记忆,利用手的功能将事物的形象,象形地描绘、比画出来,作为传达认知的信息。说明中华祖先早在史前文化后期就开始创造具有文字意义的图形了,我们的祖先比世界上其他族群更早地迈进了人类文明时代,使中华民族最早地屹立在世界的东方。

汉字的最大特点之一是以形表意,文字的形与文字承载的意义相通,有些字虽然暂时读不出发音,却可以从字形判断字的大概意思,汉字因表意具有文化第一属性的特征;其二是单音文字,一个字只有一个音节;其三是有利于传播和传承,不受时间和地域的限制,这是中国传统文化得以一脉相承和传承不息的重要条件;其四是汉字的创造和运用适应于中国传统文化的主导认知思维方式,中国传统文化的主导思维方式是以不脱离客观事物形象的思维方式为主导的认知模式,而汉字的创造和运用是典型的形象思维过程。

拼音字母性文字是西方文化的主要载体,其主要文化特点是文字不表意,文字只是表示发音的符号,文字不具有文化的第一性属性,而由若干个符号性字母表示的读音才具有第一性文化属性。

人类不同地域、不同民族创造和使用什么性质的文字,是区别不同文化体系表现为不同文化形态的重要依据,也是划分民族的重要文化依据。

(四)心中的文化

文化的表现形式并不是只存在于物化、语言和文字中,还有一种存在形式更为重要,是存在于人们心中的文化,即人们对客观事物的认识、对客观事物的态度、对客观事物将采取的干预措施等,还暂时没有用文字或语言的形式表达出来,但却体现在其本人的行动中了,这也是一种文化表现形式。

所谓心中的文化,就是没有借助物体、语言和文字的载体展现出来的文化,以无形的形式存在于人们的思想中。

存在于人们心中而没有展现的思想内容之所以是文化,是因为它具备文化的基本特征,其一,它是人们在社会实践中对客观事物的认识;其二是它的认识内容的确经过了人们的认知思维活动;其三是它以支配自身行为的方式将文化传达到社会。文化的这种表现形式是一种普遍存在的现象,其常见表现如下。

心中的文化不一定都借助语言或文字表达出来。不识字的人不等于没有文化,在古代中国的广大农村,有太多的农民不识字了,但他们关于种庄稼知识太丰富了,从季节变化的规律到天气变化的预测,从土地地势的状态到土地土质的特点,从种庄稼的选种、生长周期、田间管理到庄稼的收割及储藏等,他们心中都有系统的知识,并运用这些知识从事农业生产,获得农业丰收。从某种意义上说,他们对农业生产在某些方面的认知,比农业专家还深刻,他们的认知知识和农业生产经验等为农业科学研究提供了最真实、最直接的、最详细的素材资料。

心中的文化不一定都需要表达出来。很多人言语很少,甚至很少与人交往,很少将个人的内心世界表露出来,但是他们中的许多人对客观世界的认知是直接来源于实践,来源于他们对客观实践的思考,例如古代中国的广大民众,他们对人与人关系的认知,对家庭内人与人的关系、对邻里间的关系、对族群外的人等各种关系的处理非常恰如其分,他们用自己的实际行动践行着中国传统文化的人文文化。他们的认知和社会行为是古代人文文化的社会基础。

心中的文化可以潜藏巨大的能量。很多人虽没有高谈阔论,却创造出了惊人的专业性成绩,最有代表性的是中国古代艺术家、手工艺家等,如中国古代部分诗人、部分文学作品创作者、手工艺作品等,如阿炳创作的《二泉映月》等,他们都不是拥有系统专业理论的文学、艺术家,没有经过系统的专业教育,却创作出不朽的专业作品。

心中的文化普遍存在于社会人们的认知中,他们虽然没有著书立说,也没有掌握某一专业的系统理论,但他们由于某种兴趣或爱好,却在某些领域的某些方面创造出了惊人的成就,有很多人怀有对客观世界的深刻认知,有些人练就一身绝妙操作技术,如中国的每个时代都有数以千万的各行各业的工匠。

(五) 文化活动

文化活动是人类的基本活动,也是文化表现形式的重要内容,人们往往注意到文化的存在形式,而忽略了文化活动的存在,其实文化的一切变化、一切发展、一切作用等都是在文化活动中实现的。

文化活动表现在社会活动的方方面面,同学们在教室学习、读书、看报、听课、思考问题等是文化活动;教师在课堂上讲课、答疑、与学生们互动等也是文化活动;专家们进行科学理论研究、科学实验、作学术报告、学术辩论、撰写科学学术论文等是文化活动;医生们为病人检查病情、询问症状、分析病情、向病人做病情解释、作出诊断、实施治疗、交代愈后注意事项等,各类艺术家的创作、表演等,观众的欣赏、思考、赞扬等都是文化活动。

文化活动现象充满社会活动的各个方面,文化活动是文化的一种最常见的存在形式,是一种动态的文化存在形式,本书将“文化活动”看作与精神文化、物质文化同一层次的文化存在形式;在社会劳动的各个行业、各个岗位、各个环节都需要知识的指导;在学校的课堂、图书馆、体育场、实验室等到处都有文化活动;从文化活动的意义看社会上所有的主动进行的意识活动都有文化活动的出现。

文化活动的品质体现着社会的文明状况。社会上出现的文化活动不一定都是积极的、正能量的、文明的，因为文化有先进与落后的区别，有积极文化和腐败文化的区别，如果社会放任落后、腐败或庸俗文化活动的出现，必然有损于社会文明生活，甚至引起社会不良风气的上升；相反，如果社会提倡并引导先进的、优秀的文化活动，必然提高社会的文明程度。

人类的文化活动是有发展方向的，因为社会的文化活动内容有变化的趋势，又因为文化活动能影响人们思想、认知的变化，一旦人们思想、观念的变化形成一种社会思潮，必然影响社会的稳定和发展。

社会的文化活动对社会的发展产生着一定的作用，社会的发展是多种因素共同作用的结果，其中社会文化活动的状态是重要原因之一。如果社会的某一局部或某一相对时间内，社会的文化活动气氛沉闷、压抑，社会上则很难涌现出新思想、新观念、新技术等，社会的发展也难以展现出活力；反之，如果社会的文化活动活跃，新观念、新理论、新思想、新技术等不断涌现，并且形成良性的争论、竞争的现象，如古希腊文化时期和古代中国的春秋战国时期，文化活动呈现百花齐发、百家争鸣的活跃状态，对当时的古希腊社会和我国的春秋战国时期的社会的发展起到了推动作用，使当时的社会表现出极大的活力。

人类的发展史就是一部人类文化活动的发展史，文化活动是人类的基本活动。人类文化活动的起始时间从理论上说，应该从人类脱离动物状态的时候就开始了，人类脱离动物状态的根本标志是人可以创造和使用劳动工具，而创造和使用劳动工具就必然利用记忆中关于客观事物的某些活动特点，获得某些物质的性能等，就需要人们之间的信息交流等。尽管现在的人们没有办法获得那时候人们进行文化活动的第一手资料，可以通过理性的反推，想象当时的人们一定发生了这样的文化活动，不然，后来的一切都不可能。人类的文化活动从人类诞生开始，再也没有停止过，只要人类生存和发展着，文化活动将伴随人类存在到永远。以上是从人类发展的宏观过程论及文化活动的时间，如果论及人们在具体实践事物中的文化活动时，文化活动体现在人们每一个具体实践过程的始终。

人类文化活动的范围遍及人类社会实践的各个环节、各个角落。人们要生存就需要观察大自然，掌握大自然的活动规律，以使自己的活动适应大自然的活动规律，其中的观察、记忆、自然现象的归纳以及怎样适应大自然等都属于文化活动；人们为了生活需要采摘果实、辨认生熟、尝试食物等，都需要辨别、比较和体会等；人们从事任何社会实践都需要人们相互的配合，需要知识的共享和知识的传递，这些都是文化活动。可以说没有文化活动的参与，人们便不可能进行任何社会实践活动。

三、文化与文明

文化和文明是密切联系的，它们之间有着许多共同点，也有着许多不同点，文化包括的范围相当广泛，而文明是文化中的优秀和精华成分，是人类的生存、生活和发展生产需要的文化，文明对人类的发展起着积极的推动作用。

（一）文化与文明的相同点

文化与文明有着许多共同点，主要体现在它们都是人类创造的文化表现形式，都有物质和精神的两大内容，且有相互促进作用。

其一，文化与文明都是人类的创造。人类在认识、适应和利用客观世界的实践过程中创造了文化和文明，人们在创造的过程中并不知道哪些是文化，哪些属于文明，是因为在实践中证明文化中的一部分，对社会的发展或对人的认识产生了积极作用，后来人们在进行文化对社会作用的评价中，将那些对社会产生积极作用的文化称之为文明。

其二，文化与文明都有物质和精神两大主要形式。文化及文明都以物质和精神两种形式出现，即物质文化和精神文化，物质文明和精神文明。不应将人类创造的有形产品即物质文化都称为物质文明，例如地沟油，它的产生亦经过一系列科技程序，属于人创造出的物质文化，但它的制造和存在没有丝毫的文明可言。

其三，文明是文化的一部分。文明和文化同出于人类的创造，文明只是指积极的、向上的文化，并不是所有的文化都可称之为文明，因为有些文化对社会产生消极作用，甚至产生破坏或反社会、反人类作用，如各国都出现的邪教、宗教极端主义、霸权文化、强盗文化等，虽然属于文化的范畴，绝对不属于文明。

其四，文化与文明相互促进而发展。社会文化的发展必然产生出更多的具有文明性质的文化，而社会上文明性的文化越多，文明程度越高，对社会文化发展的促进作用越大，因为只有具备文明特性的文化才能促进社会文化的发展。不具备文明特质的文化，如消极的、庸俗的、低级趣味的文化不可能促进社会文化向着积极的方向发展；反人类、反社会、反革命的文化对社会文化的积极发展只会起到阻碍和破坏作用。文化的发展又为文明的发展提供客观基础，如果在一个相对文化环境内的一个相对时间内的社会文化出现繁荣局面，必然涌现出许多文明程度高的文化元素或文化成分或文化体系。

（二）文化与文明的不同

文化与文明又有着许多的不同点，主要体现在分别产生的人类发展的历史阶段，体现在它们分别包括不同的范围。

其一，产生的历史时期不同。文化是自有人类就有了文化，但那时的文化只是人类为生存而遗留的痕迹，现在的人们是依据痕迹推测当时人生存和劳动的状况。人类的文化发展到具有文明的特质，是在人类认知能力提高到一定程度实现的，其标志是具备认知的目的性，同时具备对客观事物好坏的分辨能力。只有有目的地认知客观世界，才能创造出符合人们生存、生活需要的文化，符合社会人们需要的文化就是具有文明性质的文化。而人类有目的地主动认识客观世界而创造文化的历史时期，是在人类进入史前文化时期，距今约 1 万多年以前。可见人类具备创造文明性文化能力的历史时期，应当在人类文化发展史的最近 1 万多年以来。

其二，文化包括的范围比文明的范围广泛。文化包括的范围涵盖人类创造的一切有形和无形的产品，在人类生存、生活和生产中所见到的一切，除自然存在的物质以外，凡是打下人类意识烙印、经人创造的一切有形之物都属于文化，凡是一切精神性的思想、意识、理念、情感、知识、理论、技术、经验等都属于文化。而文明包括的范围小于文化的范围，因为文明是文化中优秀的、积极的、向上的、对社会发展产生促进作用的文化，如优秀的思想、睿智的意识、科学的理念、高尚的情操、合理的知识、先进的理论、高效的技术和成功的经验等。

其三，文明不包括消极的文化。不能将文明与文化等同认知和评价，不能将对社会、对他人不利的文化当做文明。有些文化只是少数人为了自己或小集团的利益，或者为了掩盖自身的丑恶，或者是为了伪装自身的假真、假善等而炮制的，却给自己贴上文明的标签，甚至打着文明的旗号行着不文明的事。

其四，文明促进人类社会的发展。社会的发展是靠人的劳动和智慧力量，文化既是劳动产品和智慧成果的存在形式，又是人们从事社会劳动不可缺少的因素，而真正在社会实践中发挥促进作用的是文化中具有文明特质的那一部分，因为只有正确反映客观世界的那些知识、理念、理论、技术等才能有效指导人们的劳动，只有那些符合社会发展规律、符合广大民众根本利益、反映广大劳动民众心声的思想等人文文化，才能长久持续地调动广大民众进行劳动和创造的积极性。所有这些正确的知识和优秀的思想都属于文明。

第二节　文化的产生、传承和发展

文化不是自然物，文化不会自动生成，文化是经人类的创造才产生的。文化一经产生也不会一成不变，文化在人类社会实践及思维能力作用下可以得到传播、传承和发展。

一、文化的产生

人类生存的地球在人类诞生以前就已经存在了几十亿年了，从人类的诞生到现在也已经有几十万年了，这些都是同学们所知道的基本知识，但是当我们将这些已知的基本知识与文化联系起来认知时，却可以引出来许多还不太明确的知识和道理，如人类什么时候开始有了文化，最早的文化是什么样的，考古发现的文化与我们讨论的文化有没有区别等，都是我们应当梳理清楚的问题。

（一）蒙昧的若干万年

人类已经很难确定自己是距离现在的多少万年前在地球上诞生的，但可以确定的是在人类诞生以前的几十亿年前地球就存在了；人类是从动物进化来的；在人类没有脱离动物状态以前，地球上本没有文化，文化是随着人类的诞生而出现的。

假设人类有100万年的历史，那么从理论上说人类创造文化的历史也有100万年了，但是却没有见到人类在那漫长岁月里创造的文化是什么样，因为人类是从大约1万年前才开始创造出真正意义的文化。

我们在关于考古的资料中看到有"文化"二字,如山顶洞人文化、仰韶文化、良渚文化等,在中华祖先生存和生活遗迹的资料中都可见到"文化"二字,这是通过考古发掘寻找当时人们活动的踪迹或实物,从中推测我们的祖先曾经的生存、生活和生产活动状况,考古专家把发现遗址中的遗物、遗迹等都称作"文化",是指原始时代的人们所创造的极为简单的物质文化,因为考古中发现的遗物、遗迹等毕竟不是自然物,其中凝结着原始时代人类的智慧。

人类从大约1万多年前才开始创造真正意义上的文化,那么1万多年以前的文化是什么性质的文化?应该说那时候人类社会还没有创造出一定量的精神性文化,只有人类个体本能性的情绪反应现象,而没有主动性、能动性的意识反映现象。所以,当时的人类社会还不可能形成具有社会性的、意识性的文化。

人类早期没有精神性文化的主要原因是,在那漫长的岁月里人类都处在蒙昧状态,蒙昧的标志是那个时候的人们都不会主动认识客观世界,包括每个人的自身身体和个人意识。我们可以用这样的办法推测当时人们的生存和生活状态,即以我们自己为例,假如我们没有任何主动性的意识反应能力,只有本能性反应动作的生存和生活状态可能是样的:

客观世界给人的信息都是被动接受的,风刮到身上才知道风的存在,雨打在身上才感觉到凉意,太阳照在身上暖洋洋才感到舒适,猛兽扑身在近的时候才做出本能反应,识记时间只在刹那间,没有分音节的发音语言系统,没有文字等,人们完全依靠自然条件而生存和生活。可以想象,在那漫长的岁月里,人类的祖先经历过怎样艰难的生存状态才繁衍发展下来。

人类就是在这样没有真正意义文化的环境里生活了几十万年,这是蒙昧生存和生活的若干万年,那种状态下生存的人们看到的事物转眼即忘,听到的声音不知道如何辨别,不主动思考太阳出来为什么有光亮又为什么会温暖;人为什么要呼吸,为什么要吃饭,吃了饭为什么有力气;也不知道思考太阳为什么总是从一个地方升起,为什么还会升起和落下,为什么总是落在一个地方等。

(二)忍受与享受的不同刺激

真正意义的文化是什么时候又是怎样出现在人类历史的呢?从人类认知能力发展的角度看,肯定不是一个突然发生的现象,而是一个极其缓慢的发生过程。

创造具有真正意义的文化,必然有一个前提条件,那就是人脑功能的质性发展,即开始有引起思考的刺激,大自然给人的刺激是多个方面、多种性质的持续性刺激。

对人类来说,当大自然在人类面前完全处于一种必然王国的状态时,大自然按照其自有的规律运动和变化着,而给人的感受却是不一样的,大自然有一年四季的变化,寒冬时节北风呼啸,大雪覆盖大地,酷暑盛夏烈日炎炎,暑热之气使人难耐;人要生存就必须有吃的,有水喝,有栖身之处,但是大自然却不是按照人的愿望为人的生存提供最适宜的条件。

在那漫长的岁月里,人类经受着大自然带来的两种不同的感受,一种是不利于人们生存和正常生活的恶劣环境,在这种环境下人们忍受着严寒,天上下着鹅毛大雪,空中刮着呼啸的寒风,身上却没有防寒的保护衣;天上烈日炙烤,空间黄沙漫卷,地上干涸不润,炎热的气候让人们难耐;恶劣的环境还有野兽猛禽,它们时刻威胁着人们的安全;更有难以忍受的是饥饿,没有东西吃,忍受饥饿的折磨是最难以忍受的痛苦;等等。所有这些不利于人的自然因素是人类最大的生存障碍和困难,它们以不同的方式伤害着人类。

自然界并不是一刻不停地向人类投以恶劣的环境,还有更多的时候自然界向人类展现着适合于人们生存和生活的环境,太阳出来给人们带来光明和温暖;风和日丽使人们生活舒适;和风细雨给大地带来水气,使万物生长;丰富多样的野果、野菜,还有可以捕到的小型动物等都可以给人们带来一定的食物,使人们得以消除一定时间的饥饿。人类在自然界展现的适宜环境里享受着大自然给予的恩惠。

可能正是人类在长达几十万年的漫长岁月里,大自然既给人类恩惠使人们得以暂时的满足,又给人们带来难以忍受的折磨,两种截然不同的感受交替着,反复地刺激着人们的机体,也刺激着人们的大脑,向往和企盼适宜的自然环境,畏惧和躲避恶劣的环境,可能是激活人类大脑的重要因素,使人类的大脑在漫长岁月里受到刺激,并在人类机体各种功能不断进化的配合下,得到良好的进化。大脑的良性进化促使人们的心理活动发生变化,心理活动的变化又为人们思维能力的发展提供了基础。

(三)走向文明时代的史前文化

在1万多年以前,即人类社会从旧石器时代向新石器时代过渡的时候,人类的认知活动发生了质性的变化,可能是人们长期的向往和企盼的心理越发强烈,畏惧的心理与向往的心理交织在一起,人们渐渐滋生了观察自然现象的主动心理,主动心理刺激着注意心理发展的同时,人类的记忆能力也得到加强。这样,注意能力有了,观察能力强化了,记忆事物的时间延长了,为认知思维能力的突破性发展提供了条件,人类主动认知客观世界的新纪元由此拉开帷幕,人类创造真正意义的文化也由此起步。

所谓真正意义的文化,是相对于蒙昧时期原始人类遗留给现代考古发现的遗迹、遗物而言。真正意义的文化应当具备如下几个特征:其一是主动性,是人类主动认知客观世界而获得的认识;其二是流动性,文化的内容可以在人群之间相互传播;其三是社会性,创造的文化属于社会的而不属于某认知个体;其四是启蒙性,即社会的文化开启了人类对客观世界的认知热潮。

人类的史前文化主要表现出三种形式,分别是崇拜、神话传说和巫术。

崇拜是当时的人们对能给人类带来好处的客观力量的敬畏心理活动的外现。崇拜的内容有自然崇拜、英雄崇拜和生殖崇拜。自然崇拜是对不可理解的自然力的崇拜,如对太阳、山、水等很多的自然现象或自然物,因为这些自然现象都能给人的生存带来好处,人们的生存和生活离不开它们的存在,古埃及人的太阳神,古代中国人建有山神庙、妈祖庙等,都是早在文明时代以前祖先们自然崇拜的表现。英雄崇拜是史前时期的人们对人类前辈创造历史的敬畏,如西方文化有宙斯、普罗米修斯等,中国文化有黄帝、炎帝等,这些被人们崇拜的文献记载虽然出现在文明时代,但民间流传之始却是在文字记载以前的若干千年。生殖崇拜是当时人们对人的生命接续敬畏心理的表现。

神话传说是史前文化的又一重要形式,是当时的人们对他们所了解的自己所处社会历史的虚构。所谓对历史的虚构,是发起传说的人们对他们所知道的社会曾经发生过的真实大事件,从细节上加以虚构,成为有人物、有时间、有地址、有情节的故事,如西方文化《荷马史诗》所描述的远古战争,如传说中的关于宙斯的故事,中国文化中的盘古开天、大禹治水、神农尝百草等故事。

巫术,在距今1万多年以前的西方和中国都曾盛行过,当时的巫术与现代的巫术现象有着本质的区别,现代社会出现的巫术现象是违背科学的,是腐朽的文化,是明知不对而行骗术的行为。

在距今1万多年前的人类,中西方社会先后出现一批又一批思想比较活跃的人群,他们或由于社会地位比较显著,或因为从事某种劳动比较多,相对比别人对他们关注的客观事物观察得多,思考得也多,就想发表他们对关注事物的认识,其中有关于某些事物由来、事物关系、事物变化去向等的解释,有些巫术通过语言、动作操作等,表达着人们对客观事物发展的美好期待和愿望,有些巫术试图通过某些语言或动作操作,表达人们试图操控或干预事物变化发展的方向,向着有利于人的方向发展。当时有许多巫术良性发展,后来成为一些古代科技雏形或认知准备,最能说明这一现象的是中国古代的医术。"医"字,古作"毉",在一定程度上佐证了中国古代的医源于巫。

我们不能用现代认知的标准评价史前文化的对与错,那时的人们在生产力水平极低、实践活动范围极其有限的条件下,能够走出长达若干万年的蒙昧,能够开始主动认识客观世界就已经是人类认知的伟大飞跃了,至于错误或无知,人类会在不断的实践和思考中逐渐纠正的,人类的文化、科技、认知发展史就是在不断克服谬误中前进,当1000年以后的人类评价今天的科技水平时,今天的科技水平和某些认知在他们看来可能是很不正确的。

这些史前文化的许多内容和认知倾向,在人类走进文明时代后,都被人们在实践中经过去伪存真的进一步认识,转化为古代科技文化的重要认知基础或认知元素了,如中华祖先对大自然的崇拜就是中国传统文化"人与天地相应"学术思想的重要思想和认知基础。

从广义文化的基本含义的层面讨论人类创造真正意义文化的发生,应该从史前文化开始算起,因为从这时候开始的文化是人类有目的创造的文化。

人类创造的史前文化为文明时代的到来做了文化的准备,人类没有史前时代五千多年的认知摸索,就不可能有距今5000多年前人类文明时代的到来。

二、文化是人类的创造

文化不会自然生成,文化是人类在为生存、生活和发展生产的社会实践基础上,经人们的思考活动创造出来的。由于人类不同的群体生存在不同的客观环境下,表现出不同

的认知思维方式和过程,创造的文化也不同。人类不同的群体又因创造和拥有了不同的文化而产生差别。

(一)文化在人类社会实践的基础上产生

人类的社会实践有三大基本内容,分别是人类的生存、人类的生活和人类为生存生活所进行的生产,围绕人类这三大基本内容所展开的社会实践是人类创造文化的主题,也是人类创造文化的主要的、基本的内容。

人类的生存是人类永远认知的主题,人类在蒙昧时期的若干万年里,虽不知为什么而生存,但生命生理的需要迫使他们为寻找食物而奔波,为躲避伤害而不停地张望,这些都是人类的本能行为。自从人类开始主动认识客观世界,人类为生存而进行的活动就具有了目的性,目的是人们从事社会实践的基本要素。在史前文化时期,人类为生存而进行的活动就有了目标,有了指向,有了心理趋向。当时社会上流行的巫术,其动作或巫语的心理趋向都是为了祛除病魔,为了摆脱疾苦,为了恢复原有的机体舒适状态,巫师的动作和巫语就是当时文化的一种表现形式;崇拜是当时的另一种文化现象,当时的人的之所以对太阳、月亮、山、水等自然物产生崇拜,是因为人们的生存离不开它们。进入文明时代,人们为了生存就得上山寻找果实,寻找的过程中需要辨别果实的大小、形状、颜色和味道等;在狩猎或躲避凶禽猛兽时,需要观察动物的习性、与人的距离、周围可利用的条件等;为了生存人们要品尝多种食物,从中分辨哪些物品可吃,哪些物品好吃,不然哪有中国古代神农"一日而遇七十毒"的传说;在制造劳动工具和用具时,人们需要辨认物体的性能,寻找动作技巧,体验制作品的功用等。在上述所有为了生存而进行的社会实践中,人们都有观察、注意、识记、回忆、思考等认知活动,并不断获得对实践对象的活动经验和加深认识,当人们相互之间传递和获取这些知识时,社会的文化便产生了,没有上述为生存而进行的劳动和思考,就不可能产生人类的文化。

人类的第二大实践是生活,生活实践更丰富,更复杂,其中有个人及集体的吃、喝、穿、住、行,还有人们的社会活动,有人与人的交往,有人们在劳动和生活中的组织与协调等。人们在这些活动中既有自然属性的活动,又有社会属性的活动。为生存而吃是吃什么,为生活而吃是怎么吃,因而品尝食物、加工食物、分配食物、保存食物等便成为人们为吃而生活的重要内容。在这个过程中要观察食物的质,反复试验加工食物的方法、步骤和适度等复杂的劳动及思考,关于吃的文化就是在这个过程中产生的;喝与吃的活动基本类同;穿,则是人们生活中的大事,有穿什么,怎么制作,怎么穿等活动内容,人们在这类活动中要选择材料,要裁剪材料,要组合成适宜于个人穿着各种衣物,衣物属于个人后还有一个什么环境穿什么的问题,人们由此而进行的一系列活动是创造服饰文化的客观基础,没有这一系列的活动就不可能产生丰富多彩的中外服饰文化;人类为居住和行动而进行的生活活动如搭建草棚,堆土围墙,打土块烧砖烧瓦,修建房屋,构筑楼堂馆所,以及为了完成上述工作而必须进行的材料运输等,都是人们与生活相关的重要内容,由此而产生了人类的建筑文化。

人类的社会活动是最复杂多变的生活活动,因为每个人都有心理活动,每个人都有认知思维活动,每个人都在观察、接触和思考社会现象,每个人都在进行社会活动,其活动内容有:家庭生活及家庭成员之间的情感活动,家族成员之间的各种关系,社会成员之间的交往联系,人与人交往要相互揣摩对方的心思,每个人对他人的认知影响着其对他人的态度和情感,每个人的社会存在和社会认知又形成每个人所特有的思想观念,每个人的思想活动和意识又支配着他的行为,每个人的个人行为又汇聚成社会的群体行动,等等,人的社会活动和社会关系所形成的社会现象相当复杂,相当之多。正是人们进行了这么多而复杂的社会活动,人们才可能认真、仔细研究社会现象,从而形成了人类最重要的文化体系,即人类人文文化体系。

人类的第三大社会实践是生产活动,人类为了生存和生活得越来越好,人们必须从事生产活动并努力发展社会生产能力。人类的社会生产活动是以农业生产为中心而展开的,其次是工业生产。农业生产是解决人类吃的问题,工业生产一是解决为发展生产所用的生产工具问题,二是为解决人们生活用具、用品的问题。人们在农业生产活动中要种植粮食作物,在种植庄稼的过程需要观察天气,需要松土、平整土地、播种、田间管理、收获和储藏等一系列劳动;工业生产可分为古代、近代和现代的工业生产,在世界历史的古代,人们只能进行小型的手工业生产,在手工业劳动中,工匠们要观察农民生产劳动的过程,或者亲手体验劳动的操作细节,检查制作劳动工具用材的性能,研究制作用品操作的动作技巧等。正是因为人们长期经历了复杂的手工劳动,掌握了部分物质的性能,积累了制作用具的丰富经验,才为人们研究客观世界的本质和规律提供了客观基础。

人类在生存、生活和生产这三大领域所从事的实践活动,涉及的客观事物包括了天、地、人,从事农业生产必然对天象、天气有足够的认识,必须对土地有详细的了解,还必须处理好人与人的关系,可见人类由从事此三项基本社会实践所创造的文化,基本涵盖了人类创造文化的主体。

(二)思维是创造文化的桥梁

文化不是自然物,人类在地球诞生以前,地球已经存在了若干亿年,但是地球上并没有文化。如果说思维是人类大脑的功能,那么在人类诞生之前地球上就出现了大脑的思维现象,即动物大脑的思维,但动物大脑的思维不会创造文化,人类的思维区别于动物思维的核心标志是目的性,人类是为了更好地生存才去主动认识客观事物的,只有人类的思维才能将对客观事物的个体性认知传达给他人,赐予文化的社会属性。思维不能直接生产文化,思维只能在人类社会实践的基础上创造文化,思维是人类从社会实践通向文化的桥梁。

人类创造的文化主要以物质和精神的两种状态存在。所谓物质文化,是指经人们的劳动所创造又被人们的生存、生产或生活所用的有形物质。古往今来,有远古人狩猎用的经打制而有棱角的石头,有经简单加工拿起挥舞的棍棒,有精心制作的弓箭等;人类进入农耕时代制造的犁、斧头、锯子、锄头等;近代以来发明的蒸汽机、汽车、火车等;现代科学技术建造的高速铁路、高速火车、大型飞机、太空航天器等。地球上自有人类以来,人

们为了生存,为了生活得更好,创造了并不断更新着无以量计的物质产品,我们称这些是有形的文化产品为物质文化。

人类创造的所有物质文化产品无一不凝结着人类的智慧,其智慧的凝结过程就是人们思维的过程。从创造物质文化过程体现思维活动的特点,至少可概括如下几种表现。

任何劳动工具和生活用品的制造,都是劳动者根据劳动和生活的需要,经长时间的思考在大脑中逐渐形成了关于工具和用品的形象,这形象则成为劳动者制造产品的模型,例如木工关于椅子的发明思维,可能当时已有了四条腿的方木凳,但坐着不舒服,坐时间长了还累得很,老想向后靠,木工就在思维中构思能依靠的木凳结构。

形象记忆的转移是一种典型的形象思维活动,这种思维活动在物质文化的创造中发挥着重要的作用。在劳动工具的改造和生活用品改进的思维中,工具或用品使用过程的形象记忆,很容易引起对其改进的思维火花。如传说锯子发明的思维火花,是发明者想起他在长满刺的灌木丛中行走划破了他的衣服或皮肤。类似的这种思维活动在劳动工匠们的创造中普遍存在着。

在人类的发明创造中,模仿动、植物的动态或静态形象是人类创造物质文化的重要思路。如飞机制造的最初构思来自模仿飞禽的飞行形象。

规律的发现与利用是人类创造物质文化又一重要思路,当人类经研究发现了自然界的物体运动惯性规律、地球引力规律、浮力规律等,人们利用这些自然规律创造了人类生存、生产和生活的物质产品。

人的思维活动是一切精神文化的"加工厂",任何精神文化都是人类在社会实践基础上,经大脑的思考活动创造的无形产品。所谓精神文化,即人的精神活动的产物,是人们为了达到更深刻、更全面、更准确地把握客观事物,采取一系列复杂的思考过程才能获得。

创造精神文化的思维活动一般都有特定的目的,或者为了辨认某一事物,或是为了比较某些事物,或是为了搞清事物之间的关系,或是为了搞清事物内部的结构及结构之间的联系,或是为了表达某种情绪、情感等。

人们为了达到思考的目的,常常通过一系列的方法,这些方法主要有概括、比较、分析、综合、想象、联想、构思、抽象、判断、推理等。

(三)人类因文化而有别

人类的一切差别、一切不同都与人类自己创造的文化有关,人类因创造和利用文化的不同而出现众多的民族,人类因文化活动形成的文化环境不同是构成社会走向不同方向的重要因素。

人类早期并没有民族的区别,其时间跨度有几十万年之长,至少在整个旧石器时代人类还没有出现民族区别的文化依据,因为民族的区别主要是文化的区别,是精神文化的不同。当人类进入新石器时代,不同地域的原始部落的人们由于自然环境的不同、生产方式不同、生活习惯不同、心理趋向不同等因素,开始创造、积累和传承了不同的精神文化,先后分别形成了具有不同表现形式、不同思想内容的精神文化体系,人类才具备划分民族的条件。可见,文化是人类创造的,创造出的文化又成为人类分化为原始不同民族的重要支撑和依据。

文化的不同,特别是精神文化的不同是促使原始族群分化的直接原因,尤其是地域性民族群的形成。中华民族之所以自立于世界民族之林,成为东方民族群的优秀代表,正是因为中华民族的祖先在史前文化时期孕育了具有特质的文化基因,使中华祖先在即将进入文明时代的文化创造中,沿着祖先的认知思维方式认识大自然,认识客观事物,进行生产劳动和进行日常生活,特别是创造了表意性文字体系,完成了中华民族区别于西方民族而独立发展的所有必备文化条件。

在人类社会的发展中,由于不同民族创造和践行着不同的文化,成为社会发展速度不等和社会发展方向不同的重要原因。中华祖先在史前文化时期注重在宏观层面观察大自然,逐渐滋生了顺应天地、顺应大自然的认知理念,同时滋生崇古尊古的理念,当时的人们在这样认知理念的支配下,勤劳地耕作于黄土大地,创造出相对先进的生产力,为中华祖先较早地进入文明时代提供了文化的支撑。中华民族进入文明时代以来,追求社会和谐,注重提高生活水平的思想意识,为发展社会生产力打下了思想基础,为中国古代较早地进入自给自足的封建社会准备了文化和思想条件。西方欧洲的中世纪,以宗教为主的经院哲学文化统治社会,在一定程度上压制了科学文化的发展,使西方的欧洲比东方的中国推后近千年进入自给自足的自然经济社会。

社会上每个人在清醒状态下,每时都生活在一定的文化环境之中,每时的活动都与文化有关,人与人之间的差别都与文化有关。其实,人类在诞生后的早期,人与人之间很难显现出差别,正是由于文化的创造、变化和发展,使每个时代的人都在文化活动中发生差别。新石器时代的人要比旧石器时代的人劳动创造能力强;人类进入文明时代以后,由于社会文化的发展走向不同,使不同文化环境中的人们创造出不同的生产力,表现为不同的生产方式;在现代科学文化环境中生活的人们,每个人都受到不同程度的文化教育,使现代每个人都表现出比古代人强得多的创造力,表现出比古代人好得多的精神面貌,又由于每个人接受教育的条件、过程和程度不一样,每个人的创造力和精神面貌也不一样;在人类的早期,由于人们对人的健康和疾病认知能力的严重不足,社会上关于防治疾病的文化水平有限,使当时人们的身体健康水平很低,是人们不停地探究人体的奥秘,积累抗击疾病和寻求健康的不懈努力,使人类整体的健康水平不断地提高,又由于每个人对健康文化的认知不一样,每个人的健康行动也不一样,导致每个人的身体状况也不一样。

个体的人在来到这个世界的时候,只有生理和本能的差别,而没有职业、能力、善恶的差别。是因为每个人在成长过程中接受了不同的教育,选择了不同的学习内容,致使各人从事了不同的职业;又由于每个人在接受教育的过程中,学习或实践的方式方法不同,表现出的刻苦程度不同,使各人在社会实践中所展现出的综合能力也不一样,有的人高考成绩很好,有的人高考成绩却很不理想,有的人创业成功,有的人创业却失败等;由于每个人接教育的内容和性质不同,在学习和认知中对事物的理解也不同,致使

每个人的思想、观念、品质等表现不同,有的人善良,勤劳、勇敢,有的人却恶念滋生而危害社会。

三、文化的发展

人类的文化自从史前时期开始,从来没有停止过发展,只是由于地域的不同、民族的不同、生产力发展水平的不同等因素,使人类文化的发展表现为不同的发展方向,表现为不同的形式和文化形态。

（一）文化发展的基本规律

人类的文化从无到有,从简单到复杂,从单样到多样,从发展缓慢到发展快速,总是处在不断的发展之中,并表现出一定的规律。

文化的发展必然经过社会传播的过程,没有文化的传播就没有文化的发展。文化的传播有个体性传播,有集体传播,有社会环境传播等。个体传播是指文化元素的初始创造者通过一定的形式传给他人,传向社会才能成为社会文化的一部分,同时为社会文化的发展做出了个人的贡献,如一个人的新思想、新观点、新发现等通过一定的文化载体向他人及社会扩散的过程。集体传播是指群体性文化成果向社会扩散,如一个学术团队向社会公布他们的研究成果;一个地域的文化向其他地域的扩散,如古希腊文化向地中海沿岸的扩散形成的希腊化文化,欧洲近代文化向中国的涌进等都属于这种文化传播的途径。社会环境传播文化是指由人的社会活动所引起的文化传播,如社会民俗文化的形成等。文化的多途径、多种方式的传播为文化的发展提供了条件,昭示着人的主观能动性是推动文化发展的根本动力。

文化传承是文化发展的又一重要途径。从某种意义上说人类文化的发展史,就是一部人类文化的传承史,人类的文化主要靠传承而积累和发展的。从文化发展的微观细节看,文化传承是传统性文化发展的必由之路,如中国传统文化的发展主要依靠传承的途径,本教材将在有关章节中专题阐述这个问题。

文化是人类社会的产物,文化发展的规律有多方面的体现,其基本规律与社会有着密切的关系,与社会的状态有关系,与社会经济基础有关系。

首先,文化的发展与社会繁荣和稳定有密切的关系。社会的繁荣和稳定使社会的人们情绪高涨,思维活跃,是社会文化发展的良好机会,在中国古代每当社会生产力发展,社会出现一片繁荣景象时,社会的文化一定得到快速的发展。

其次,文化的发展适应于社会的发展水平。在人类文化发展史上,有的地域出现过文化发展的高潮,却没能将文化的高潮延续下去,使社会的文化出现长达十个世纪的低潮,造成这种情况的重要原因之一是文化的发展不适应于社会生产力的发展水平。因此,文化的发展受到社会经济基础的制约,因为文化属于上层建筑,经济基础决定上层建筑。

再次,文化的发展可以暂时超越社会生产力的水平。从总体上说,文化的发展要适应社会生产力的水平,但是不排除文化的发展暂时超越社会生产力水平的可能。古希腊文化中抽象逻辑思维模式,并不是当时古希腊社会生产力水平基础上应当产生的文化,具有暂时超前于社会生产力的特征。

人类文化的发展并不是都处于相同的状态,而是表现出明显的不平衡性。其不平衡的主要表现是发展速度不同、发展过程不同、发展水平不同和发展的文化内容不同等。

不同地域或不同民族创造文化的总量是不等的,对客观世界认识的深刻程度是不同的等。如在人类文化发展史上出现第一个文化繁盛时期时,西方的古埃及、古巴比伦和古希腊等地域的文化发展速度,远比同时期的其他地域如非洲、美洲大陆的文化发展速度快得多;又如在人类第一个文化繁盛时期,中国的春秋战国时期的文化发展速度,远比亚洲周围其他地区的文化发展速度快得多。

由于不同地域的自然条件不同,当地社会的生产内容、生产方式不同等,使不同地域的文化发展经历或方式表现出不同的过程;不同的民族或民族群,由于其心理趋向不同、风俗习惯不同、文化积淀不同等因素的作用,致使不同民族在创造和利用文化的发展经历表现出不同的过程。

由于不同地域、不同民族、创造文化的思维方式不同等因素,其创造出的文化发展水平也不同,如在世界科技发展史上的中世纪,中国文化的发展水平走在了世界最前列,中华民族在中世纪创造了领先于世界的先进生产力,创造了多项领先于世界的科技发明,而与之同时的欧洲的科技创造几乎等于零,其文化发展的整体水平亦远远落后于中世纪的中国。

在人类创造和利用文化的活动中,生存的环境和生活的水平,以及生存的方式、生产劳动的方式等影响着人们注意的对象,使人们渐渐相对固定地关注某些事物,对同类事物的不断认识便形成了文化的固定发展趋势。如中华民族在文明时代之前的数千年前,就注意到大自然与人们生存的关系,观察到大自然的恩惠有利于人们的生存,大自然的异常剧烈变化不利于人们的生存、生活和生产,从而逐渐将人与天地的关系作为最重要的认识对象,使中国传统文化的发展向着顺应大自然的方向发展;又如在中华民族进入文明时代以后,人们注意到人及人与人之间的关系的重要性,逐渐将人的存在及人与人之间的关系作为重要的认识对象,最终形成了以人为本的中国传统文化思想体系,体现了中国传统文化向人的社会属性发展的走向;再如西方文化关于物质世界的"四根说",引导着西方民族将观察的注意力投向了物质世界,使西方文化向构造性自然观的方向发展。

(二)文化发展的动力

任何事物的发展必然有推动发展的动力,推动文化发展的根本动力是人,是社会发展的需要,还有人的认知心理的需求。

人是创造和利用文化的主体,只要人类在地球上生存着、生活着、发展着,人类的文化就永远处在发展状态。人是推动文化发展的根本动力,文化不会自动发展。文化不是自然物,文化不会因为自然环境的变化而变化,文化也不会因为时间的延续而扩展或缩短,不论是个人或是群体创造的文化,只要没有人触碰文化,文化是不会自动发生变化的,如古希腊哲学家们创造的抽象逻辑思维方式,在此后的近千年里因为没人问津而没有任何发展,直至文艺复兴时期才引起人们的注意。

文化活动是一切文化发展的必然环节,纵观人类文化发展的宏观过程,每逢人类文化发展的重大节点,都伴有人类文化的重大活动,如人类之所以能结束长达几十万年的旧石器时代,是因为当时的社会广泛使用了以磨制石器为代表的劳动工具,没有当时人类兴起改造劳动工具的文化活动,就不可能有新石器时代的到来;又如人类在进入文明时代的时期,是因为人类出现了创造和利用文字的重大文化活动热潮。

任何形式的文化,大到一个地域、一个历史时期、一个民族创造的文化,小到一个人的专题学术著述,都是文化的创造者在相应领域的实践中,在占有一定量的实践经验基础上,经过一系列思维活动创造的文化,没有人的社会实践任何已有的文化都不可能发展。如中国的传统中医学之所以历经数千年而不衰,正是因为历代中医人面对不同时期社会出现的疾病和健康问题,深入实践,认真思考,他们在不断解决社会医学难题的实践中,推动了中医学的发展。

人类为了促进社会的发展就要认识客观世界。从最初的观察天、观察地、观察太阳出入、观察自然界四季冷暖变化等,形成对大自然的最早认知,尽管当时的人们并不知道这些思考是为了促进社会的发展,却知道为了生存就被动地将客观事物的宏观动态,在认知中建立起事物宏观表象的因果联系。当人类社会进入了文明时代,人们已开始有意识地推动社会发展,人们借助语言将个人对事物的认识传递给他人,传递给社会;人们创造文字将此地人们对事物的认知内容传递给异地的人们,将此时人们对事物的认知内容传递给未来的人们,希望他们的后代尽快地了解自己经过千辛万苦获得的知识和经验,希望他们的后代获得更高的生产效率,并生活得更幸福;今天的人们为了人类的未来,上太空探索宇宙,入深海探寻未知,深入研究人与自然、人与人的各种关系,倡导人与自然的和谐共处,倡导人类社会命运共同体,寻求人类社会更好的发展。

人类为了促进社会的发展就要适应客观世界。人类社会和自然界在地球上是一对单相矛盾体,即人类社会在目前和今后相当长一段历史时期内都离不开地球的自然环境,人类社会依附地球自然环境而生存和发展,但地球却不需要人类社会,不依赖于人类社会而存在,因此人类社会只能适应自然环境而发展。问题在于人们要认识到适应自然的必要性和重要性,以及怎样适应的问题,由此必然促进人与自然关系此类文化的发展。早在史前文化的神话传说时代就出现两种不同理念的神话,在远古的西方世界,有一部分族群认为人是万能的,人可以征服自然,从而站在自然界的对立面而同大自然作英勇的斗争,这种神话的文化精神向人们传递着向大自然的抗争精神;在远古的东方世界另有一部分族群却以敬畏的心理将自然界看做神圣的,不可冒犯的,其神话传说充满着对大自然的顺从和敬畏。中华民族比较早地认识到,人只是天地中的一部分,人秉天地之气而生,在寻求提高生活水平、提高生产效率等社会发展的同时,注重顺应大自然而发展社会的文化,增强人们对大自然的适应能力,如中国传统文化对一年四季、二十四节气的认知,就是在适应大自然的前提下争取生活和生产的发展。

从总体上说,人类改造不了客观世界,客观世界永远按照其自身的规律存在和运动着,人类只能利用客观世界的规律而创造物质和精神财富,创造财富的过程就是在创造文化。日出日落是大自然最基本、最常见的活动规律,人们根据这个规律日出而作日落而息;自然之火能改变物质的性质,便利用火将生食物变成熟食物;天地有春、夏、秋、冬四季寒热温凉的变化,使自然万物而生、长、化、收、藏,人们利用这个规律而春种、夏耘、秋收、冬藏;人们利用树木的特性制造出为满足生产和生活用的劳动工具及生活用品;人们发现水有浮力现象,便研究水的浮力规律,制造出从小木筏到远洋巨轮的各种水上交通工具。

文化的发展,有时候只在局部或一段相对时间内出现文化发展状态,其动力并不是来源于生存、生活和生产的需要,而是来源于文化创造者的某种心理需求,即为了满足人们的某些心理愿望,人们表现出对某种文化内容产生极大的兴趣,从而进行深入的研究,客观上起到了推动局部文化发展的作用,其表现形式有个人的苦思冥想、有一定范围内的问题辩论、有个人的研究和实践等。

因个人对文化的某一领域或某一问题,进行苦思而获得文化研究成果者大有人在,如希腊划时代的欧几里得对几何现象研究的成果,为西方文化的抽象逻辑思维的发展打下了坚实的基础;如我国 20 世纪 80 年代的数学家陈景润为完成数学难题的研究,曾经数年将自己关在狭小的空间而苦思研究,对我国的数学发展作出了杰出的贡献。

因文化问题引发长时间的争论、辩论而推动文化发展的实例,在中外文化发展史上比比皆是,西方的古希腊文化时期城堡下的文化辩论有效地推动着古希腊时期的文化发展;我国古代春秋战国时期的"百家争鸣""百花齐放",使中国传统文化进入了第一个发展繁盛时期。

通过个体性研究和实践而促进文化发展。从某种意义上说,人类的文化体系就是由无数个体创造的文化元素汇集而成的,从人类开始主动认识客观世界开始,每一个具有正常思维能力者在清醒状态下每时每刻都在思考着,认识着,实践着,每个人在实践中获得的新知和经验传向社会,就是对社会文化发展作出的微小贡献,社会的文化洪流正是由无数微小细流汇集而成。在茫茫人海中,在社会不同历史时期内,中国和外国都涌现众多由于个人的研究和实践,创造性的形成独特的文化体系,推动了相应领域的文化发展。如西方古希腊文化时期的亚里士多德、欧几里得、泰勒斯等;西方近代科技创造者瓦特、牛顿、爱因斯坦等;科学社会主义理论的创造者和伟大实践者马克思和恩格斯的研究和实践,发起并推动了人类共产主义事业的兴起和发展,同时也推动了人类文化的发展。

(三)文化发展的方向

文化发展的方向是指文化发展趋势的指向。了解文化发展的方向及影响文化发展方向的因素,是对现代大学生们进行中国传统文化通识教育的重要内容,对树立大学生们的中国传统文化自信具有十分重要的意义。

今天同学们所见到的人类文化百花园,争奇斗艳,千姿百态,其大有中西文化之分、有民族文化之分、有自然社会文化之分;居中有学术观点派别之分、有文化风格之分、有思维方式方法之分;其小有人的认识差别、有思想差别、有人格差别、有不同人对同一事物的态度差别等。

文化发展的趋势可以出现多样化,这是因为文化反映的客观事物是多方面的,即使文化反映的是同一个事物,也有多种属性或多元的表现形式。人们认识、适应和利用客观世界的能力是有限的,因而人们创造文化的能力也是有限的,人们以有限的认知能力和劳动创造能力应对无限的客观世界,人们只能选择客观世界的某一方面认知、适应和利用客观世界。

世界文化的发展在史前文化时期之所以没有出现中西文化的差别,是因为早在很久以前中华民族的祖先,所创造的中华史前文化尚未显露出与西方史前文化不一样的发展趋势。

影响文化发展方向的因素主要有地域、社会生产方式、人的群体心理趋向和文化底蕴等。

地域的差别有气候条件不同、陆地海洋不同、山地平原不同等,不同的自然条件引起人们的关注内容不同,进而致使相应地域的文化发展走向也不同。如古希腊地处地中海北海岸,是个半岛地势,其地理条件三面环海一面靠山,土地贫瘠,古希腊人关注的对象不是土地而是海洋,其文化内容发展的趋势一定与大海有关;而与古希腊同时期的中国中原地区的人们,这里的人们见不到大海却生存于肥沃的土地之上,气候适宜农业种植,人们必然持续关注黄土大地,关注农作物的生长与收获,这一地域环境的文化发展趋势一定走向农耕文化。

社会生产方式包括社会生产力和社会生产关系两个方面,社会生产力的水平是由相应社会的人们,创造和使用劳动工具的方式及效率决定的,不同的生产力水平要求人们创造和使用不同的劳动工具,不同的生产力水平可以体现出人们在处理人与自然的关系时,可能表现出不同的关注内容、关注态度和关注方式,从而影响到社会文化发展方向的差别。如中国古代较早地进入农耕生产社会,使当时的中国人特别关注农耕生产劳动与季节、节气、气候的关系,是中国文化表现出顺应大自然发展趋向的直接因素。

社会的进步、社会的稳定和社会的发展需要最佳的生产方式,需要生产关系适应于生产力的水平,这就需要人们在处理人与自然关系的同时处理好人与人的关系,如果人们在认知人与自然的关系过程中,过于关注人对自然的干预作用,可能会使文化发展的趋势违背自然规律的走向;如果人们在处理人与自然的关系时关注人对大自然的依赖性,由此发展的人与自然关系的文化应当走入人与自然和谐的方向。

人的心理因素可以构成影响文化发展方向的重要原因,因为文化的创造必须经过人的思维活动,而人的心理活动是人的思维活动的必要环境,心理活动可以从智力和非智力两个方面影响思维的过程。由于不同民族的认知习惯或心理活动方式不同,人们在创造文化过程中所表现的发展方向也不同,如古代西方人善于观察事物静态条件下的内部,习惯于从事物的内在结构把握事物的本质、联系和规律,并持续地保持在认识活动中,使古代西方文化对自然的认识逐渐向构造性自然观方向发展,为西方近代科学的兴起奠定了抽象逻辑思维的基因;而古代中国的人们在观察大自然时,客观世界的宏观动态表象及其联系,引起当时人们极大的兴趣,渐渐形成善于从客观世界的宏观动态联系把握事物关系的文化发展趋势。

　　一个地域或一个民族群的文化向什么方向发展,与相应地域或相应民族群已有的文化底蕴有着密切的关系。人类大量创造和积累文化的历史时代是从新石器时代以来,由于不同地域的人们只能在自己活动的范围内认识和解释客观世界,从而在不同地域渐渐积淀出不同的文化底蕴。人类文化的百花园之所以绚丽多彩,都与其原有的文化底蕴有关,如西方文化善于从事物内部的结构把握事物本质的文化发展趋势,在史前文化的神话传说中就已经显露出一定的萌芽,如西方的神话传说显露出神与神、神与人及人与人之间的血缘关系,以及人物之间的情仇关系等。

第三节　文化的分类及功能

　　人类创造的文化依照不同的标准可以分为若干类别,不同类别的文化其社会作用也不同。

一、文化的分类

　　广义的文化包括的范围极其广泛,按不同的标准有不同的分类方法向同学们作一简单阐述。

　　(一)常见的文化类别

　　依据文化的存在形式划分,有物质文化和精神文化,有学者认为还有一种是制度文化,但多数学者认为制度文化应属于精神文化的范畴,本教材认同多数学者的观点,认为制度文化从属于精神文化。人们常说的非物质文化,从逻辑的角度上理解,是指物质文化以外的文化,文化界用到"非物质文化"一词时,多用在"非物质文化遗产"一词中,是指人类代代相传的以非物质形态存在与民众生活密切相关的传统文化。

　　物质文化是人类在生存、生活和生产的社会实践中,利用人的智慧和劳动创造的一切有形产品,如原始人打猎用的木棍、为居住而搭建的棚子等;如现代人开的汽车、修的铁路、建造的高楼大厦等;凡是人类有目的创造的一切有形产品都是物质文化。不经人的智慧和劳动存在的自然物不是物质文化,如雨水、石头、山洞等都不是物质文化,但是将雨水聚集起来存在水库里再放出来灌溉庄稼,虽然原来是雨水,聚而浇地用就属于物质文化了。

　　精神文化是一大类文化体系,其中又可依不同的标准划分为若干类文化,每一类文化又可划分为若干小类。

科学文化依据研究对象不同可分为自然科学文化、社会科学文化和思维科学文化。

自然科学文化可划分的学科文化最多，其中常见和主要的有物理学、化学、数学、医学、天文学等，其中每一个学科文化还可划分为若干小学科文化。自然科学和自然科学文化在概念和内容等方面有一定的区别，自然科学是关于自然物结构、属性、本质、规律研究形成的系统理论知识技术体系，属于专业性文化；而自然科学文化是由相应的专业科学而引起的文化现象，其内容有该自然科学本身，与该科学相关的人、物、事及过程等，如该学科科学形成、发展历史、学术观点、派别、特点等。以中医学为例，中医学是一种科学，是科学体系中的一种，又是科学文化中的一个类别，中医文化是指因中医学而引起的文化现象，其内容首先包括中医学，其他还包括中医发展史、中医学术派别的学术思想，包括中医名家人物，民间健康文化、中医医德文化等。

中医学的理论不是纯粹的自然科学，中医学对人体的认知理念、方法和形成的理论体系具有社会学的许多特征，中医学是中国传统文化的自然文化和人文文化的有机结合体。

社会科学文化是科学文化的一大类，人们熟悉的有心理学、政治经济学、管理学、金融学、社会学、人类学、法学、伦理学、语言学等。

思维科学文化是关于人的认知思维活动的本质、特点、联系和规律的系统理论和实践体系，这是一类新兴学科体系，也是一类很有活力的学科，我国从 20 世纪 80 年代进入关于思维科学研究的热潮。

依据文化的历史发展时段划分，有远古文化、古代文化、近代文化和现代文化。

依历史时段划分文化的时间节点不容易统一，均以文化的特点划分。远古文化一般是指在考古中发现的 1 万年以前人类活动遗迹，以及从遗迹中推测原始人类活动情况；古代文化多指有文字以来，即文明时代至近代以前的文化，有学者有时亦将史前文化归于古代文化；近代文化由于距今的时间不远，对时间的界限则表述的较为明显，一般以社会历史阶段为依据，而不同地域的历史阶段又不完全相同，如西方欧洲的近代历史一般从 14 世纪末至 15 世纪初的文艺复兴运动兴起为起点，故西方近代文化多是指西方文艺复兴以后至现代文化以前；而中国的近代历史一般认为是从 1840 年西方人侵入中国开始，中国近代文化则是从这个时候到建国之前的中国文化；现代文化的划分时间节点，中国的现代文化和世界的现代文化也不完全一致，中国的现代文化多指新中国成立以来的文化，世界现代文化多指 20 世纪初至今的文化。

依文化历史沿袭状态划分，有传统文化、时代文化等。人们在阅读或查阅资料时，常常见到有传统文化和时代文化的提法，这是立足于文化的悠久程度划分的两种文化，这种划分文化的出发点是突出文化的延续性特点。所谓传统文化是指文化的突出特点具有以下几个方面：其一是世代性，是具有世代相传特点的文化，其文化精神和文化的基本内容代代相传，不断代，中国传统文化是最具有传统特色的文化，如中医学就是典型的传统文化，古代中医人主要依靠家族传承、师徒传承，老一辈将其传统的中医学理论、理念、临床技艺等都通过言传身教传授给被传承人。中国古代的农耕生产技术、农民们对天地的认知、劳动工具的改造等,都依靠代代相传的过程保持文化的传统特点。其二是民族性。其三是积淀性。其四是特色性。

（二）更多的文化类别

在学习和生活中可能还见到更多的文化名称,例如网络文化、先进文化、腐朽文化、反动文化、酒文化等,这几种文化都不是在统一划分标准下的文化,为了使同学们对文化有进一步的了解,以下就常见的冠以"文化"的现象做进一步分类展现。

按文化对社会发展的作用方向有先进文化和落后文化之分。凡是对人类社会的发展起到积极和促进作用的文化,能引导人们有效地劳动或提高对自然、对社会的认知等的文化,可称之为先进文化;反之,凡是对人类社会的发展起到消极、阻碍或破坏作用的文化,可称之为落后文化、腐朽文化、反动文化。由于落后和破坏等又存在一个程度和性质的不同,还可以依据不同的标准再细化划分。

社会政治斗争可以产生两种不同性质的文化,依据文化对革命事业产生的不同政治作用和不同政治态度,可产生革命文化和反革命文化。革命文化是革命政党领导革命人民在革命事业中创造的文化,对革命事业有指导、领导和号召作用;反革命文化是反革命派在阻止和破坏革命事业的行为中编造的文化,对革命事业产生破坏作用或迷惑群众的作用,又可称之为反动文化。

在落后文化中还有一种文化对人们的思想活动产生腐蚀作用,不宣传积极、向上、阳光的知识,反而宣传堕落、后进的理念,这种文化可称之为腐朽文化,如社会上出现的迷信活动、巫术活动等,这种文化错误的本质是明知不对,却为了达到不可告人的目的而故意为之。

落后文化中还有一种是庸俗文化,这种文化以低俗语言、动作、文字等形式出现,将社会上的不雅生活元素以文化的形式表现出来,不符合优秀民族的正面形象,这种文化在民间的小范围内也不应提倡,更不应搬上公众舞台。

与先进文化背道而驰的还有一种是反人类文化,如各国不时出现的邪教、极端宗教等,还有一些叫嚣战争的反人类宣传等。

按创造文化的民族划分,有以创造和践行具有民族特色文化的民族名冠名的文化,如中国的汉族在数千年来创造和践行的文化,称之为汉族文化;以藏族人为主体创造和践行的有藏族文化;还有维吾尔族文化、蒙古族文化、傣族文化、苗族文化等。

按国度划分有以国度为前置词的文化,如中国文化、美国文化等;按文化的创新性质和程度划分,有创新文化和守旧文化之分;按文化反映事物的性质和特点,有网络文化、酒文化等;按文化性质划分,有艺术文化、宗教文化等。

最后,特别介绍的是关于东西方文化,按创造文化的地域划分有东方文化、西方文化。由于历史的原因,关于东西方文化所指的地域有所不同,现在咱们熟知的东西方文化,东方文化是指以中国传统文化为代表的东方文化体系。东方者,是站在欧洲向东看,位于亚洲大陆发展起来的文化,最早还将古印度文化也归于东方文化体系,但古印度文化除原始佛教文化著名于世界外再无其他产生巨大影响的文化内容,真正具备传承不息,一脉相承,又对世界文化产生巨大影响的还是从古老中国走来的中国传统文化体系。西方者,站在亚洲向西看,位于西方欧洲大陆以古希腊文化为源头的西方文化,以欧洲近代科学为主发展而成的文化体系。古希腊人在比较他们的文化与周边文化的联系与区别时,曾经将位于地中海东岸的古巴比伦文化和两河流域文化称之为东方文化,只是因为古希腊人站在希腊半岛向东看地中海的东岸而已,而非指东方大陆的中国文化。

二、文化的功能

文化是人类在社会实践中创造的精神和物质的总和,创造出来又被人类所利用,物质文化被人类用来服务于人类的生存、生活和发展生产;精神文化可以通过作用于人们的认知活动,发挥其能动作用。

（一）物质文化的功能

物质文化是人类创造的有形物品,人类创造物质产品是因为生存、生活和生产的需要。

人类从诞生以来创造了不可计数的物质产品,这些产品有效地服务于人类的生存和发展,展现出物质文化在人类生存和发展的作用,充分体现了物质文化的功能。

其一,人类不可缺少的物质功能。如果人类不依靠自己的创造能力生产出自己所需要的物质,仅凭大自然提供给人类的生存和生活物资是极为有限的,更何况大自然提供给人类的自然物,还需要人的智力去寻找、辨别、获取、运输和保管等,更多生存、生活物资必须通过人的劳动才能创造并获得,如维持生命需要的各种食物、维护安全需要的设备、生存生活必需的用具、栖身之处的构建物、搬运东西的运输工具等,所有这些人造物都是人们生存、生活和生产不可缺少的物品,这些物品为人类社会的发展贡献了它的功用。

其二,提高人们的生存、生活质量。在人类处于蒙昧时期的若干万年里,人们生存和生活质量的艰难程度是现代人难以想象的,其根本原因就是人类没有能力创造足够的物质生活资料。进入文明时代以来,人类通过自身的劳动和智慧创造出了不断增多和不断完美的物资生活资料。以食用品为例,正是因为人们从找不到吃的,到获得足够的食物,再到获得丰富多样又美味的食物,再到选择有利于身体的健康食品,这样不断提高食用品数量和质量的物品发展,才换来了不断提高的人们生存质量和生活水平,不断增加人类自身的幸福感。

其三,提高社会生产效率。创造和改造劳动工具是提高社会生产效率的必要条件,人类在长期为生存而进行的实践中,特别在进入文明时代以来,为了不断提高社会生产效率,人类创造和不断改造着在各个生产劳动领域里的生产工具,使人类的劳动工具不断得到改进,不断改进的劳动工具既减轻了人们的劳动强度,又提高了社会劳动效率。以农业种植为例,我国的农业劳动者早期松土的工具用"耒",其工效低又费力,后来逐步改进到用类似现在的铁锨松土,再后来改进用犁松土耕地,又发展到用拖拉机带动铁犁耕地,至如今发展到用无人操作的智能耕作机。可见人类创造和不断改进的劳动工具,为提高人类社会的生产效率起到了关键作用,起根本作用的是人的创造力。

其四,促进社会的发展。社会的发展需要物质基础,人类创造越来越多越丰富的物质产品,为人类社会的发展提供基本条件。社会的发展首先是人的发展,而世界人口的增加需要更多更好的吃的、穿的和用的,人类只有创造出足够多的物质生活资料,才可能保证社会人口的正常增长,保证人口生存、生活的基本需要,才能保证社会成员的健康。社会的发展是多方面的,社会每一个方面的发展都需要物质的基础,生产的发展需要生产工具的不断改进;我们国家的强大,我们中华民族的强盛需要多种物质基础,如矿山、各种原材料、能源、淡水、机械设备等,有这些才能创造高科技、高尖端产品,才能创造出体现强大国家的国防武器装备;社会人们居住条件的改善需要大量的、高质量的建筑材料;社会的高速发展需要多项基础性建设的支持,如高速铁路、高速公路、现代通信设备等,也需要更多领域里的高端技术装备,如太空空间站等。

（二）精神文化的功能

精神文化对社会的存在和发展可产生两种功能,即积极的作用和消极的作用,我们着重从精神文化对社会的正向功能进行讨论,因为精神文化的主体是积极的、相对正确的和社会需要的。

首先,精神文化帮助人们认识客观世界。人们欲更好地生存和生活在大自然之中,更快地发展生产力,就需要知道大自然的活动变化规律,熟悉大自然中与人们关系密切的那一部分天、地、物的性能,只有掌握了相关自然事物的知识,才能适应大自然而生存,才能更好地生活,才能加快生产力的发展。知识就是文化,只有文化才能帮助人们认识复杂多变的客观世界。人类在长时期的生存、生活和生产的社会实践中,积累的丰富的关于大自然,关于生活和生产的各个领域里的知识、理论和技术,都是人们认识客观世界不可缺少的。

其次,精神文化指导人们适应客观世界。人类的社会实践内容概括起来不外认识、适应和利用客观世界这三大方面,适应客观世界是其中的重要内容,往往不被人们所重视,甚至有人主张人与大自然的对立态度。其实,不论人们是否承认人与大自然的被动关系,人总是自觉不自觉地适应着大自然,人不可能跳出大自然制约的圈子,人类只能在大自然给予的条件下生存,人们欲更好地生存和生活,必须适应大自然给予人类的条件。人类多少年来积累的关于大自然及一切客观世界的知识,是人们在客观世界面前如何保护自己的智慧。

再次,精神文化引导人们利用客观世界。所谓利用客观世界,就是利用大自然及一切客观世界给予人的条件,利用客观世界固有的规律,实施人们所需要的创造,就是人们常说的改造客观世界。说到底人类不可能改造客观世界,因为客观世界不以人的意志为转移,人只能利用客观世界的存在、联系和规律在一定范围内,改变某些客观事

物的存在形式。科学文化是引导人们利用客观世界的规律创造一切财富的知识和智慧源泉。

三、文化的交流

世界上不同的人群在对客观世界的认知中可以产生不同的思想、理念、知识和理论,也可以形成对客观事物的不同态度;同一人群中也可以因为认知内容和方向不同而产生不同的思想、观念或理论。有不同就有互通和相互了解的愿望,沟通和交流便成为人类生活中的重要内容,实现沟通的形式就是文化交流。

文化交流是文化活动的重要表现形式,也是文化的一种特殊功能。文化交流的起因是文化有别。文化交流与文化传播不同,文化交流虽属于文化传播的范畴,但文化交流的特殊功能是目标集中,目的性更强。在现代科学文化环境中,文化交流活动非常普遍,非常广泛,存在于社会文化活动的各个领域的各个层面,我们在这里仅介绍几种常见的文化交流形式,主要有中外文化交流和民间文化交流。

(一)中外文化交流

中外文化交流是指我国与外国在文化层面的相互交流,这是我们将优秀中国文化传向世界的重要途径,是让全世界人民了解中国的重要通道,也是我国人民向外国学习的好机会。

中外文化交流对我们建设文化强国有着十分重要的意义。我们建设文化强国目的的重要方面是向国际上展现中华优秀文化,中外文化交流则是我们展现优秀中华文化的重要窗口;中外文化交流同时为我们提供了解国外文化的机会,是我们按需要吸收和借鉴外来文化的有效途径;中国特色社会主义现代化建设需要全世界爱好和平的国家和人民的支持,我们可以通过中外文化交流加强与国际上友好国家和人民的联系。

了解中外文化交流的历史有利于树立中华优秀文化的信念,作为新时代的大学生,在深刻理解中国传统文化优秀本质的同时,还应当了解一些中外文化交流的历史,从中感悟到我们中华民族自古以来就是一个非常亲和、友善、智慧和开放的民族,中华文化也不是一个封闭的体系,中国历史上有太多的文献,记载着古代各个历史时期中国人与外国人进行文化交流的生动故事,这些文献都是当代大学生树立中华优秀文化自信的丰富文化资料。

(二)民间文化交流

中国传统文化的一个突出特点是全民创造、全民认知和全民践行,而具备这个文化特点的客观基础是文化的普及性,文化的交流功能为中国文化顺利进行民间文化交流提供了可能性。古代的中国,文化并没有像西方古代文化那样只掌握在少数人手中、广大劳动民众没有掌握文化和进行文化交流的权利。中国自古以来都是文化在民间,广大劳动民众不论是否识字,他们上知天文,下知地理,中知人事,这些都有赖于民间文化交流;

现时代中国的文化环境是广大民众成为文化的主人,特别是近十多年来,现代信息技术的快速发展为我国广大人民群众进行民间文化交流提供了最便利的条件。

（三）谨防文化侵蚀

在文化交流的过程中,不可避免地会出现非正面文化的传播。文化侵蚀就是一种极其有害的文化活动现象,其特点是打着文化交流的幌子,行文化欺骗和文化腐蚀之实。

国际上敌视中国的各种政治势力,当他们在中国的文化强权、文化侵略彻底失败以后,总是不甘心他们在中国的失败,时刻妄想借助文化交流对我国进行文化侵蚀,总想把他们那一套文化理念渗透到我国的文化领域。对于我们广大的大学生来说,我们是投身于民族复兴伟业的生力军,我们必须树立坚定的中国传统文化信念,以中国共产党的政治信念和优秀的中国传统文化构筑文化防火墙,抵御一切侵蚀我们健康文化机体的文化风潮。

第三章　中华民族创造和利用的中国传统文化

人类的文化是全世界各民族的共同创造,中华民族在认识、适应和利用客观世界的社会实践中创造了优秀的中国传统文化,中国传统文化传承五千多年而不衰,世代相传,一脉相承,是世界上唯一没有断代的传统文化体系。中华民族在创造中国传统文化的过程中,走的是一条完全不同于西方的文化之路。

第一节　古老而智慧的中华民族

中华民族是人类最古老的民族群之一,中华大地养育了中华民族及其祖先,中华祖先在蒙昧的若干万年里,不仅经受住了恶劣自然环境的考验,而且顽强地生存和繁衍于中华大地,在经历了 5000 多年的史前文化时期之后,迎来文明时代的曙光,使中华民族屹立于世界的东方。

一、中华祖先

世界上本没有民族的区别,是因为人类创造和利用了文化,是因为文化的不同而有了族群的区别,民族是依文化而划分的。中华大地上在 1 万年以前也没有民族的区别,在 1 万年以前的若干万年就已经固定地生存于中华大地的部族居民,是中华民族的祖先,我们统称其为中华祖先。

（一）中华大地

越来越多的考古发现证明,在我们伟大祖国的中华大地上,先后发现了许多人类生存的遗址,如人们熟知的北京周口店原始人、南方河姆渡原始人、浙江良渚原始人、西南的三星堆原始人等,都是长期固定生存和繁衍于中华大地的中华祖先,说明中华大地是养育中华祖先的沃土。

中华大地是指我国向世界公布的中华人民共和国疆域。中华祖先是指自人类诞生以来长期固定生存于中华大地之上的族群,他们是中华民族的祖先。

中华大地拥有人类生存和发展的自然条件:中华大地位居地球北半球的亚欧大陆,东临太平洋。大部分疆土位于地球气候五带的北温带,少部分位于热带,没有寒带。陆地的地形有山川、高原、丘陵和平原;水资源有江、河、湖、海;地面资源有森林、草原、可耕土地、矿产等;位居中华大地的中部地带春、夏、秋、冬四季分明,雨水充沛;等等。正是这些适宜的自然条件使中华民族祖先得以长久定居于中华大地。

中华祖先之所以能长期生存于中华大地，是因为中华大地提供给他们生存的基本条件。人在地球上生存的基本条件是空气、淡水、食物和居住空间。中华大地的黄河、长江及其无数的支流、小河、小溪，使中华祖先获得了饮用水的条件；山林、草原和黄土地为他们获得维持生存和繁衍的食物提供了基本条件；黄土大地的天然条件是被中华祖先利用获取简陋居住空间的基础。

中华大地是中华祖先及中华民族赖以生存和繁衍的客观基础，没有这个客观基础，就没有中华祖先及中华民族生存的客观条件。中华大地虽然为我们的中华祖先提供了生存的基本条件，但是当时的人们还不具备主动认识、适应和利用自然条件的能力，他们只能不太主动地利用大自然的恩惠，完全被动地忍受不良环境的摧残。

（二）艰难中生存的中华祖先

地球已经存在了多少年是天文物理学家的事，我们只需要清醒地认识到，人类不能脱离地球的养育；人类的历史有多少年是考古专家们的事，我们应清醒地知道祖先因没有真正的文化而曾经历的生存艰难。

我们假设人类在地球上有100万年的历史，从理论上说，人类从脱离动物那时起，就开始创造属于人类的文化了，但是人类创造的真正意义上的文化只有1万多年，那么100万年减去1万年，还有99万年，也就是说人类在没有真正意义文化的岁月里煎熬了99万年，这是何等漫长而艰难的岁月呀。反过来说，人类如果没有经过这漫长的煎熬，也不会迎来精神的启蒙，更没有1万多年来人类文化呈现加速度的发展。

人类在那99万年经历的是蒙昧，是人类对客观事物不能表现出主观能动的被动认知状态，即不能主动认识客观世界。人类的蒙昧状态是怎样的，现代的人们永远不可能获得当时状态的真实资料，因为那时人们的思考、意识状态是不可能复制和重现的。而探源的需要又不可能舍弃其不问。

我们可以依据人类认知能力的发展反推当时人们活动的状态。

如果我们除去因人类的智慧而创造的所有物质、精神、文化生活内容，剩下的便只有人类当时有限的本能，我们可以推测人类蒙昧条件下社会生存和生活的状态，没有粮食也不能及时取到淡水，不知道天气怎样变化，没有可栖身的住处，没有衣服也没有电器，没有文字也没有分音节的发音语言，最重要的是当时的人们没有任何关于客观世界的知识。那时的中华祖先与同时代的全人类一样，忍受着饥饿、寒暑和疾病的折磨，时刻警惕着虫兽的危害，成年累月，一代又一代得不到温饱，得不到舒适，得不到安稳等，正是这些恶劣环境的刺激，使人们渐渐产生敬畏和恐惧的心理，并时刻刺激当时人们的大脑。

当时的中华祖先忍受恶劣环境的同时，也在中华大地上享受着大自然的恩惠，阳光使人得到温暖，野果可以充饥，微风可以使人舒适，淡水可以解渴，雨水能使空气湿润等，这些对人的生存有利的自然条件，这些舒适的感觉必然刺激着人的心理趋向，向往风和日丽常在，希望食物多多，希望野兽不来袭扰等。

敬畏和恐惧的心理以不同的性质刺激着当时人们的大脑，应该是长时期的刺激使人类的大脑活动发生某种质的变化趋势，变化的趋势是从被动思考向主动思考发展。

（三）中华祖先在求生中孕育智力

人类从脱离动物后无力创造真正的文化,到可以创造真正意义文化而生存的时代,必然经历过一个从本能到智能的转化过程,这个转化过程从理论上说经历了1万年以前的若干万年,我们虽然无法证实中华大地上的中华祖先在什么具体的时间,开始主动认识客观世界并开始创造真正意义上的文化的,却可以从理论上推测,中华祖先一定经历过一个从无到有,从极弱到微弱的智力发展过程,这个过程是一个漫长的人类进化发展时期。

我们可以依据在中华大地上考古发现的祖先活动遗迹,在遗迹的实物中寻找祖先提高生存能力的过程,因为从在中华大地上考古发现的古人生存、生活或生产的遗迹中,可以推测出当时的客观事物是怎样引起人们注意,他们又是怎样观察事物的,可以推测当时人们的识记和回忆能力等。

推动中华祖先微弱智力能力逐渐增强的动力,是他们为寻求生存而进行的社会活动,为了寻找食物,人们要观察野果的形状、颜色,尝尝野果的滋味,并努力识记,努力回忆;为了捕到可食的野禽、小的野兽,人们也要观察动物的形状、动态特点和活动规律等;为了躲避和驱赶凶猛野兽的伤害,人们要十分警惕周围的动静,尤其要选择驱赶猛兽的工具;为了御寒人们要寻找相对温暖的环境,为了避暑人们要寻找阴凉的地方等。人们当时的所有这些行为都不是主动的而是被动的,因为他们当时对客观事物的认知可能还处在对感觉表象的短时记忆阶段。

大约在距今1万年前的旧石器时代向新石器时代过渡的时候,中华祖先已经积累了大量的对客观事物的认知表象,开始向主动认识客观世界的质性认知思维过渡,关于是否比人类其他族群较早的实现认知思维的质性飞跃,有待于中华大地上的考古发现更多的证据证实。

中华祖先比人类其他族群更早地进入文明时代是有充分理论根据的,用"5000多年"表述中华文明的历史是恰当而合理的。

二、中华祖先创造真正意义的文化

所谓真正意义的文化,是指人们利用主动认知客观世界的主观能动智力能力创造的文化,其标志是开始创造具有主观意识特征的精神性文化,其文化的年代归属应属于史前文化,中华祖先创造的史前文化称之为中华史前文化。中华祖先在开始主动认识客观世界以后的精神启蒙中,创造了丰富多彩的史前文化,为拉开中国传统文化的帷幕做了内容和形式的准备。

（一）中华史前文化

认识的主动性是体现人是文化主体的核心要素,文化是人主观能动从事社会实践的产物;有目的地观察、有目的地尝试、主动地思考等人类一系列的能力变化,是人类在大自然面前表现出的心理活动的质性发展,是人类从蒙昧走向启蒙的重要标志,任何真正意义的文化创造都是人们为了认识、适应和利用客观世界的主动行为;实践性是体现文化的可验证和实用特点,因为文化创造出来都是为了运用,运用以后才可能知道文化的可用程度;完整性是指任何文化应含有的物质文化和精神文化两大基本成分。

中华祖先在开始主动认识客观世界以前的若干万年里,也创造了理论意义上的文化,即考古工作者在祖国大地上发现的原始人生存和生活的遗迹。我们的祖先自从进入新石器时代,在5000多年的岁月里创造了丰富的史前文化,其主要内容有崇拜、神话传说和巫术,这些文化的内容和形式都具有主动性、目的性、实践性和完整结构的实质要素。

人们对祖先创造的史前文化并不生疏,如常听到的中国古代神话故事、民间传说等,这些故事、传说多记载于早期中国文化的典籍中。当时的人们一旦开启对自然界的思考,他们对不知道、不理解的事物都感兴趣,如太阳为什么有升有落,太阳出来为什么就可以看见周围的事和物,太阳出来为什么就暖和;人饿了为什么要吃东西,渴了为什么要喝水;又从观察和思考中发现太阳能给人温暖,天上下雨能解渴,山上的野果能充饥,地上的微风能解热等,渐渐认识到人的生存离不开这些,便蒙生一种敬畏的心理,这就是史前文化崇拜产生的心理基础。中华史前文化的盘古开天、女娲补天、后羿射九日、大禹治水等神话传说,也是中华史前文化的英难崇拜,充分体现了中华祖先主动寻找族群社会的过去,感叹先人智慧的心理趋向;中华史前文化亦体现出明显的目的性要素,中华史前巫术活动相当盛行,巫文化充斥于社会活动的各层面和各环节,各种巫术的内容无非就是祈求天地神灵降福人间、保佑平安、消灾驱祸等,这就说明当时的人们是为了安全的生存、舒适的生活而进行的行为,这是文化的目的性体现;万物有灵是中华史前文化的核心理念,形成这种理念的过程却需要社会的人们对自然、社会现象的长期观察和主动实践。

（二）中华史前文化的主要内容

中华史前文化的主要内容有对大自然的认识,对社会的认识,对劳动过程、劳动工具及劳动工艺的认知,遗憾的是很难从有据可查的中华文化早期记载中找到这方面的资料,只能从有关典籍的记载中做适当推测。

中华史前精神文化活动的主要表现形式有崇拜、神话传说和巫术,崇拜文化有自然崇拜、英雄崇拜和生殖崇拜。这些文化活动的内容虽然记载于文明时代,却反映的是中华祖先在史前时期的文化活动,剖析这些文化活动的表现方式和过程,十分有助于我们探究中华民族与其祖先在创造文化过程中的内在联系。

中华史前文化的自然崇拜主要是对给人的生存带来好处的太阳、天空、和风、细雨、河流、土地、动物、植物等,分别将它们奉为灵化的神,如太阳神、山神、风神、雨神、龙图腾、灶神等;如果自然事物给人的生存和生活带来灾祸,就将它们称为魔、鬼、邪、恶等。史前文化的英雄崇拜和神话传说,先辈们将适应自然、社会劳动和社会生活所积累的智慧,经拟人化的升华分别尊为不同的祖神,如轩辕、伏羲、黄帝、女娲、神农等;中华祖先与人类其他族群一样,在史前文化时期已经认识到族群繁衍的重要性,生殖崇拜亦是当时

社会文化活动的重要内容,只不过中华祖先的生殖崇拜不像西方人对人体的生殖器官的崇拜,而是表达对生养他们的先辈的崇拜。

中华史前文化的神话传说是对中华祖先创造历史的虚构,当时的人们在没有文字记录历史的情况下,都是靠口耳相传,将前辈或当时社会重大的与人的生存、生活、生产有关的大事,以及重大事件、重大成就或战胜灾难等大事传给后代,在一代接一代的传递中不断添加后人对先辈的崇敬和赞扬,并在想象中描述事件中人的活动和事件的过程,经过成百上千年的传颂和沉淀,成为中华史前文化的重要表现形式之一的神话传说。

在万物有灵观念的支配下,中华族群社会的人们用巫术认识、解释、预测、指导社会活动的各种事务,使巫术成为内容最丰富、形式最多样、传播最广泛、社会作用最大的中华史前文化,从众多的中华早期典籍记载及后来的研究资料看,巫术主要有三种形式,即传化巫术、接触巫术和顺势巫术。

传化巫术是人们通过意念、动作或语言达到控制事物发生某些变化的操术,就行巫动作操术的目的而言,有希望事物向有利于施术对象的,有希望事物向不利于施术对象的,这种社会文化活动方式长期存在于中国人的社会活动中,如观音菩萨的咒语能使孙悟空头上的金箍缩小等,直到现在我国社会民众生活中还遗留传化巫术的痕迹,如人与人之间的祝福、祝愿等。

接触巫术是通过人与人、事与事、人与事的接触,能将某些恶气或喜气传递出去的操术,人们利用这种巫术企图达到阻止某些恶气的漫延,这可能是中国人最早的防止污秽之气传染的做法。现在我国民俗文化还有办喜事沾喜气的做法。

顺势巫术是依据已知事物发展的趋势,促使事物发展的走向顺应客观事物发展方向的操术,或者预测事物发展走向的操术。这种巫术潜在的认知基础是人的所有行为一定要顺应天地的运行,是后来中国传统文化"人与天地相应"重要命题的原始认知元素。

需要说明的是,上述原始先民有关巫术活动的表述,只是为了寻找原始古人的认知经历,说明我们祖先曾经经历又不得不经历的那一段认知的弯路,没有那时的弯路祖先就不可能逐渐走上正确的路。可见,那时的巫术、巫师与现时代社会上出现的巫术有着认知目的的原则性区别。

中华史前文化已经隐约显露出某些潜在的文化精神,主要有顺应大自然的意识、崇古意识和社会亲和意识等。

三、中华民族

中国传统文化是中华民族创造的,而民族的形成,民族群的屹立又离不开文化的凝聚,中华史前文化的凝聚力成就了中华民族。

(一)民族

民族的区别说到底是文化的区别,人类只有创造了足以能区别人类群体的心理活动趋向、精神面貌、生活习惯、语言、文字等精神性文化的基础,才具备划分民族的条件。世界上是从近代才从文化的角度,从社会管理的层面划分民族的,并且具有法律意义。

民族的形成是人类族群创造和利用文化过程中产生凝聚力的社会体现。人们在创造和利用文化的过程中,对大自然和社会产生了相同或相近的认识,出现相对一致的心理活动趋向,逐渐形成可在人群群体内流通的语言,包括肢体语言和发音语言,促成了长期延续和共知的历史,进而体现出区别于其他族群的基本特征,最终具备了形成民族的基本条件。对一个具有相对独立文化体系的族群实行民族的命名,是在近代社会文化研究中出现的。

民族及民族群的形成是人类社会发展的客观存在,民族和民族群的命名属于社会政治和文化研究的范畴。中华大地上民族及民族群体的形成是中国历史的客观存在,中国历史上的汉民族及相近、相邻民族的形成,为创造中华文化打下了社会基础。"中华民族"的命名属于国家政治文化的范畴,意为长期居住并劳动创造于中华大地的民族群。

民族是人文文化发展体现在人群分类的一种社会现象,是人类文化发展到一定程度的社会产物,人类在旧石器时代和新石器时代早期不可能出现实质性民族分类,因为在那漫长的岁月里,人类还没有创造出可以区分民族差别的真正意义的文化,唯有真正意义上的文化才可能具有凝聚人群的力量。

人类在旧石器时代的文化是理论意义上的文化,人类进入新石器时代以后创造的史前文化才是真正意义的文化,它是人类进入文明时代以前创造的文化,是使人类的人群分化为不同民族的根和脉。

人类的史前文化之所以可以促成人类群体的民族分化,是因为人类居住在不同地域的不同人群,在寻求生存和发展的过程中,表现出不一样的认知和解释大自然及一切客观事物的认知方式,产生不一样的对待大自然的基本态度,创造了不一样的劳动工具,形成了不一样的生活习惯,酿成了不一样的心理趋向,有了不一样的语言等。那么由于相对独立的人群,因为血统延续和血脉联系的关系形成宗族性群体,他们居住于同一或相邻地域,语言相通,心理趋向基本一致,生活习惯相同,在共同的劳动和认知中,使上述的文化活动逐渐产生一种无形却具有较强凝聚力的力量,在同一种文化凝聚力下形成的人类群体就是一个民族的文化基础。

我们需要厘清的几个认知观念是:其一,现在所讨论的民族和中华民族,实际上是基于目前的认知而言的,在史前文化时期,人类的认知中并没有民族区别的意识;其二,真正意义上的民族区别是在人类进入文明时代之后,因为人类只有进入了文明时代以后,创造出足够区分族群的精神文化的时候,才有了划分民族的文化依据;其三,在进入文明时代以前的中华族群以"中华祖先"表示为宜,对进入文明时代之后的中华族群表述可称之为"中华民族"。

中国传统文化是中华民族创造的,而中华民族的形成却是中华史前文化凝聚力的结果。

（二）中华史前文化与中华民族

中华民族是世界上最古老的民族群之一，也是最优秀、最有创造力的民族，其形成标志着中华祖先族群进入了文明时代。中华民族的形成是因为中华祖先在进入新石器时代的史前时期，创造了足够凝聚中华大地上生存的原始人群成为独立民族群的中华史前文化。其文化的力量不仅体现出强大的凝聚性，而且表现出特有的生命活力。

其一，中华祖先人群群体的不断壮大和生命接力。在1万多年以前中华大地的黄河流域中段，由于平原、丘陵、植被、水土等自然条件较好，使长期生存于此的中华先民获得维持生存和发展的基本条件；据可查的史料记载和考古研究证明，在中华大地的近万年以来，社会上没有发生过重大种族灭绝性自然和战争灾难；对大自然稍微正确的认知、勤劳的双手和相对平静的社会等，共同构成了我国史前时期相对适宜于中华祖先生存和发展的基本条件，使中华祖先得以传宗接代，延续族群的生命接力，为中华民族的诞生准备了最基本的条件。

其二，生殖崇拜的宗亲意识。生殖崇拜是人类史前文化的重要内容，生存于黄河流域的中华祖先也渐渐萌发了生殖崇拜，但是中华祖先的生殖崇拜是隐晦的、含蓄的，当祖先们看到人的力量，认识到没有人什么事都办不成，便从希望获得传宗接代的能力渐渐演化为对给人们带来生命的前辈人，包括父辈、祖辈、上祖辈等的崇敬、敬畏和崇拜思想意识。在我们的祖先还没有进入文明时代以前，史前时期的中华大地上的社会，到处弥散着浓厚的崇拜祖先的思想意识，考古研究中获得的大量祭祀遗迹、用品，考古发现的甲骨文有近一半都是与祭祀有关的文字或符号，说明在创造文字的文明时代到来之前的数千年间，社会上盛行祭祀活动，因为从社会活动发展到用文字记载必然经历漫长的文化发展过程。当时社会的人们为什么大兴祭祖，是因为人们意识到祖先有智慧、有经验，是祖辈教给他们如何生存和生活，如何适应自然和社会环境等。崇古敬祖的意识助长祭祀活动的规模性发展，助长祭祀活动的普遍性漫延，这种活动的客观效应是凝聚着社会成员的向心力，使宗族的人口不断扩大，宗族间的关系不断密切，为中华民族的凝聚力形成打下了社会基础。

其三，为生存而发展生产。我们的祖先在进入文明时代以前的若干年就学会了使用火，火的使用、火种的保存和火的管理促进了我们祖先机体的优化，为发展社会生产力准备了基本条件；与此同时，我们的祖先在耕作能力、狩猎能力、食物保存能力等方面都有极大的提升，说明在文明时代到来之前，我们中华祖先就创造了比其他地域族群相对先进的生产力。开始使用火是发展生产的一个重要条件，因为火的获取、保存和利用需要一定的智力，用火将灌木或野草烧去，才能种植农作物；考古发现有史前年代的粮食或农作物种子，说明那时的农业生产已达到一定的规模，而且可能有了一定的剩余；考古发现的劳动工具、农耕用具等，说明当时的农业已不主要依靠野生作物收获了，农耕用具及制作农具用的工具的广泛应用说明在当时的农业生产中工具发挥着重要作用。史前的社会生产力是以农业生产为核心的，因为只有农业生产发展了才能生产出养活逐渐增多的社会人口，人口的繁荣是民族聚合的又一重要基础。

其四,巫政合一的社会作用。民族群形成的重要条件之一是形成群居,形成群居就出现众多人共同生存、生活的现象,管理则成为能否长期共同生活的必要,用什么管理,巫政的社会形式发挥着重要作用。巫文化是中华史前文化的重要内容,它的盛行和运作对史前中华祖先所处社会的稳定起着重要作用。中华史前巫文化的表现形式主要有巫政、巫术和巫劳三种,而巫政亲和、巫术温和、巫劳合一的实际运作,为稳定当时的社会环境发挥了积极作用。巫政合体是当时人类史前时期的共有现象,但是中华祖先的巫政合体表现出极大的亲和性,巫师因为经常表述对自然现象认知的解释,经常提出如何生产、生存和生活的建议,做出获得预想结果的劳动成绩等,受到部落人群的拥戴,渐而获得部落的指挥和操控权。他们在获得权力后主要致力于保护族群的安全、人口的繁荣、生产的发展和生活的稳定等,如神话传说中的大禹治水、后羿射九日、神农尝百草、黄帝问岐伯等,虽然这些传说和崇拜出自文明时代早期的典籍记载,但事情的发生可能经历数千年的口耳相传。亲和的巫政效果使社会稳定,使民心聚合,使部落联合并不断壮大。中华史前文化关于温和行巫的描述处处皆是,仅从巫医的操术方式和目的可以看出是在助人摆脱疾苦,教人远离污秽等。巫劳合一是指行巫和劳动相结合,因为在巫术盛行的岁月里,大凡对某一劳动范围内从事重复性操作,他们可能有机会获得比别人多的关于劳动内容的知识和技能,这些人则获得关于其劳动对象较多的话语权,小巫也由此多起来,小巫的专注性劳动为后来的人类专业劳动第一次大分工打下基础。

正是因为中华祖先在人类历史新石器时代的中后期,创造了丰富的史前文化,使中华祖先在心理趋向、生活习惯、生产方式和族群亲和等方面形成了相对的趋同性,从而完成了中华民族诞生的必要文化准备。

(三)从史前文化升华的智慧

中华民族之所以在中国古代创造出令世人瞩目的辉煌,与中华祖先在史前文化沉淀的认知趋向雏形有关,这些认知趋向被进入文明时代的中华民族延续和升华,逐渐积淀为中国传统文化的优秀基因。这些基因主要表现在如下几个方面。

其一,人不可违背天意。中华史前文化的崇拜、神话传说和巫术等都表露出一种基本的认知理念,即对天、对地的敬畏心理,这种心理转化为顺天、顺地、顺人心的顺应认知观念。中华祖先将这种认知理念带进了文明时代,成为中华民族认知大自然的基本理念,并在认识、适应和利用客观世界的社会实践中,逐渐升华为"人与天地相应"的文化基因。

其二,人与天地一体。我们的祖先在史前时期就沉浸于天和地的观察与思考,从巫术中的占星术可以看出,当时的人们试图用夜空中星辰的变化预测人世间事态变化的趋势,说明在当时人们的认知中,人们认为人与天是相通的,天上的动静可以作用于人。中华民族自从进入文明时代,就没有将人和大自然割裂开去认识,而是从客观实际出发把人看作与天地不可分的一分子,以人的生存为核心展开对一切与人有关事物的认识。这种天人不分的认知观就是源于中华史前文化的敬畏天地基本认知理念,如自然崇拜中的诸神不是理念、理想中的"上帝"或"造物主",而是在求生存的实践中遇到的对人们造成影响最直接、最深刻、最不能主宰的自然物,如天、地、风、雷、雨、山、水等,人们深切感知到它们的实际存在及其威力,既无法知道它们实物及其力量的来源,又希望它们按人们的需要听从人的呼唤。诸如此类粗浅的认识,只能将自然事物的变化与人的生存密切联系起来观察和思考,并且是为了生存而不得不将天、地与人连在一起思考;后羿射九日是人们在炎热的烈日炙烤之下想象有十个太阳在照射大地,为了生存而想象有英雄去射下九个太阳;女娲补天可能是因为天下暴雨而危及人的生存,可能是有白色的云彩压来,乌云散去暴雨停止使人脱离危险,有人想象那白色的云朵像是美女去补上漏洞的天。进入文明时代的中华先民将其祖先的认知理念带进新的认知实践,进而逐渐发展为中国传统文化整体观的认知基因。

其三,人以和为贵。希望人间平安、稳定和幸福,这是中华民族对人生社会的最基本认知和人生的基本态度,这个理念是所有中国古代人文文化的认知出发点,究其思想的认知根源,还是源自中华史前文化。在中华史前文化的多种形式中都可以找到类似的认知痕迹,如神话传说的故事女娲补天、后羿射九日、大禹治水等,反映出来的是神对人的爱抚和人对神的敬畏,显露出来的是追求人与人之间温和相处的心理趋向;中华史前巫文化的各种巫术,其中一个重要操术是祈求神灵战胜恶魔,盼望人间无恙,巫医在为人驱邪除疾的过程中还教人如何躲避污秽之气,其深层的心理趋向是希望人都无邪无恙;从可以查阅的关于中华史前文化记载的描述看,几乎没有发现有关搏杀、欺诈、算计之类的负面文化内容。这应当是当时社会普遍存在的心理趋向,这种心理活动趋向成为当时人们心理品质构成的一种元素,在族群传宗接代的延续中衍化,直至后来的人文文化中作出"人之初,性本善"的概括。中国传统文化关于社会文化的人本主义精神,体现在文明时代以来各个历史时期的各家学术思想里,仅从我国春秋战国时期的儒、道等人文思想看,无论是儒家主张人与人之间的"仁爱"理念、"天命"观念,还是道家提出尊"天道"、倡"无为"的思想等,都充分体现了中国传统文化的人文精神,主张人类社会应以"和"为贵。

其四,动态整体性认知观。中华祖先不仅从文化内容方面为中华民族的形成积累了丰富的思想元素,而且为中国传统文化的基本认知思维方式准备了雏形。中华史前文化的内容都显露出一个共同的认知方式,这就是在宏观层面反映事物的动态联系,其特点在记忆形象的基础上,借助想象和联想建立认知事物的形象联系,如许多神话传说是根据历史上发生过的事,在想象中虚构情节;崇拜是对给人带来好处的人或事作用形象表达的敬畏行为;巫术是在想象中请神、驱魔、祛邪等。我们的祖先沿用着这种思维雏形走进文明时代创造新的文化,最能说明问题的是,标志中华民族进入文明时代的创造和利用表意性文字的文化活动。人类最早的文字都是图形文字,西方文字逐渐发展为字母文字,中华民族却沿着以形表意的造字、用字的道路一直走下来,而造字和用字的活动完全是形象思维的过程。进入文明时代的中华民族,由于中华史前文化积淀、中华大地的地域、民族心理趋向等多种因素的共同作用,使当时人们的认知思维没有向理想化、抽象化发展,而是沿着史前文化的思维雏形创新、完善和发展新的认知思维模式,其认知思维的基本体现是以不脱离客观事物形象为主导的模式。

综上所述,中华民族进入文明时代以后,没有表现出质变的认知思路,使早期的中国传统文化与中华史前文化保持了一定程度的延续性。其实,在世界文化发展的研究中,还很难见到一种界别史前文化与进入文明时代以后文化的方法和理论。中国传统文化与中华史前文化的延续性,正说明中华文化的万年联系,说明中华文明拥有5000多年的历程,中国传统文化拥有5000多年的传承经历。

第二节　中国传统文化之秘

近百年来人们一直在思考一个问题,中国人在古代是怎样创造的辉煌灿烂的文化,当西方人依他们的认知方式,比照西方文化发展模式寻找中国古代人创造之路时却百思不得其解。中国人也不理解的是,为什么西方人非得按照他们认准的创造之路探究别人的秘密。其实,古代中国人创造文化的道路,中国人心知肚明,只是没有规范地阐述出来。

一、中国人走过了怎样的文化之路

中华民族及其祖先从史前时期已开始创造真正意义的文化,自进入文明时代以来的5000多年又创造了辉煌的中国古代文化,形成了独具特色的中国传统文化体系。其实,人类创造文化的道路并非只有一条像西方人走的文化之路,中国人一定能说清自己走过的文化之路。

(一)没有打开大门的文化宝库

说起中国传统文化,谁都能说出几条中国传统文化的内容,但是如果要求严谨地表述出中国传统文化的含义及其包括的内容,阐明古代中国人是怎样创造出中国传统文化的,中国传统文化为什么是优秀的,它的文化本质,它为什么能传承5000多年而不衰,并从理论联系实际的层面说清中国传统文化与中国古代辉煌的内在联系,可能许多人还一时难以逻辑清晰地表达出来。

欲说清上述疑问,可能涉及以下几个方面的问题:其一,在什么层面讨论中国传统文化;其二,怎样界定中国传统文化的内涵和外延;其三,中国古代文化的儒、释、道是否中国传统文化主体形式;其四,中国传统文化与中国古代辉煌有怎样的内在联系;其五,中国传统文化为什么能够一脉相承的传承5000多年而不衰,等等。

数千年来,中国人就是在中国传统文化的环境中生存、生活和生产劳动着,并没有人注意和致力于从文化体系和文化性质的层面梳理这些问题。

当人类文化的发展即将进入到现代科学文化阶段时,世界科学文化界兴起了研究人类文化发生、发展规律的热潮,西方科学家们依据欧洲近代自然科学的兴起和发展过程,总结了西方近代科学飞速发展的规律,并认为这是世界科学创造和文化发展的一般规律。事实上中国人在欧洲近代科学兴起之前的中世纪,已经创造了人类文化的辉煌,创造了中国古代先进的生产力,使古代中国的经济和社会一直处在稳步发展的状态,并且创造了影响世界科技发展的一系列科技发明。

有事实必然有过程,有过程必然就有规律,这规律就一定符合人类科学文化发生、发展的基本规律。于是,西方科学家纷纷开始关注和研究中国古代科学、文化和理论思维的发展规律,他们是按照西方科学发生、发展的认知理念研究并概括的,却发现完全不符合于西方科学发展的模式。

以世界科学泰斗爱因斯坦为代表的一批现代科学家发出了惊叹,认为中国古代的辉煌文明不可思议,爱因斯坦本人于1953年给其朋友斯威策的一封信中写道:"西方科学的发展是以两个伟大的发现为基础,那就是:希腊哲学家发明形式逻辑体系(在欧几里得几何学中),以及通过系统的实验发现有可能找出因果关系(在文艺复兴时期)。在我看来,中国的贤哲没有走上这两步,那是用不着惊奇的。令人惊奇的倒是这些发现(在中国)全部做出来了。"(爱因斯坦文集 第一卷,第574页,北京,商务印书馆,1976年)在爱因斯坦看来,西方近代科学之所以得到飞速发展,关键的两步非常重要,第一是在古希腊文化时期,由当时的哲学家们创造的抽象逻辑思维的认知之路,为西方近代科学文化注入了抽象逻辑推理的基因,使西方近代科学家们的理论思维建立起严格的抽象逻辑推理模式,为西方近代科学的发展提供了合理而快速发展的条件。但是科学的创造和发展只有合理的认知思维方式是远远不够的,思维必须向实践转化,直至古希腊文化之后的欧洲文艺复兴中,自然科学家们发现了科学实验的方法,使抽象理论思维有了用武之地,即可以使抽象思维所形成的理论转化为科学假说,再在假说的指导下设计严密的受控实验,使科学理论找到了向社会生产过渡的桥梁。至此,西方近代兴起的科学认知和创造之路得以铺成。

继爱因斯坦之后,英国剑桥大学博士、中国古代科学技术史专家李约瑟全文引用爱因斯坦的信,在他的一篇论文中感叹道,为什么近代科学没有在发达的中国古代科学技术基础上崛起,反而在中世纪的科学技术几乎等于零的欧洲兴起。

从以上爱因斯坦和李约瑟寻找中国传统文化的与中国古代辉煌文明内在联系的思路看,他们是这样思考的:其一,一个民族的文化与这个民族的辉煌文明有着内在的联系;其二,他们是从认知思维的角度探讨科学创造和发展的内在联系;其三,在他们看来社会的发展、社会的科学技术、社会的生产力和社会人们的认知思维方式等都属于文化的范畴,在探讨文化发展规律的思考中必须综合考虑。

自爱因斯坦和李约瑟以来,人们都在循着西方近代自然科学发展的模式探究中国传统文化发展的秘密,都认为中国传统文化的发展不符合西方近代科学发展之路,又因为西方科学家认为西方科学发生、发展的规律是科学的和正确的,他们则依此给中国古代文化扣上"不科学"和"没有科学理论"的帽子,例如西方人对待中医学的态度就缘于此。

中国传统文化是一个伟大的文化宝库,至今没有人揭示它的秘密。

（二）人类创造文化的道路并非只有一条

我们完全可以这样推理，如果说中国传统文化不符合西方人认为的科学创造和文化发展的一般规律，中国古代的辉煌文明又是事实，能创造辉煌的文化一定走过了符合人类认知规律的过程，只是古代中国人所走的文化之路不是西方文化发展之路。

人类在认识、适应和利用客观世界的社会实践中，在利用思维反映存在并创造文化的道路上并不是只有一条相同的道路，其主要原因如下。

其一，创造文化主体的心理趋向等心理活动特点不同。人是创造文化的主体，人又因宗族和生活习惯等因素而分为不同的群体。一般来说，长期生活在一起的人们在创造文化过程中常常表现为相同或相近的心理特点。影响一个文化主体创造文化的心理趋向主要表现在对客观事物认知倾向方面，有的善于从事物的内部把握事物的内在结构及其关系，有的善于从事物的外部观察事物的状态；有人喜欢从事物的静态展开研究，有人喜欢从事物的动态展开研究等。正是由于认知心理的差别，成为中西文化不同发展走向的重要因素。

其二，创造文化主体的认知思维方式不同。所有文化的创造必然经过思维的桥梁，思维活动就像一个复杂的"加工厂"，虽然送进加工厂的原料都是感性材料，但加工过程所表现的方式不一样，加工出的产品也不一样，抽象思维加工出的知识是抽象概念之间的逻辑关系，如代数运算出的结果是抽象数据；形象性想象加工出的是新的表象，如吴承恩丰富的想象创造出生动的《西游记》系列故事。

其三，所处的地域条件不同。古希腊文化时期的希腊半岛三面环水而一面环山，土地贫瘠，使古希腊人创造的是海洋性文化；而古代中国的辽阔大地，水土丰沛，生活在中华大地的古代中国人创造的是大陆性农业文化。

其四，文化底蕴不同。任何文化的发展都有一定的基础，即文化底蕴形成的基础不同，文化发展的走向则可能不同。西方史前文化是西方文化形成和发展的基础，中华祖先的史前文化是中国传统文化的基础。中西方史前文化的不同底蕴是中西方文化不同发展走向的重要因素。

人类的文化因为以上述诸因素为主的多种原因的作用，使人类的文化大花园里的各种文化之花竞相盛开，在人类文化的百花园里，有两大类最具代表性的文化体系，就是中西文化的两大类型，中国传统文化是其中的一个重要方面。

以古代中国为代表的东方人和以古代欧洲为代表的西方人，分别走出了中西文化不同的文化发展之路。

中国传统文化起始应该是从中华祖先进入文明时代算起，因为我国有太多的历史文献记载，早在殷商时期就形成了系统的社会管理制度和处理人际关系的理念，在春秋战国时期达到文化盛期，并形成了中国传统文化的体系。

西方文化是以古希腊文化为源头，经过中世纪千余年的停滞，在欧洲文艺复兴的文化思潮中，掀起了西方近代科学的文化浪潮，世界现代科学文化的体系就是在西方近代科学的基础上发展起来的。

由此可见，人类在创造文化的道路上并不是只有西方人走的那一条道路。

（三）中国人可以说清的文化之路

中国人自己创造的中国传统文化，中国人当然心知是怎么回事，同时也理所当然地可以说清中国传统文化的奥秘，问题在于我们应当明确从什么角度、在什么层面上说清，还应统一认识的是需要说清什么。

其一，从什么角度阐述中国传统文化。根据爱因斯坦等科学家们对中国传统文化关注的方向，他们是在文化的基本含义层面，即广义文化的层面谈论文化；他们是在寻找认知思维的表现形式及其规律与科技创造之间的内在联系。我们可以循着爱因斯坦等科学家们的认知方向，逐一梳理中国传统文化的有关问题。

其二，需要说清哪些问题。需要说清楚古代中国人在创造中国传统文化的过程中主要运用的什么认知思维方式，这种认知思维方式是怎样符合人类认知思维发展规律的；需要说清中国古代有没有自然文化，在作出肯定性回答之后应说清中国传统文化的自然文化体现在什么地方，其文化的表现形式和社会作用是怎样的；需要说清的是中国传统文化与中国古代辉煌文明的必然联系；说清中国传统文化的发展走向和发展规律；说清中国传统文化为什么历经5000多年而不衰等。

其三，怎样才能说清以上问题。欲说清上述问题，应该打破主要从儒、释、道等为代表的人文文化层面讨论中国传统文化的习惯，从文化的基本含义，即广义文化的层面讨论中国传统文化；应当从理论联系实际的层面用通俗的说理方式阐述问题；应当避免引用有争议的学术观点说理，应当借用人们熟知的中国古代文化的资料、纪实、典籍等文化元素，发掘其中的文化本质；应当抱着热爱、敬仰和弘扬中国传统文化的态度，以极大的热情投身于展现中国传统文化魅力的活动中。

其四，中国人是可以说清中国传统文化的。关于中国传统文化的"是什么"和"怎么样"，中国人最有权利和资格诉说，因为中国古代文化的典藏最丰富，文献资料保存最全，而且从未断代，现在的人们完全可以依据古代文字资料，探索蕴含其中的"为什么"。中国人之所以可以从古代文献资料中找到其中的缘由，得益于表意性文字的功劳，表意性文字承载的文献资料，不仅可以真实记录当时的文化活动，而且可以从古人在用字、用词及其表述过程，感受当时人们体现出来的认知思维迹象，这是说清中国传统文化"为什么"的重要依据。

二、中国传统文化的发展

欲寻找一种文化的发展之路，需要先把握其发展的大致走向。从总体上粗线条地梳理中国传统文化的发展走向，是说清中国传统文化发展之路的必要。

（一）中国传统文化发生发展的过程

中国传统文化的发生发展经历了5000多年的漫长岁月，从理论上说自从中华祖先迈入文明时代,就开始了创造中国传统文化的伟大壮举。在这 5000 多年的社会实践中,中华民族从未停止过劳动、创造和思考。

中国传统文化的发生和发展主要经过如下几个阶段。

史前文化是准备阶段,没有中华祖先在中华史前文化阶段经历数千年的启蒙和摸索,就没有中华文明时代的到来,尽管那时人们的认知是极为肤浅的,微观认知过程是不连续的,内容被今天的人们看来是错误的和不可思议,在实践中不断地纠正错误,使中华祖先的认知在人类把握客观世界道路上,逐渐接近于客观世界的本质、规律和联系。

中华民族自从迈入文明时代就使中国传统文化进入了快速发展阶段,中国古代社会之所以比其他文明古国发展得快而稳,是因为当全世界的文化迎来第一个盛期时,中国的传统文化就已经形成体系了。

当人类社会的发展进入到中世纪,中国以外的国家都相继停滞了文化的发展,社会生产力也没有出色的提高和发展,唯有中国传统文化在古代中国社会得到充分的发展,社会相对稳定,生产力稳步提高和发展,自给自足的自然经济平稳发展,民众整体生活状态良好,并且创造了一系列影响世界的科技发明,使中世纪的中国出现了辉煌的盛景,走在了世界发展的最前列。

近代以来,西方的强权文化和强盗行径阻断了中国文化发展的原有之路,抑制了中国传统文化的活力,使中国文化的发展暂时处于滞缓状态,当中华民族经历了百年苦难之后,在代表先进文化发展方向的中国共产党的领导之下,中华民族进入了传承和发展中华优秀传统文化的新发展阶段。

(二)中国传统文化的发展走向

中国传统文化的发展走出了与西方文化不一样的道路,是因为中国传统文化的发展走向与西方文化的发展走向不同。

所谓文化的发展走向,是指某种文化体系发展的趋势。不同的文化体系因为创造文化的主体因素和客观环境不同,其文化的发展走向也不同。

影响中国传统文化发展走向的主要因素有自然因素、心理因素和文化基础因素等。中国传统文化发祥于古代中国的中原大地和黄土高原,自然条件决定着我们的祖先面对黄土大地而求生存,他们的劳动对象就是土地,他们生存的希望也是土地,他们的认知方向始终指向生养人们的大地;中国人的心理趋向特点是温顺、合和、安稳等,这是影响人们认知指向的重要心理基础,在这样心理支配下的认知活动,关注的是与人的生存和生活息息相关的客观事物;中国传统文化的文化基础是中华史前文化,祖先们从整体、动态把握事物的认知雏形,以及多彩的神话传说、崇拜和巫术等史前文化,是影响中国传统文化发展的重要因素。

中国传统文化发展走向的突出特点是关注人,以及与人的生存、生活和发展生产相关的一切客观事物。

古代中国人认为,人是世界上最可宝贵的,便对人的认知投入了最大的精力,使中国传统文化的人文文化成为最重要的内容。中国传统文化不是像西方文化那样主要关注人的自然存在，而是关注人的社会存在，关注人与人的关系，关注人的自我修行和社会责任，使中国传统文化在对人、对社会的研究与实践方面走向成熟，形成了中国传统文化中自成体系的人文文化。

古代中国人在关注人的同时也非常关注大自然，因为大自然的天地与人的生存、生活和生产等密切相关，关注客观世界，因为客观世界的山、水、林、木等各种客观存在的物质对人有利用的价值。中国传统文化不是像西方文化那样关注客观世界的内部，关注客观世界的内部结构，并且以静态的方法研究客观世界。中国传统文化关注客观世界的外部联系和整体联系，而且主要在事物的动态活动中把握事物的本质、规律和联系。

综上所述，中国传统文化的发展走向是在古代中国人认知目的支配下展开的，以人的生存、生活和发展生产为目的而展开的社会实践，是中国传统文化发展走向的基本动力，在这个动力的作用下，中国传统文化的发展走向表现出如下几个基本特点：其一是始终围绕着实用的目标展开对客观事物的认知；其二是力求从客观事物的整体联系把握事物；其三是善于在客观事物的动态活动中认知事物；其四是广大民众是创造和践行文化的主体。

（三）中国传统文化一脉相承

中国传统文化的发展走向创造了一个人类文化发展史上的奇迹，这就是没有哪个国家或哪个民族的文化，能保持始终如一的发展状态，而中华民族创造的中国传统文化，从萌发到成熟到发展的5000多年，始终呈现出一脉相承的文化发展态势。

中国传统文化发展的一脉相承特色主要体现在关注对象一致、文化精神不变、认知思维方式一致和文化的表现形式一致等几个方面。

中国传统文化的关注对象始终是人的生存、生活和发展生产，而不是像西方文化那样并不十分关注民生，而是关注与当时的生产、生活和人的生存关系暂时没有密切联系的事物，如物质世界的内部结构，语言表达的抽象逻辑等。古代中国人始终关注的是人的生存，是如何才能吃饱和穿暖，如何才能不受到来自各方面对生命的威胁；关注的是怎样才能生活得舒适，怎样才能有住处并住得越来越安稳，怎样获得越来越多和越来越好的生活用品，获得效率更高的生产工具，怎样才能使人们生活的社会环境更和谐；他们时刻关注天气的变化，关注每年的粮食收成等，除此以外都不是社会上大多数人关心的事。因为不关注上述客观事物就可能威胁到人们的生存，甚至可能威胁到人们的生命，人们将这种认知理念传给后代，后代也效仿前人而将关系到人生存的一切社会实践都作为大事来做。古代中国人一代接一代地关注生存、生活和生产，并艰难地实践于相关领域，必然使由此而创造的文化内容呈现数千年不变的景象。

中国传统文化的精神内涵包括内容很多，其中最主要内容有人本主义精神、天人合一、自强不息以及以和为贵等。以人为本的理念是古代中国人不变的认知主题，他们认为人是最可宝贵的，没有人什么事都干不成，有了人就可以创造人所需要的一切，因此中国传统文化始终将人的社会存在、社会关系和社会作用作为不忘的主题；天人合一的基本认知是人与天地相应，古代中国人认为人生天之下地之上，人秉天地之气而生，人只能顺应天地而生,逆之则灾害生;自强不息是中国人的气质体现,古代中国人始终依靠自己的智慧和辛劳创造幸福,凭着这种精神他们认识苍天,思考大地,凭着这种精神他们背朝天、腹朝地的辛勤耕作,并代代相传;对人以和为贵,做事不偏不倚,以适度为要,这是我们祖先为人处事的原则,也是代代相传的基本理念之一。中国传统文化的这些基本精神之所以历经数千年而不变,是因为它们已经融合于古代中国人的认知理念之中。

中国传统文化的思维方式始终没有发生质性的变化。中华祖先在史前文化表现出不脱离客观事物形象的认知思维雏形,走进文明时代的中华民族并没有像西方人那样,走上以抽象逻辑思维的认知之路,而是延续了祖先的认知雏形,并发展和完善了认知思维模式,使以不脱离客观事物形象为主导的认知思维方式成为各个认知和实践领域里的主导思维方式。

中国传统文化的表现形式始终不变。中国传统文化的表现形式是借助表意性汉字为基本载体工具体现的,没有表意性汉字的坚挺,就没有中国传统文化的一脉相承,汉字已经成为中国传统文化的标志。

第三节　中国传统文化之路

中华民族在创造中国传统文化的过程中,形成了合理的认知对象结构,走出了具有中国特色的认知之路,这条认知之路既符合人类思维发展的基本规律,又符合中国古代社会发展的客观规律。

一、中国传统文化的认知对象

人类的文化经历了从无到有、从发展缓慢到快速发展的过程,这是由于人类的认知能力在不断提高;人类的文化又因为不同民族走了不同的认知之路而创造出不同的文化。

中国传统文化源远流长,历经5000多年而仍葆活力,一个重要的因素是中华民族在认识、适应和利用客观世界的实践中,选择了与人的生存、生活和生产关系密切的内容为主要认知对象,并逐渐形成了合理的认知对象结构。

（一）文化的认知对象

欲说清中国传统文化之路,应当从凝聚认知对象开始,中华民族及其祖先在生存、生活和生产的实践中逐渐形成了具有中国特色的认知对象,呈现出特有的认知对象的结构构成,走出了符合人类认知规律的文化之路。

所谓认知对象,是指人们在社会实践过程中逐渐进入实践范围的客观事物,是因为实践的需要而进入认识对象的那一部分客观事物,而不是泛指客观事物,因为人的意识以外的客观事物太多太多了,人的社会实践涉及不到的客观事物不必要进入人们的认知

范围,例如一个临床中医在门诊坐诊,并不是走进其诊室的人都是他的认知对象,也不是就诊者所有的情况都是医生的认知对象,而是就诊者欲诊治疾病的相关机体表现才是医生的认知对象。

认知对象的结构是影响认知发展方向的重要因素,因为认知主体主要关注什么,认知的方向就向哪里倾斜,如果认知结构的主要内容不是关于社会生产和社会和谐稳定发展,其认知发展方向就不会是集中精力发展生产,也不会精心治理出和谐的社会秩序。

(二)中国传统文化认知对象的形成

认知对象即认识对象,是人们需要认识的客观事物,它是认识论理论中的基本概念。所谓客观事物,是指人的意识以外的客观世界,而客观世界则是一个含义极为广阔的概念,它包括天、地、人,天上又包括无限多的内容,有云、有风、有太阳、有月亮、有雨、有星星、有无边无际的宇宙等;地上又有无穷多的内容,有土地、有山、有水、有树木、有森林、有花草、有庄稼、有动物等;人有男人、有女人、有大人、有儿童;因为有人而引起许多与人有关的事,如人要吃、要喝、要呼吸、要与他人交往、要劳动、要生儿育女等。这些都属于客观世界,但是这些客观世界的范围太大太广,并不是所有的客观世界都成为人的认识对象。

那么,什么样的客观世界被称为认知对象呢?进入人的实践范围的那一部分客观世界才属于认知对象。客观世界很大很大,人的认知对象却是有限的,认知对象随着人的社会实践范围而扩大和深入。早在中华民族刚刚进入文明时代的5000多年以前,当时的生产力水平很低,人们所能接触到的客观世界及客观事物很有限,人们只能把与自己的生存、生活和生产有关的客观世界作为自己的认知对象。由于实践内容和范围的不同,认知客观世界的主体也有层次的区别,因为个人实践的需要而纳入个人的认知对象;可以因为一群人或一个团队实践的需要,部分客观世界或客观事物被纳入认知对象。中国传统文化的认知对象是指中华民族在认识、适应和利用客观世界的社会实践中,渐渐从广阔的自然界和生存的社会中凝聚的,并随着生产力的发展,随着社会发展实践范围的扩大而扩大认知的对象。

认知对象的形成和优化发展是通过人的主观能动性实现的。

中国传统文化认知对象的形成和发展,与中华民族的心理特点、所处自然环境和社会生活方式有直接关系,它的形成是一个渐渐凝聚和相对集中的过程。

其一,在生存实践中形成和发展。中华祖先在蒙昧时期的若干万年里,因为还不具备主动认知客观世界的能力,当时的人们在被动生存的客观环境中还没有认定认知对象的能力,因此生存在蒙昧时期的中华祖先没有相对稳定的认知对象;当中华祖先开始启蒙进入史前文化时期,求生存的愿望和挣扎活动使当时的人们不得不关注天上的太阳、风雨、雷电等,关注地上的果实、动物、山洞等,关注身边人与自身的关系等。天上的太阳出来能给人带来光明和温暖,或者带来炎热;轻风给炎热中的人们带来凉爽,寒风带来刺骨的冰冷;雨露带来湿润和可喝的水,长时间暴雨带来淹没庄稼和家园;雷电带来风雨等。地上的果实可以充饥,小的飞禽走兽可以猎捕,山洞可以避寒遮雨挡风而居住等;身边的人或为我生,或为生我,或为助我,是共度生存时光而不可缺少的人等。所有这些与中华祖先生存密切相关的客观事物,分别以不同的方式和需要的不同程度而映入人们的关注范围,关注就引发注意,有注意就引发有目的的仔细观察,有观察就有识记,有了识记后的再观察必然引来思考,一系列与生存相关认知功能的利用和发挥,便形成了认知对象。进入文明时代后,中华民族对生存条件和质量要求的提高,促进了当时人们社会实践范围的扩大,与人们生存相关的自然事物、周围世界,以及人们之间的相互关系等也在扩大,致使中国传统文化的认知对象在实践中不断得到发展。

其二,在生活实践中形成和发展。中华祖先处在蒙昧时期的漫长岁月中,当时的人们几乎没有生活意义上的生存,其生活的全部内容就是为温饱而劳动,基本没有实践意义的有意识的认知对象。在中华祖先开始主动认识客观世界的史前文化时期,当时的人们开始向往稳定的生活,则把与生活有关的自然及社会的物和事纳入人们注意的范围,如什么东西能吃,什么东西不能吃,什么东西好吃,什么东西不好吃等;饭怎么做,火种怎么保存,食物怎么保存;劳动怎么分工,食物怎么分配,人们怎么相互帮助应对各种困难;人群中的人有了病怎么办,谁来帮助,谁想什么办法等。所有这些物和事都渐渐引起当时人们的注意和思考,并将思考的内容与想象的内容整合起来,创造了丰富多彩的中华史前文化。应该说这时的中华祖先已经开始意识到把什么作为认知对象了。中华民族进入文明时代的生活实践内容,要比之前的5000多年间丰富、复杂多了,除少不了史前时期的生活内容以外,由于生产力的发展和社会人口的增加,人们不得不面对的物和事太多了,一年四季的寒暑之变,天气变化对人的生活、生产产生的影响,食物的获得、储存、分配、制作,生活用品及用具的制作、改进、置放、用法,人与人之间的沟通、交流、关爱、误解、分歧、伤害等,都成为人们社会生活中常见的物和事,如果处理不好这些事物,直接影响到生活的质量,为了尽可能舒适地生活,为了社会的安定,为了人与人之间的和睦,人们不得不关注上述这些事和物。关注了,思考它,处理它,提高它,这就是实践,实践的内容标志着认知对象的存在。中华民族在长期的社会生活实践中,由于持续关注、思考和解决上述内容的事和物,被关注的事和物渐渐在实践中形成古代中国人相对固定的认知对象。

其三,在生产实践中形成和发展。中华祖先在遥远的蒙昧时期的劳动还算不上生产实践,因为实践的首要要素是目的性,而当时的劳动没有明显的目的,只是比本能稍微进步的简单劳动,自然也没有以意识主导的认知对象。当中华祖先进入史前文化时期,有目的的生产活动如种植、采集、制作等劳动逐渐显露出实践的属性,即中华祖先出现了开始寻找劳动对象的认知发展。进入文明时代的中华民族勤劳、奋发,使社会生产力持续得到发展,而在生产力不断发展的过程中却有许多问题需要认识和解决,与生产实践相关的问题在当时随处可见,诸如与生产工具相关的问题,从最初种植松土时用的"耒",到后来的"耜"的改进,再到犁地用的木质犁头、金属犁头的改造;诸如因种植庄稼而引起对季节、天气、日照、土地、地形、雨水等事物的认知;因为要制造出提高劳动效率的各种劳动工具、用具,又必然使工匠们引来对木、铁、铜、铝、石、麻、棉等物质性能的认知;所有的生产劳动都是有人参与和实施的,人在生产劳动中必然发生分工、合作、知识交流等人际关系事物;人们在社会生产中所形成的社会关系,包括对人对事的看法和态度很有可能带进生产活动中,人们在解决生产问题的过程中,同时还需协调人与人在生产过程中的关系。所有这些因社会生产劳动和发展生产力而引起的物与人的关系等,都构成了中华民族生产实践中的重要因素,人们为了达到提高生产效率的目的,逐渐形成了与生产有着密切关系的认知对象。

（三）中国传统文化认知对象的结构

所谓认知对象结构是指特定的认知主体,在创造文化过程中对实践中的客观事物,所形成的被认知的具体事物的组成成分及其相互关系。

研究文化的认知对象结构对揭示文化的本质,对寻找不同文化的特质区别具有特别重要的意义,因为人类不同的人群由于心理趋向不同、客观环境不同、认知目的不同,其认知对象发展的趋势也不同,所形成的认知对象的结构也不同,这是人类的文化发展表现为不同形态、不同风格和不同文化体系的重要认知因素。

古代中国人在认识、适应和利用客观世界的过程中,映入人们感觉的客观事物太多了,如古代晴朗夜空的天上有无数颗星星,白天的人们可以看到很远的山峰,寂静的夜晚可以听到遥远的声音,也可以感觉到许多物体、物质的状态等,所有感觉到或感觉不到的事和物,如果不与人们当时的生存、生活和生产有关,人们不会将所有感觉到的事和物作为认知对象的。中华民族在创造中国传统文化的过程中,紧紧围绕着关系到生存、生活和生产的目标,而逐渐选择、固定和凝聚认知对象,使中国传统文化认知对象的结构不断完善和优化。

中国传统文化认知对象结构,是指中华民族在认识、适应和利用客观世界的社会实践过程中,逐渐凝聚而形成的具有相对稳定对象和良好机制认知集合体。

这个认知对象结构主要由天、地、人三大部分组成,其中天的内容包括太阳、月亮、星辰、天气、季节等;地的内容包括土地、山、河、海、水、树、草和庄稼等;人的内容很多,有人的机体、健康、疾病、饮食、居住、养育等自然性内容,有人的情绪、情感、神情、气质、性格、思考、思想等心理性内容,有与人交流、关爱、争执、欢乐、愤怒等人文性活动内容,有劳动、合作、伤害、防卫等社会性行为内容,等等。所有这些内容都是古代中国人的主要认知对象,由他(它)们组成认知对象结构的基本元素。

这些被认知的客观存在的物、事和人,有几个共同的特点,其一,都是宏观的客观事物;其二,都是与人的生存、生活和生产密切相关的事、物和人;其三,没有将与人关系不密切的事和物纳入到认知对象的组成结构中;其四,没有出现将奇思妙想等不切实际的思辨纳入重要认知对象结构的组成部分。

中国传统文化认知对象结构中的构成要素,并不是在短期内形成的,而是中华民族在长期实践中渐渐沉淀、选择和积累而形成的。

首先,被古代中国人纳入认知对象的是地,因为大地之上有树木,树上有果实可以充饥,小溪大河里有水可饮用,土地上生长庄稼、蔬菜,地上还有活动的可食用能捕捉的飞禽走兽,山里的山洞可以避害避寒暑,但是什么样的果实无毒而能吃、好吃,什么时候可吃,吃哪个部位,获得的食物和水如何搬运、如何保存等都需要关注、观察、尝试和思考,并将得到的感觉和思考的结果传递给他人,引起社会性的认知活动。因为当时的人们感觉到大地能给予人们生存最基本的需求,意识到大地养育了人,故称大地为母,因为每一个人来到这个世界最先认识的就是母亲。为了生存、生活和生产,大地上需要认知的物和事太多了,不关注它、不观察它、不思考它就难以生存、生活和生产,不关心树木的生长、结果和怎样成熟,就得不到果子,不寻找水源或思考保存雨水的办法就没有饮用水,不观察小动物的活动规律和思考它们的禽兽特性,就捕不到猎物,不观察地形不了解土壤就种不成庄稼等。生存、生活和生产的艰难使古代中国人没有多少精力胡思乱想,人人都关注大地上与自己相关的一切,人人都思考从大地获得什么和怎样适应于大地,这就是中国传统文化关于大地就是母亲这个基本理念的认识根源。

其次,被古代中国人纳入主要认知对象结构的客观事物是天,当时的人们对天的认知并不是像现代人这样深刻,人的生命离不开空气,空气是天上来的,本节之所以没有把天作为古代中国人的第一位的认知对象,是因为空气是不需通过艰苦的劳动就能获得,而且是看不见的,是不以当时人们可视物体而存在的;人的生命也离不开太阳的阳光,阳光也不需要艰苦的劳动而获得。但是当古代中国人觉察到没有空气和阳光人也不能生存时,也渐渐将大地以上的物和事纳入关注和认知的主要内容,或许天与地一样早已同时纳入认知对象,只是对天的认知没有对地那么迫切,人们把天称作老天爷。人们之所以把天作为主要的认知对象,并不是出于对大自然的兴趣,也不是为了研究天体的结构和演化,而是因为天上刮的风、下的雨和雪等直接关系到庄稼的收成,关系到人身体的舒适或疾苦,人们投入很大的精力关注、观察、记载,并不停地总结经验和教训;天上太阳升起和落下,月亮的圆缺都关系到海潮的起落,关系到天气的变化,关系到季节的变化等,所有这些都关系到农业或渔业生产,人们关心、关注天上所有与人关系密切的物及事。

排在第三位的被人们确定为主要认知对象的是人,其实这是最主要、最值得重视的认知对象。人作为人们认知的对象包括的内容很多,其一,人不是纯粹的自然物,人具有自然和社会双重属性,人的社会属性有人的心理活动、思维活动,人的行为受人的心理活动的支配;人的自然属性有吃、呼吸、排泄、反应、生、老、病、死等。其二,人有认识客观世界的能力,人可以感知和认识自身以外的物、事和人,可以在一定程度上逐步正确地把握客观世界。其三,人是社会的人,人与人之间可以沟通、交流、传递消息、相互帮助、相互团结、相互争执、相互伤害等。其四,人有劳动能力,可以通过自己的劳动创造自己需要的物质和精神产品等。因此,古代中国人逐渐感觉到对人的认知特别重要,便在中华民族进入文明时代不久,就在中华大地掀起了对人、对人与人的关系、对社会认知的热潮,创造了丰富多彩的中国传统文化的人文文化,我国史载的春秋战国时期以前的关于夏、商、周的文化,大部分都是关于人及人与人关系的文化。中国传统文化是世界文化体系中最关注人的文化,没有哪个国家,哪个民族群像中华民族这样关注人及人组成的社会,研究人应该有怎样的心理和态度对待周围的人,对待自己所处的社会,并渐渐认识到注重对人的认识的重要性,将人及自己所处的社会作为主要认知对象。

在中国传统文化形成和发展的过程中,被古代中国人认知的事和物当然不仅仅只有这三大类,对上述三大内容以外的事物也可能展开认识活动,相对于整个中华民族的主要实践内容,那只是个别的、局部的、暂时的,中华民族始终把与人的生存、生活和生产有直接关系的事和物,以及人和由人组成的社会作为认知的主要对象,成为认知对象结构中的主要构成部分。

（四）以人为中心的认知对象结构

中国传统文化之所以表现出人本主义精神,突出人文文化,是因为中华民族在认识客观世界的过程中,渐渐体会到人是社会上一切实践、一切活动、一切认知的核心,也是主体,更是目的,因为所有的劳动和创造都是为了人更好地生存和生活。古代中国人不仅认识到人的所有社会活动都是为了人,而且进一步认识到社会上的一切变化和发展,包括庄稼的收成、房屋的建造、劳动工具的改造、社会的安定等,都需要人的努力,都是由人的智慧与劳动相结合而获得的,从而使古代中国人在认知客观世界的征程中,逐渐将对人及社会的认知上升到主导地位。但是古代中国人并没有因此而放松了对大自然的认知,没有放弃对物质世界的认知,相反对关系到人的生存、生活和生产的天上的事,以及地上的事却更加认真对待,更加重视了,进而使中华民族在创造中国传统文化的过程中,逐渐凝聚而形成了以人为中心的认知对象的结构体系。

所谓以人为中心的认知对象结构体系,是将人的社会实践作为一个大的有机体,在这个大体系中,人是社会实践的主体,是人生存需要而引起了围绕着生存、生活和生产展开了庞大的社会实践,也是因为人的主观能动性而推动社会实践的发展。古代中国人正是因为看到人在实践中的主体作用,从而渐渐形成了以人为主要认知内容的认知活动,进而形成了对象性认知结构体系,这个结构体系以实践中的人为核心,以人的社会实践所涉及的自然事物和实践范围的社会事务为构成要素。在这个体系中,人的心性和社会性是认知的主攻方向,人的问题解决了,就可能焕发无穷的创造力,社会就有活力,生产就有发展。可见,就人类认知客观世界这个大问题而言,关键是解决人和人构成社会问题,这个问题解决不好,盲目生产和盲目敛财都不是健康的社会,古往今来唯有中国对这个问题认识最深刻,实际解决问题的能力也最强,使古代中国稳步发展,使现代的中国社会展现出特别的安全和稳定,为现时代中国的经济腾飞创造了最好的社会基础。

为什么中国传统文化将人作为认知的核心内容,是因为古代中国人在社会实践中发现人是这个世界上最可宝贵的,人依靠双手可以创造人们所需要的,果实是人发现的,是人知道果实什么时候成熟,是人可以去野外打猎,是人可以寻找火源和水源,是人可以生养和抚育新生一代,人可以种植庄稼,可以躲避灾害,可以战胜恶魔,可以使人脱离疾苦等,这都是因为人有心灵和智慧,还有能劳动的双手。可是人们后来发现周围人们的心灵并不都是一样的,有的人能干会干活还帮助人,处处为人们办大家都喜欢的事,而有的人总是想多吃、多占,还不想劳动,有的人总想着欺压别人,甚至掠夺别人的财物,抢占别人的地盘等。渐渐地人们隐约觉察到人的心灵是最不稳定的,心灵可以变好,也可以变坏,当人的心灵变坏了,心灵支配的人的行为就可能发生危害他人、危害社会的行为,如果这种事发生的多了,社会就不安定,民心就不稳定。人们进一步总结出:人世间的一切不平等、一切人为的伤害、一切混乱等都是出自人,出自人的认知。如果中国古代某一社会范围内的一部分人不关心生产,不辛苦劳动而不停地作乱,那么这个范围内的民心一定不稳定。智慧的古代中国人渐渐悟到,只有人心齐了才能合力从事各种生产劳动,才能创造人们所需要的生活物质,悟到这样的道理是中华民族智慧的结晶,正是因为古代中国人把人的心性、心思等作为认知出发点,使中国传统文化早在四五千年以前就将对人及人组成的社会纳入到主要的认知对象。

由此联想到今天的世界,如果各国家、各民族、各地区、各阶层的每一个人都表现出仁爱之心,都视他人为亲人,都像中国人发出的呼吁那样,大家都是地球村里的邻居,都是地球上人生命运的共同体中的一员,都以礼相待所有的人,都一个心愿地发展生产,每个人每时每刻每事都献出自己的真爱之心,世界上就没有了战争,没有了掠夺,没有了霸权和霸占,全世界的人都谋求如何让他人都幸福,那将是多么美好的世界。多少年来,全世界有无数人这样想象过、思考过,5000多年以前的中华民族不仅这样想了,而且深刻研究了,创造了以人文文化为主导兼容自然文化和社会文化为一体的中国传统文化体系。

中国传统文化认知对象结构具有极大的合理性。所谓认知对象结构的合理性,是指人们在认知过程中形成的认知对象的组成部分及其相互关系,符合人类认知发展的基本方向,并能有效促进文化发展的正确方向。认知对象结构合理性的主要依据有:其一,认知对象的内容应当与人的生存、生活和生产密切相关;其二,主要认知对象中应当有关于人的社会性认知;其三,认知对象的主要构成内容是在人们的社会实践中渐渐凝聚而固定下来;其四,认知对象结构中的各要素应当有机配合;其五,认知对象结构适应社会生产力发展的水平,并符合人类认知能力的发展水平。中国传统文化认知对象的结构完全符合上述标准,古代中国人所关注、所思考和付诸实践的主要内容都是关乎民众生存、生活和生产的大事,这些一直都是人们思考和实践的主旋律;中国传统文化最关注人与人的社会关系,始终把人与人、人与物、人与事的认知作为认知的主要内容;古代中国人是在经历5000多年的认知实践中逐渐沉淀的认知对象结构,认知对象中的各要素结构相互配合,相得益彰。此外,中国传统文化的认知对象结构是古代中国人在不断提高认知能力的基础上形成的,并且符合古代中国自给自足的自然经济的发展水平。

中国传统文化认知对象合理结构在中国传统文化的发展中起到了积极作用,中华民族认知对象的合理结构是中国传统文化优化发展的认知基础。首先,它使中国传统文化始终围绕着古代中国以解决民生问题为核心而发展。古代中国人的认知对象牢牢锁定与发展生产有关的事物,促使人们时刻不忘为发展生产而对相关事物保持认真的态度。其次,以人为中心的认知对象结构,使古代中国人始终保持一种理念,即人间的幸福和美好都是由人的劳动和人的合作而实现的,为中国传统文化表现出以人为本的基本理念提供了认知的思想基础。再次,它是保证中国传统文化一脉相承而从不断代的重要基础之

一、要使一种文化始终保持连续不断的文化脉络,只有将社会生产和社会和谐放在认知的主导地位,而古代中国人凝聚的合理认知对象的结构,帮助中国传统文化实现了这个目标。最后,它是中国传统文化有效促进古代中国生产力持续发展的重要认知基础。在古代较低的生产力条件下,一个国家或者一个相对的社会范围内,如果没有将发展生产作为自己主要的认知对象,其民众的生存一定发生问题,社会一定难以稳定,而古代中国人始终将如何发展生产作为自己思考和实践的中心议题,把发展生产与社会和谐密切联系起来,有效调动着广大民众投入生产劳动的积极性,使中国传统文化始终保持着认知的活力。

二、中国传统文化的认知之路

欲探讨中国传统文化的认知之路,有必要从宏观层面梳理出中国传统文化的来龙去脉,以便从中概括其发生、发展的基本走向。

中国的文化在进入现代历史时期以前的若干年间,曾经经历过两大阶段,即史前阶段和有史以来的 5000 多年。中国传统文化是在中华民族进入文明时代以来创造的文化体系,在文明时代到来以前,中华祖先就已经创造了丰富的史前文化,为拉开中国传统文化的帷幕做了充分的准备。

(一)启蒙的艰难历程

作为中华民族祖先的现代智人,是从什么时候固定地生存在中华大地的,考古界还没有统一的说法。有一点是可以明确的,即中华祖先和全人类大致同时或更早一些时间,于大约距今一万年前进入新石器时代。中华祖先于旧石器时代在中华大地上定居了多少年,可能不是只有一两万年,在那若干万年的岁月中,中华祖先艰难地被动生存于大自然之中。

现在的人们无法得知当时人们认知活动的真实资料,只能依据人的功能反推当时的情景。人类接受客观世界刺激的感受,早在进入人类之前的动物阶段就获得了,只是在那漫长的蒙昧岁月,中华祖先只能被动地感受客观世界的刺激,人们对客观世界的认知还是处在蒙昧阶段。其蒙昧的表现是不知道主动寻找客观世界刺激的来源;对感受到事物的记忆时间相当短暂;不知道寻找感受到客观事物的因果联系;没有分音节的发音语言等。但已经可以借助肢体动作、表情、无音节的叫喊声等向他人传递当时感受到的部分信息了。

从理论推测的角度说,在人类进入精神启蒙前的若干万年间,中华祖先都是在这样蒙昧的岁月中度过的。在漫长的蒙昧岁月中,人们只能有限度地享受着大自然的恩惠,同时也无可奈何地忍受着大自然恶劣气候的摧残,忍受着无食无暖的饥寒。正是这客观世界给中华祖先的恩惠和摧残,长期反复刺激着祖先的大脑,使人们在各种刺激中逐渐激活了人们的认知能力,并随着记忆时间的延长,人们开始积累起关于客观事物存在和活动形象。

暂时没有考古资料证实中华祖先进入新石器时代的具体时间,从中华民族进入文明的代向前推算至新石器时代开始,至少又有一个5000多年,即中国传统文化5000多年以前的5000多年,是中华祖先为中华民族创造中国传统文化长达5000多年的认知准备阶段,在这个阶段里,中华祖先经历了从蒙昧到启蒙的艰难历程。

所谓启蒙,是指人类从蒙昧到启迪认知能力的质性跨越,其标志是从不主动认知客观世界到主动认识客观世界,即从被动生存于自然界到主动寻找客观事物的某些联系,萌发寻找摆脱苦难的愿望。其启蒙性认知的具体表现是有目的的观察、有意识的注意、主动性识记、选择性回忆和相互性传递等。

有目的的观察是一切认知活动的开始;有意识的注意是认识客观事物的必要条件;主动识记事物的动、静状态是寻找事物联系的前提;选择性回忆使人们形成认知对象成为可能;人与人之间相互传递认知信息使具有社会文化的属性。

中华史前文化对物质世界和社会的反映,现在看来尽管很浮浅,很不合理,但是其意义却非常重大。其一,开启了中华祖先主动认识客观世界的先河;其二,启动了中华祖先生存于大自然从必然王国迈向自由王国的步伐;其三,为中华民族创造中国传统文化打下了必要的基础。可以说,没有中华祖先创造多彩而丰富的史前文化,就没有中华民族创造中国传统文化的可能。

（二）认知能力的准备

中华民族之所以能在进入文明时代创造优秀的中国传统文化,一个重要的原因是中华祖先在创造中华史前文化的过程中,锻炼和强化了认知能力,为中华民族创造中国传统文化准备了主体条件。主要有观察能力、思考能力和认知社会化能力等,这些能力都不能与现代人相应的能力相比,而是极其低效的能力,但正是这些极度低效的能力,使当时的中华祖先为中华文明时代的到来做了充分的认知准备。

当时的观察能力应包括视觉注意力、视觉组合力、视觉回忆力和视觉辨别力等。利用人的视觉观察周围的事物,是人的基本能力之一,中华祖先认识客观世界正是从观察开始的,因为对于一个民族的群体来说,没有观察和感知客观世界,便没有这个民族文化的一切。观察是建立在注意基础之上的,没有注意心理活动支持的视觉是视而不见,注意是体现主体意愿的关键环节,在当时的条件下形成具有认知意义的注意对象,可能要经过很长时间的社会实践才能引起人们的共同注意;将观察到的视觉组合起来形成一个事物的观察对象,也是一种能力的训练,因为在那个知识极为贫乏的认知环境,当时的人们将若干视觉元素组合成一个观察对象,本身就是不容易之事,例如现代人观察刮风只需要瞟一眼就获得了许多关于风力、风向及环境情况的信息,而在史前文化时期人们的眼里刮风、树动和树叶飘落等视觉元素,可能需很长的认知过程,才可能组合为一个事物的观察内容;视觉回忆力是指当时的人们在观察中感觉到一个视觉现象,需要努力回忆是否看到过眼前的视觉,因为只有将看到的景象与记忆中的景象相同,才可能纳入一个事物的认知;视觉辨别力是指当时的人们对看到景象的辨认、分别能力,因为当时的人们视觉反应迟钝,面对瞬息万变的客观事物,人们对看到的景象必须有一个辨认、识别过程。综上可见,祖先们观察客观事物的能力是在生存、生活和生产的社会实践中逐渐增强的,正是因为中华祖先在史前文化时期不断获得强化的观察能力,才使得中华民族在进入文明时代后得以快速、准确、全面地观察客观事物,为充分发挥主观能动的创造中国传统文化准备了感知客观世界的条件。

当时的思考能力即原始思维能力,与现代人的思维能力大不一样,主要内容应包括感知组合力、感知理解力和感知记忆力等。不能以现代文化理解关于思维的含义,要求史前文化时期人们认知思维能力的水平,许多在现代人属于感知的认知活动,对当时的人们可能需要复杂而长时间的思考才能完成。例如从感觉形象到感知表象的认知发展过程,现代哲学认识论统一归为感性认识活动,认为表象是感性认识的终点,而对于当时的人们可能需要经过复杂的思考过程,才能形成关于客观事物的表象,因为表象是人对客观事物多维信息的综合,当时的人们要获得认知事物的整体情况,必须经过一定的思考才能完成。例如对下雨现象感知表象的形成,当时的人们并没有将天上的乌云翻滚、地上的狂风大作、远处的雷声轰鸣、雨点的落身、身体的湿冷等众多感觉到的现象,看作是同一相关联的事物,可能要经过一段的思考才能把上述现象组合在一起,从而形成关于下雨现象的整体多维表象,在那个知识贫乏的时代,上述过程被社会人们形成共有感性认识,可能要经过几百年甚至上千年的认知过程。感知理解力是指当时的人们对感知内容的辨认、认可能力,即当时人们对感知到的内容是什么或不是什么的区别性思考,这是一种最早最基本的带有认知思维性质的能力,因为人类对客观事物的认知首先需要分辨事物,将混合在一起的事物分别开来,如天和地的分开、人和物的分别、动和静的区别等,都需要对感知到的事物进行区别性思考,以确定某一事物区别于其他事物的形象特征。在中华祖先主动认识客观事物的过程中,这种对感知事物的理解性认知能力的培养极为重要,为此后中华民族创造中国传统文化,对客观事物进行分门别类的认知,提供思维能力的支持。人的记忆是一种心理活动,中华祖先早期的记忆活动也是一种认知思维过程,因为那时候还没有文字,语言也不是像现在这样清晰和明了,人们感知到的都是宏观事物的静态形象或动态表象,记忆的内容也只能以感知内容为主,而欲提高对客观事物记忆能力和效率,认知事物的记忆者必须在辨认和理解认知对象的基础上进行形象性的思考,当时的记忆是含有思维元素的记忆,而不是现代人理解的记忆,当时的记忆能力发展为后来的思维能力打下了认知基础。

认知社会化能力是指以个体为单位的认知活动获得的知识传达给他人,使之成为社会知识的能力,主要包括表达能力、表达方式、相互理解能力和社会传播等。中华民族之所以能先于世界其他民族群更早地进入文明时代,一个重要原因是中华祖先在史前文化时期,就积累了丰富的关于自然和社会的知识,形成了史前文化一定的社会繁荣景象,丰富多彩的史前文化证明了这一点。如果当时的人们没有形成一种普遍的认知社会化能力,是难以促进史前社会文化繁荣的。认知社会化能力首先需要个体认知表达能力的提高,因为社会的文化,社会的知识都是由每个认知个体获得的,只有个体的认知有能力表达给他人,他人再表述给另外的人,知识才可能社会化,关键是能否准确表达出认知者的意思;如何表达认知又是一个必须不断提高能力的环节,如何才能完成象形的比画、象声的发音等是一个能力锻炼过程,由此可见文明时代的到来,文字的创造,分音节发音语言的成熟是多么艰难的过程;认知社会化的另一个基本能力是接收和理解他人的认知表达,每个认知个体获得的知识完成传达于社会的过程,这个个体以外的人必须正确领会他表达的内容,这也是一种能力锻炼的过程,只有社会的成员都能熟练地接收和理解他人的认知,个人在认知过程中获得的知识才可能社会化;社会的文化发展,社会认知能力的不断提高,还有待于社会认知能力及其认知成果的社会扩散、传播和保存,社会的知识才可能不断积累,社会的文化才可能得到发展。

（三）认知方式的准备

中国传统文化之所以在长达数千年的发展过程中,展现出一脉相承的认知思维方式,一个重要因素是中华祖先在史前文化时期,就摸索到了实用的认知思维方式雏形,为中华民族展开对自然和社会的认知打下了必要的基础,具体体现在如下几个方面。

其一,完成了认知思维方式的转型。中华祖先对客观世界认知的思维从理论上说,从脱离动物进入人类就开始了,我们无法推测祖先们进入人类早期若干万年认知思维的情景,却可以推测临近新石器时代前几万年祖先们认知的情况,其依据有二,一是从打制石器到磨制石器劳动工具的改造,二是瑞士儿童心理学家皮亚杰对零至两岁儿童认知活动的研究。当时的人们只能创造打制石器为工具以从事打猎、破物等劳动,说明当时人们的认知活动还不能脱离自身的动作;皮亚杰发生认识论认为儿童的认知思维发展浓缩了人类认知发展的过程,从半岁到两岁儿童认知思维活动不能脱离自身动作的注意对象,可以推测祖先们在旧石器时代时期的认知活动不能脱离自身的动作,本教材在第二章中称具备这种特征的认知思维为动作思维,在整个人类发展历史时期的旧石器时代,在长达数十万年的漫长岁月里,人类都没能摆脱以动作思维为主导的社会认知思维模式。

当祖先的认知活动进入到新石器时代,人们已经积累了相当量的关于客观事物存在和变化的动态及静态表象,人们在寻找事物的动态和静态联系中把握事物的规律,久而久之可以脱离自身的动作,但不能脱离客观事物形象的认知思维方式渐渐成为人们的主要认知思维方式。中华史前文化的崇拜、神话传说和巫文化等都是这种思维方式下的文化产物。在长达5000多年的中华史前文化时期,祖先们只能主要借助宏观感知,获得关于客观事物的宏观的静态形象和动态表象,再借助想象、联想和记忆中的相关形象,在形象的思维加工中形成新的形象,实现对认知中事物的把握。

中华祖先在史前时期创造出丰富多彩史前文化的过程中,同时实现了史前文化社会思维方式的转型。

其二,形成了相对稳定的认知思维方式雏形。中国传统文化之所以一直保持一脉相承的相对稳定的思维模式,与中华祖先在史前文化时期就形成了相对稳定的认知思维方式的雏形有关。所谓雏形者,即不定型的、初始的、不成熟的思维方式。正是中华祖先在认知的实践中积累了这种相对先进的思维方式雏形,为其后的中华民族创造中国传统文化打下了基础,开拓了先路。思维方式的雏形具备了认知思维的基本要素:一是认知思维的起始原因是生存、生活和生产中遇到了困难,是因为要改变当时的困境而思索其中的原因,并寻求摆脱困境的办法;二是认知思维的表现多以形象的记忆、想象和联想到以表象为思维加工的素材,以在思维中形成的新形象支配其行为,或表达对事物发展的预示,或表达对事物发展方向的愿望,史前文化的崇拜、神话和巫术等都是这种思维的产物;三是这种思维现象的活力在于其思维的产物仍然是形象而不是抽象的理念,有利于劳动者直接输入到改造劳动工具和改进劳动工艺的认知思维之中,达到思维的结果直接作用于劳动过程的目的;四是思维活动适应于当时生产力水平,能及时有效地解决生存、生活和生产中的问题。

其三,激发了社会民众认知的热情。当中国古代的历史进入新石器时代的时候,中华祖先开始主动思考与自我生存相关的一切事物,诸如太阳为什么天天出来,为什么有白天和黑夜,为什么太阳出来就暖和,为什么天上可以下雨等。想不通的问题就有可能持续关注,关注得久了就把想通的内容表达给周围的人,解释自己所关注的有关现象。当这种主动关注、主动思考和主动解释的认知活动成为社会普遍存在的现象时,社会的文化氛围就活跃起来了,从而带动全社会具有正常认知能力的人的参与,激发当时原始共产主义社会所有成员的认知思考的热情,其对中国文化最大的社会作用,是培养了中国的广大民众关心社会、关心文化的良好文化社会基础。中国传统文化的一个突出优势和活力,就是中国古代文化环境中的每个人,不论他是否认识文字,人人都关心文化,人人都思考自己关心的事物,人人都乐意将自己的思考传达给社会,人人都是文化的践行者等,其社会的文化基因的形成与中华史前文化时期活跃的社会的文化氛围有很大的关系。

三、中国传统文化认知发展的脉络

中国传统文化从理论上说,是从文明时代开始的,中华民族继承祖先在史前文化萌发的认知思维方式的雏形,充分发挥宏观感知能力和认知思维能力,走出了一条完全不同于西方民族的认知之路。

(一)从史前时期到文明时代

寻找中国传统文化认知发展的脉络,不能不提及中华祖先在创造史前文化时期所遗留的认知思维方式痕迹,因为中华民族在进入文明时代开始创造中国传统文化的时候,并没有像西方民族那样突发奇想地另寻思路,而是沿着人类在史前文化时期共同走过的,以寻找客观事物宏观形象联系为主的表象性认知思维之路,一脉相承地走进文明时代。

中华史前文化的认知之始可从中华祖先在蒙昧时期的认知推测,当时人们的认知思维同步于人类早期认知思维的表现方式,即思考活动以不能脱离自身活动动作为特点,只能感知到观察时看到、听到、触到的客观世界,很快就会忘记,人们的思考活动随着自身动作而被动适应自然界。

尽管中华祖先在蒙昧时期的认知思维能力提高相当缓慢，但毕竟在极为缓慢地发展着，缓慢地为思维的启蒙准备必要的条件。首先是记忆能力的增强，记忆能力增强的标志是记忆时间的延长和记忆质量的提高；其次是感知综合，可以在相对短的时间内将认知对象不同质的感觉合成为感知表象；其三是主动确定认知对象，即持续地关注某一事物的变化。当中华祖先获得上述三种能力时，则具备了提高认知思维能力，转换认知思维方式的条件。

　　思维能力的提高和思维方式的转换使中华祖先从蒙昧时期过渡到启蒙时期，进入创造真正文化的时代，其历史时期处在新石器时代的中晚期，这是在中华文化发展史上有着重要意义的文化发展时期，其意义首先标志着中华祖先已经结束了长达若干万年的蒙昧认知期；其次是启动了中华祖先从必然王国走向自然王国的步伐；其三为中华民族开始创造中国传统文化打下了认知思维的基础；其四为中华民族的屹立准备了独具特色的文化条件。

　　中华史前文化对于中国传统文化的作用主要体现在如下几个方面。

　　其一，摸索了认知思维方式雏形。思维的目的是把握客观事物的联系，对当时的人们而言，人们只能凭观察到的感觉寻找事物的因果联系，由于当时社会语言系统的不成熟，人们还不可能主要利用语言积累知识，人们只能通过肢体语言，如肢体动作、表情、眼神等，将自己对客观事物在宏观感觉层面的联系表达给对方，当这种认知和表达认知的方式成为社会人们普遍行动时，社会认知思维就以雏形的方式被人们所接受，并作为一种文化代代相传，一直传到中华民族迎来文明时代。

　　其二，积累了知识基础。中国传统文化并不是在没有任何知识基础上发生和发展的，在文明时代到来之前的数千年间，中华祖先已经创造了丰富多彩的史前文化，其表现方式虽以崇拜、神话传说和巫术的形式出现，其内容却涉及天象、天气、太阳、月亮、高山、流水、树木、水、火等自然物及自然现象，涉及人的生命、人的活动、人的生理反应、人的心理反映，涉及人及社会的历史等。尽管那些知识中的许多内容是不正确的，不是对自然和社会现象的正确反映，却可以引起人们对客观事物关注和思考的热情，使当时的人们在不断克服错误中渐渐获得相对正确的知识。中华祖先在史前文化时期积累的知识，为中华民族进入文明时代开始创造灿烂的中国传统文化提供了知识基础。

　　其三，激起了民众认知热情。中华史前文化时期还处在人类社会的原始共产主义时期，那时候的社会生产能力低下，物质财富不多，没有阶级差别，没有政治分歧。当社会上兴起主动认知自然、社会及周围一切的热潮时，人人都观察自然及周围客观事物，人人都想象如何生活得更好，人人都发表对所思所想的看法，人人都解释自己看到、想到的一切。这是人类社会从来没有的思想活跃，崇拜、神话和巫术等文化现象都出现在这个时期。在当时的条件下，那些掀起崇拜对象及内容的人，那些构思历史故事、编织神话传说的人，那些用巫术的语言解释客观世界的人等，都是当时最有思想、思想最活跃、知识储量最多的人，也是当时最有文化的人。只是由于人与人认知思维能力的不等，知识积累量的不同，关注的重点和认知思维角度的不同，使社会的人们获得的知识以及对客观世

界解释的水平也不同,因而就出现了小巫、大巫的不同。中华史前文化时期开启的人人参与、人人认知、人人表达的文化氛围对后来的中国传统文化发展产生巨大的影响。

（二）走上了思维反映存在的正路

中华祖先从主动认识客观世界开始,在思维反映存在的道路上整整摸索了5000多年,不仅创造了丰富多彩的史前文化,而且为中华民族走上认知思维的正路创造了条件。

所谓思维反映存在的正路,即人类认知思维的正确之路。中华民族之所以在5000多年以前就进入文明时代,并在不太长的时间内创造出中国传统文化的体系,正是因为中华民族在走向文明时代的时候,走上了思维反映存在的正路。

正路者,即人类运用认知思维功能应走的大路,既不是暂时之路,也不是狭小之路,更不是捷径之路。如果是暂时认知之路,可能只解决一个时期社会生存和发展的问题,可能只创造一段时期的文化辉煌,却难以保持长久时期的辉煌;如果是狭小认知之路,可能只适应于某一认知领域的社会实践,不具备适应于社会各领域的普遍性特征;如果是认知思维的捷径之路可能找到了解决问题的关键环节,可以快速解决社会实践中的个别问题,但难以面对整个社会、整个民族生存和发展的长久问题。

人类通过认知思维反映存在的正路应当具备如下基本特征:一是具有合理而积极的动机;二是符合社会的客观情况;三是符合人类认知能力发展的基本规律;四是能有效指导人们的社会实践并推动社会的发展。

中华民族进入文明时代在创造中国传统文化的过程中,在通过认知思维反映存在的道路上正是走上了人类认知的正路。

首先,中华民族创造中国传统文化认知思维的出发点是为了解决社会实践问题。中国传统文化的认知出发点,基本是因为生存、生活和生产的社会实践中遇到问题而始发的,还有是因为为了争取更好的生存、生活和生产条件及质量,而主动发起对客观事物的认识,很少因为兴趣、贸易和名利而引起持续性认知活动,农民想办法将木犁改造为带铁头的犁或全铁质的犁,是因为木质犁耕地太浅且容易损坏;发明活字印刷的出发点是因为当时依靠雕版印刷或手抄文章太慢,发明者在想怎样才能不浪费刻出的雕版,重复使用;人们寻找生存、生活地域的气候变化的规律,是为了适时播种庄稼,为了按时收割庄稼;中国古代人文文化各学派都把人及人与人相处的社会关系作为重点研究对象,他们之所以这么倾心于研究人的社会存在和社会活动,是因为社会上的人心太复杂,变化太多,总有一些人的不正常的心思支配其不良行为破坏着社会的秩序,影响着众人的生活等,所以才引来民众都思考人生和人的生活问题。

中国传统文化的这种以解决实践难题为主要认知出发点的态度,深深印在古代中国人的认知理念之中,是促使中国传统文化保持认知活力的重要因素之一。

其次,中华民族的认知思维符合中国古代社会发展的实际情况。中华民族在创造中国传统文化的过程中,密切联系当时社会生产、生活实际,从中国古代当时的自然条件出发,从当时社会民众的风俗习惯出发,始终以适应社会发展而进行认知思维。其主要体现是:中国传统文化的创造主体是广大民众,广大民众参与思考生存、生活和生产中的实际问题,使中国传统文化的认知思维成为广大民众时刻不能缺少的思想成分;中国传统文化所体现的思维方式适应于中国古代当时的生产力水平,适应于广大民众的心理趋向。

再次,中华民族的认知思维符合人类认知能力发展的基本规律。人类通过思维反映客观世界的基本规律,充分利用人的视觉、听觉、触觉等感觉器官,利用人的注意、记忆、语言和大脑思考等基本功能,展开对大自然和人类社会的认知活动,人类的认知水平和认知方式的发展是随着人类认知能力的发展而发展的。蒙昧时期的人类只能被动地感受客观世界的刺激,做出极其简单的反映和属于本能的反应。随着人类劳动能力和认知能力的增强,至新石器时代人类已经可以有目的地主动认知客观世界,其认知思维方式以想象和联想为主,其表达认知的方式也以形象性表达为主。当人类进入文明时代的早期,虽然人类已经积累了相当数量的知识,但是文字的创造才刚刚开始,分音节的发音语言正在发育时期,人类还不可能主要通过抽象逻辑思维展开认知活动。

中华民族的认知思维延续祖先的认知方式,充分发挥观察客观事物的能力,细心感知认知对象的静态形象和动态表象,积累了丰富的感知表象,当人们的社会实践需要把握事物之间的联系时,对感知表象在认知思维中加以组合为新的表象,就是认知的产物。因为上述这些认知活动都不可能由个别人完成,而是需要由许多人在较长的时间里完成,从而形成了一种原始认知思维的基本特点是"集体表象",中国文化的史前文化是典型的集体表象性文化。在进入文明时代以后的早期,中国传统文化仍然保持着集体表象的特征,这一因素是中国传统文化在古代时期,长期保持以不脱离客观事物形象为主导思维方式的重要原因,中华民族在中国古代时期表现的这种思维方式,相对于当时的认知能力是合理的,其合理性的主要依据是中国传统文化的认知思维之路符合人类认知能力的发展,人类的表象性感知能力要比人类的分音节发声语言能力早若干万年,中华民族积累的认知表象,要比进入文明时代的人积累的语音性语言信息多之又多,人们必然会主要依靠丰富的表象性信息进行认知思维,中国传统文化的表意性文字之所以较早地形成文字体系,并且在整个中国古代承担起文化载体的主要功能,是完全符合人类认知能力发展规律的。

最后,中华民族的认知思维活动有效地推动中国古代社会的发展。因为中华民族的思维活动以解决社会实践中的实际问题为动力,紧密结合当时社会生产和生活的实际,以是否提高生产效率和提高生活水平为检验认知正确的标准,从而有效推动了古代中国社会的稳步发展。

(三)一脉相承的认知思维模式

中国传统文化是在中华史前文化的基础上拉开帷幕的,早在距今 10000 多年前的新石器时代之初,中华祖先在创造中华崇拜、中华神话和巫文化的过程中,就在寻求生存的挣扎中,主要依靠对宏观感知形象的主观加工,摸索出一种不脱离客观事物宏观形象的认知思维雏形,为中华民族进入文明时代创造中国传统文化闯出了认知思维的路径。

进入文明时代的中华民族沿着祖先认知思维的基本方向,充分发挥主观能动认知思维能力,在客观事物的宏观、整体、动态和形象层面,力求把握客观事物的本质、规律和联系。当西方民族把认知的注意力投向物质世界,热衷于寻找物质世界的本原和物质内部微细结构的时候,中华民族非常坚决地把注意力投向了人及人组成的社会,因为古代中国人认为人是社会的主体,人又是创造生存和生活资料的主体,只要人处的社会环境是安定的,人际关系是和谐的,就会努力的劳动和创造,这是古代中国人从数千年人的协同劳动情景性形象,与创造出的物质生存、生活资料的因果形象联系认知中得到的认知。

古代中国人并不是不关注大自然和物质世界,甚至比西方人更加关注大自然和物质世界,只是没有从物质世界的本原及其微细结构认识它,因为把握它们的活动规律及其本性不能直接作用于正常生存、生活和生产,而是主要利用宏观感知获取大自然和物质世界的宏观动态信息,经形象性思维认识到与人有关的天象、天气变化的规律,以利于正常生存、生活和生产;经形象性思维获得的关于物质世界的宏观性能,运用于生存、生活和生产的实践中。

当西方文化进入中世纪时期,宗教文化占据文化环境的主导地位,哲学沦为服务于宗教的经院哲学,哲学家更无心关注社会的民生。而与此同时的古代中国人却仍然以生存、生活和生产为目的而坚持从宏观认知客观世界,主要运用不脱离客观事物形象的认知思维方式,把握被认知事物的本质、规律和联系,并将获得的知识用于社会实践中,创造出领先于世界的中国传统文化的辉煌。

当西方人在文艺复兴中找回了抽象逻辑思维的方式,西方自然科学家利用它服务于西方的两次工业革命,使抽象逻辑思维迅速成为西方社会文化环境中的主导思维方式,并在西方近代自然科学的发展中发挥了非常重要的作用。

中国传统文化之所以保持一脉相承的认知思维方式,首先是因为古代中国人有着浓厚的承古心理传统,人们认为前辈人经历的多,经验多,照着前辈行走的路走不会有大错;其次是因为前辈的认知理念中蕴含着合理的认知对象的结构,不论在什么时候,都坚持将认知关注的对象投向人的生存、生活和生产就不会走偏方向;再次是前辈人所运用的认知思维方式可以使人们获得预想的劳动收获。

第四章　优秀的中国传统文化

中华民族是世界上最古老民族之一,她有着悠久的历史,她是人类最早迈进文明时代的民族之一,她不仅创造了伟大的中华民族历史,而且创造了举世无双又一脉相承的中华优秀文化,即中国传统文化体系。

中华民族在寻求生存、创造生活和发展生产的社会实践中,不仅创造了独具特色的精神文化体系,而且创造了辉煌的物质文化,这是中国传统文化的两大基本组成部分。

第一节　辉煌的中华物质文化

古代中国人修筑的万里长城和开凿的大运河等是中华民族创造辉煌中国古代物质文化的代表,绝不逊色于古埃及人建造的金字塔和古希腊人建造的建筑群。更有文化意义的是中国人是为了生存、生活和生产而创造的,为了这个目的古代中国人创造了使自己生存相对安稳、生活相对安定、生产相对发展的基本物质条件,其主要成就是不断发展的社会生产力,保证古代中国人生活所需的基本物质资料,满足社会发展需要的居住、交通和水利等基本建设。

当然,古代中国人创造的物质文化绝不是只有这三个方面,从种类说还有千千万万种,有各种劳动工具、家居用品、多种食物、酒茶烟糖、纺织服饰、交通工具、玉器瓷器、文具乐器以及各种武器等,但唯有此三大方面最为重要,唯有此三大方面最能体现一个民族群创造物质文化的能力和水平,本节着重从社会生产力、生活资料和基本建设等方面阐述中华民族创造物质文化的成就。

一、不断发展的社会生产力

一个民族是否创造辉煌的物质文化,不应当看其是否创造了多少可以留存千古的宏伟建筑,而应当看其能否为民众的生存、生活及社会的发展提供什么样的物质基础,以及为创造越来越多和越来越好物质条件而获得的社会生产能力。

中华民族创造辉煌物质文化的集中体现,是在进入文明时代以后的长达数千年的历史时期,为古代中国社会的发展创造了不断发展的生产力,保证了社会发展的物质基础,从而为中华民族的发展做出了巨大的贡献。

社会生产力的发展除了人的因素以外,最主要的就是生产工具和生产资源,古代中国人不仅不断改造了劳动工具,不断提高了社会生产效率,而且不断寻找和扩大了生产资源。创造和改造劳动工具就是最重要的创造物质文化,寻找和扩大生产资源也是在创造物质文化。所有这些都是为发展生产力而创造的物质文化,同样是中华民族智慧的结晶,是中国传统文化的重要组成部分。

（一）农渔业的发展

发展农渔业生产的重要环节是农渔业生产工具的发明、使用、改进和制作,古代中国人为了争取农渔业的更好收获,时刻将改造劳动工具作为发展生产的重要任务,他们在生产实践中不断发现已有生产工具的缺陷,在生产活动过程中寻找改造劳动工具的灵感,并反复试验于生产活动,从而创造了适用于农渔业生产的各种工具。以中国古代农业生产工具为例,就种植业而言,因为地域、地形、地势、土质、使用习惯、适用作业环境等因素的不同,古代中国农民创造了种类丰富的生产工具,如耜、犁、耧、耙等;就中国古代农业生产的基本单位而言,一个普通农户家里就有几十把从事各种农活的工具,如锄、锨、镰等;就农用工具的做工效率而言,其工作效率在当时科技水平条件下是最高的,农民使用起来得心应手,其劳动工具性能之优,数量之多,功用之全等,是同时代的其他国家的农业所不及的,它是中华优秀文化的重要组成部分,也是中华民族的骄傲。

我国古代的渔业生产虽然没有外国某些沿海国家那样发达,但是古代沿海民众为了生计,也在向大海要财富,向大海要生存资料。在长期的渔业生产中也发明、创造和改进了多种捕鱼工具,如渔网、鱼叉、渔船等都是渔民和工匠们的创造。有据可查的资料证明,古代中国的造船水平远远高于其他国家,如郑和下西洋船队用的船比哥伦布和麦哲伦的环球航海用的船还先进得多。

选择和开垦可以种植庄稼的土地也是在创造物质文化。中国国土内的良田既是劳动创造的资源,也是中国人创造的物态文化,因为能打粮食的良田都是中国人长年培育、长年护养的肥沃土地;暂时不能给人们带来丰收的薄田,既是人们辛劳开垦的物态文化,又是人们进一步继续展开智慧和劳动的资源性物态文化。翻开中华民族发展的历史,不论哪个时期,哪个朝代,我们的祖先都把发展农业作为劳动创业的首选,而发展农业的第一项任务是开垦土地,开垦就是把亘古荒原按照人的意识转变为能播种和收获谷物的田地,从荒地变为田地需要人的劳力和智力。在科技落后的古代,当时的人们主要靠遵循客观规律养护田地,如精耕细作、合理施肥、巧妙轮作和因地形地势而耕作等。

为了扩大生产,中华祖先从黄土高原向四方开发,凡是能从大地上获得生存必需资料的地方,古代中国人都奋力开发。人们向北发展向沙漠要粮食,要牲畜必需的草料;向西发展从黄土高原到河西走廊再到西北大沙漠、大戈壁,人们奋力垦荒,把沙漠变成了绿洲,把亘古荒原和无际戈壁变成为万亩良田;向南发展,广大南疆地域的稻田、鱼塘都是人们劳动创造的财富;向东发展,从中原到东南沿海是我们祖先经辛勤劳动开垦的大粮仓;向海上发展,向南海、东海、黄海、渤海发展,是古代中国人向大海要食物、要财富的广阔海疆,中国人常年作业的渔场就是中国人创造物质文化的存在形式。

古代中国人劳动并创造物质文化的地方就是中国人生存和生活的环境,中国人创造的生存和生活环境都打上了中国人智慧的烙印,留下中国人劳动及智慧烙印的土地和海域是特殊表现形式的物质文化,也是界定中华民族拥有国土和海域范围的重要依据,在中国领土内考古发现的现代以前所有前人的劳动工具、劳动痕迹、劳动产品以及他们的遗骨等,都是古代中国人劳动和创造物质财富的证据。

农业的发展离不开种子,种子是农业生产的重要资料,而选种、育种、用种和保存种子则需要人的劳动和智慧,经人的智慧和劳动获得的种子就是人创造的物质文化。古代中国的农业生产之所以稳步发展,不断提高农业生产力,一个重要因素是古代中国农民创造了育种文化,他们对各种需要提高种植产量的农业种子细心观察、精心挑选、认真培育、妥善保存,形成了系统的种业知识和经验。

蔬菜也是经人的劳动和智慧发现并利用的物质文化。蔬菜是人类维持生命需要补充的重要生活资料。古代中国人早在主要依靠粮食为养之前,就以植物的根、叶、花、枝等为食物充饥,当粮食成为人们的主食以后,人们就有选择地选用一些味美、色鲜、质嫩、营养好和生长周期短的植物作为食用的补充,经过祖先们长期的培育、加工、食用和体悟,基本形成了我国境内地域性常用蔬菜谱,为发展我国的菜肴烹饪文化提供了原料的保证。

野生果实也是人类在没有获得农业种植能力之前的重要食物资源,之后则成为人们辅助食物类,古代中国人用智慧和劳动培育了多个有名的果树种类,如桃、杏、苹果、梨等都是中国人最常食用的水果,有效丰富了古今中国人的饮食生活。

家禽、家畜养殖是人类继狩猎能力之后,发展的又一获得生存资料的能力,古代中国人发展起来的如牛、猪、羊、鸡等中小动物家养,为补益人们的身体发挥了巨大作用,也是古代中国人创造物质文化的重要组成部分。

(二)手工制作产品

古代中国的手工制作技术和产品在当时世界同行业的对比中,长期处于领先地位,其特点是实用、精细、品种多等。首先因为我们祖先的创造都是为了生存、生活和发展生产,是为了有实际应用的需要才想办法发明和创造的,制作的各类工具、用具既实用又能提高做工效率,古代人制作农耕生产的工具如犁、耙、耧等用于农业生产效能很高,直至我国进入现代农业阶段之前仍然是广大农村实用的主要生产工具;其次是做工精细,如我国古代服饰品种之多、做工之精、外观之美是外国服饰无法仿制的;其三是我国古代手工制品遍及古代社会活动的各个领域,品种众多,而且每一种制品都富含中国文化的元素,体现着中国文化的风格。

我国古代手工劳动制品的主要种类有劳动工具类,有生活用品类,还有艺术欣赏、玩具消遣类等,祖先们用智慧和劳动创造的手工制品是中华优秀物质文化的重要组成部分,其制品富含传统的认知、技艺理念,件件都展现着中国传统文化的精神和风格。

古代中国人在较低生产力和科技水平条件下制造的劳动工具,都适应于以手工劳动为主的生产过程,其主体是农业生产工具适用于农业种植各生产环节的工具,其中最能体现中国人智慧,体现中国文化特点的农业生产工具有:松土用的耒、耜、犁、铁锹、各式锄、曲辕犁等;平整土地用的铲、钉耙、耙子等;播种用的耧车、三脚耧等;收获庄稼用的镰刀等多种农具。总之,在古代农耕生产的各个环节、各种工序都有古代工匠们手工制作的适宜的生产工具。

我们祖先在不同场合穿的服装,如皇家贵族、帝王将相在公众场所穿着的象征身份的服饰,普通人在各种场合穿着的服饰等,都是依靠工匠们或自己的手工技艺精心细致制作而成。中国服装之所以至今仍受到全世界民众的欢迎,重要原因一是手工制作精细;二是合体贴身,穿着舒适;三是体现中国人的精神面貌。最有代表性的传统中国服装有对襟唐装、女服旗袍等。

中国古代有许多玩具,多为工匠们手工设计和制作,一方面体现了古代中国人的乐观精神面貌,另一方面展现着古代工匠们精巧构思和倾心解决难题的不懈精神,展现了工匠们心灵手巧又细致入微的手工技艺。古代最有名的四大玩具有九连环、华容道、七巧板和鲁班锁,这四种玩具个个设计精巧,激发人的想象力,特别是九连环和鲁班锁,不仅设计精湛,而且做工精美、细致。

其他还有丝绸及其制品、纺织机具的整体组合及配套工具、印染品、各种陶器等,都是古代工匠们创造的具有传统特色的中华优秀物质文化。

(三)创造发明的物态文化

中国古代的四大发明成为中华优秀文化的名片,名扬世界各地,为人类社会的发展做出了特有的贡献。

火药的发明史料记载虽出于唐代之初,其发明及应用过程必然早于记载的若干年,我们祖先在生活和生产的实践中需要掌握烧炭技术,后又在寻求长生不老的摸索中,把硫黄、硝石和木炭混合的过程中的某一环节发现了着火的现象而获得启示,经多年反复试验而形成统一的制作工艺,成品火药被用于民俗文化活动的鞭炮、焰火、狩猎、外用治疗疮痒等生活实践,更为广泛的应用是在古代军事活动中。火药技术及火药产品传至西方的欧洲,被西方人广泛应用于军事武器的制造,直至目前所有与火药有关的现代化武器制造技术和工艺都源于中国古代的火药发明。

指南针的发明是我们祖先对人类社会进步发展的又一大贡献。指南针是我们祖先在适应和利用大自然的实践中,经反复验证而发明的具有指定方向的器具。发现具有指定方向的磁性铁矿是对大自然现象长期观察的结果,但是利用磁铁石现象制作成既具有实用价值,又具备小巧灵活特性的器具,却是古代工匠们的创造,在古代中国人的生存、生活和生产实践中发挥了巨大作用,成为中华优秀物质文化的象征性器物。当这一具有中国传统文化特色的发明传至西方,西方人如获至宝,并很快广泛应用于航海、探险和战争中。

活字印刷是一种技术发明,活字印刷的工具是物质的,是古代工匠们在活字印刷技术指导下精心制作的活字印刷器具,它的发明和技术传播,为人类文明的进步起到了特殊的推动作用。

造纸术是古代中国人在长期文化生活中摸索而积累的成套技术,是中国人发明的造纸技术系统,它的发明和传播在世界造纸发展史上占有非常重要的地位,是中华民族奉献给人类文明进步的一份大礼。造纸术是经新疆传至阿拉伯国家的,先后又传至西班牙等欧洲各国,为繁荣世界各国的文化,推动人类文化事业的发展做出了巨大贡献。

其他还有我们祖先创造的纺棉车、织布机等,为我国自给自足自然经济巩固和发展起到了极为重要的作用。地动仪是我国古代东汉时科学家张衡发明的,是世界上第一个预测地震的科学仪器,其他还有如浑天仪、圭表、日晷仪、瓷器、算盘等。我们的祖先在生存、生活和发展生产的社会实践中完成了不可计数的发明和创造,有力推动了我国古代社会的发展。

二、创造丰富的物质生活资料

人类要生存和生活,就需要社会提供足够的物质生活资料,而人类所需要的生活资料,绝大部分不是从自然界唾手可得,而是需要依靠人的劳动和智慧去创造才能获得。所以人类需要创造的最重要的物质是人类生存和生活所必需的生活资料,人类创造的生活资料是典型的物质文化。

人类生存和生活所需要的物质资料有很多种,吃的、住的、用的、穿的、行的等,其中最主要也是最重要的是吃,而由吃引起的物质创造则是人类创造物质文化最重要的领域。

人类生存的第一需要是食物,是要有可吃的东西以维持人的生命,因此人类是为了生存和生活才去劳动的,劳动的首要任务是寻找和生产可供食用的生活资料,如粮食、蔬菜、水果和肉食,这也是人类创造的物质文化,而且是人类生存和生活第一位需要的物质文化。

中华民族的祖先早在进入文明时代以前的史前文化时期,就意识到生产和储备食物对自身生存及生活的重要性,火的利用和火种的保存以及种植性生产的兴起等,是当时的人们开始有目的创造生活资料性文化的前奏,我国境内多处考古发现的史前文化遗址中的粮食或存粮痕迹就是证据。

进入文明时代的中华民族始终将发展粮食生产放在一切劳动创造的第一位,全社会都支持农业生产,全社会都重视食物的生产和保存,使我国古代的粮食及辅助食物生产始终处在稳步发展的状态,其产品相对满足了我国古代社会人口用食的需要,为中华民族的繁衍昌盛提供了最基本的生存、生活资料需要,这是古代中国人创造的最伟大的物质文化。不论从哪种意义上说,养护可以种植高产、优质粮食的肥沃农田,收获保障供给和储备的粮食,比创造再多再坚固建筑等可长期保存的大型物态文化,都具有无可估量的意义。

（一）粮食品种的选择、培育与食用

粮食也是人类创造的物质文化,粮食与食物有不同的含义,食物含义范围广泛,凡是动物可以充饥的动、植物物质都可称作食物,人类在脱离动物状态以前用以维持生命的物质都称之为食物,在脱离动物状态以后用以充饥的物质亦为食物,当人类进入文明时代,经主动培育、大面积种植而获得的以禾类植物种子为主体的食物才可称之为粮食。可见粮食是人类为了生存,经艰难的认知和实践而创造的,人类又不可缺少的有形物,所以粮食是人类创造的典型的物质文化,全世界古往今来的各民族、各国家都把保证人们基本需求的粮食供给作为自己的头等大事来做,而为人们源源不断提供优质和大量粮食的农业劳动者,就是在创造人类第一需要的物质文化的创造者,人类已经食用和正在食用并努力储存的各类粮食品种,就是人类古往今来创造的物态文化。

古代中国人非常注重粮食品种的筛选、培育、生产、储备和食用,自从进入文明时代以来,我国古代各历史时期的各地各级行政权力机构及行政最高权力人,始终把生产粮食放在最重要的位置,从最基本的环节促进了我国古代社会相对稳步的发展,保证了中华民族在古代时期的繁衍昌盛。

我们祖先创造粮食文化的第一大成就是筛选粮食品种。远古的时候人们食用的植物种子都是野生的。渐渐地,人们发现有些野生种子可以选择合适的土地种在土壤中,再收获其新的种子,而且种的少收获的多,这是一种智力劳动,是将野生的植物驯化为能打粮的庄稼,这是祖先不断思考和摸索的成就。据考古的有关研究证明,我们的祖先最早驯化的粮食作物主要有稷、粟和稻等。稷是高粱类作物;粟即为谷类作物,其种子去壳是黄米;稻即为水稻。这是祖先们从多种结有种子的禾本科草本植物筛选出来,作为主要的粮食品种。

粮食品种的驯化和培育是中华祖先走向文明时代的最重要的认知和劳动跨越,也是中华民族走向繁荣的基础性创造,因为把野生植物驯化为粮食作物需要克服多种自然困难,还需要劳动者复杂的智力摸索,如光照条件,雨水的条件,植物耐旱程度的适应性培养,植物对病、虫害侵袭恢复力等,都需要人们长期观察和反复试验。

祖先对粮食作物品种筛选的原则之一是产量,如有的粟类品种作物由于产量低而被人们逐渐放弃了;二是粮食做成食物的口感,如薏苡仁的食用口感可能因为不如稷类粮食而渐渐不被人们重视,又如苎麻原为古人认为的谷类作物之一,却因其种子作食物的口感不好,而麻作物纤维多且韧性好,后来被改作经济作物,可用麻作物禾秆之皮做绳来使用。

祖先们对粮食作物培育抱有明确的目标,其一是提高产量,据有关资料显示,我国古代粮食种植的亩产量在春秋战国以前,每亩的年产粮量折合现在的计量只有205.8市斤,经过祖先们的辛勤培育,至战国时期可达247市斤,到汉朝时达到281市斤,可见驯化、培育粮食作物的劳动创造对逐渐提高粮食产量的重要性,同时说明我国农业生产粮食产量的稳步上升是代代中国人辛勤劳动创造的成就;其二是改善粮食作为食用的口感;其三是耐干旱,因为我国北方多旱少雨;其四是提高抵抗病虫害的能力。培育粮食作物的目的是争取丰收,祖先们始终把争取粮食作物丰收作为劳动创造的目的,直至现在的中原农民中还流传有这样的丰收记录,即标志丰收年的收获水平是"谷子3000,小麦

60,豌豆8",意为丰收的年景人们见过粟类的谷子一株谷穗可打出3000个谷粒,一株小麦麦穗可揉出60粒小麦籽,一个豌豆角内可剥出8粒豌豆籽。

祖先们一方面积极地培育和改良已筛选出的粮食品种,另一方面又在与外域的交往中接纳新的粮食作物品种。据史料记载,我国目前作为主体粮食作物的小麦,本不是我国本土原生粮食作物,而是在距今四五千年前从西域传入中国的,小麦一经传入我国,祖先们很快发现小麦作为粮食作物的优点,生长周期短、产量比较高,易于田间管理,小麦粒经加工做出的食物口感好等。后来陆续从他国传入许多粮食作物,如玉米、大豆等。

粮食的利用与粮食储备是我们祖先创造粮食文化的又一领域,在这个领域里有许多问题需要人们去认知,去实践,如为什么古人选择庄稼的种子作食用粮食,为什么要等庄稼成熟后才收割,收获的粮食怎么加工为食物,怎样使粮食加工的食物可口又养身体,怎样才能确保有足够的粮食供人们生存的需要等。

我们祖先观察到一粒谷子播种在土地里,可以发芽、生根、出苗、成禾、结穗和成熟,认识到禾苗的种子里蕴藏着无限的生发之机,人以禾苗的成熟种子为主要食物,可以从食物中获得生发功能,是促进人的机体发育、成长和健康的最好食物。可见祖先们在对庄稼的不断认识之中,逐渐发现了禾类植物种子对人们选择种子为主食的重要性。可以推想,人们可能在庄稼未成熟时就毁掉生长中的庄稼,取其中的某一部分而充饥,是因为不能有效充饥或很不好吃才认识到成熟种子的可贵之处的。

对粮食利用的认识,也是粮食文化的重要内容,在生产力相当低下的古代,粮食的产量是不高的,社会成员对粮食的占有量是有限的,据有关史料显示,汉朝所辖范围内的人口对粮食的人均占有量只有456市斤,到唐高宗时上升到1256市斤,到宋代又回落到1159市斤。当社会的粮食生产总量难以维持社会成员的基本需求时,粮食必须主要用于人们吃饭的基本需求,充分说明粮食对于人生命需要的重要性。中国古代社会之所以能相对稳步发展,与古代中国人对粮食生产和利用的正确认知与实践分不开的,中国在什么时候都把粮食生产和利用放在最突出的认知位置,直至现代,我们的党和政府始终把粮食生产及储备放在一切工作的首位,并且决不依赖外国,中国人要时刻把饭碗牢牢的端在自己的手上。

古代中国人在创造粮食文化的基础上,还创造了与粮食有关的美食文化,如酒的酿造,豆腐的制作,植物油的榨取,各种花样的面食、米食制作等,由这些技术及产品引出的美食文化,都是在中国古代粮食文化高度发展的前提下衍生的饮食文化,这是祖先在获得了对粮食充分认识的基础上,有了收获足够人们食用粮食的基础,才可能在生存和生活的实践中创造出众多与粮食有关的美食文化。

(二)副食品生产及配备

人类的生存和生活所需要的食物类物质不是只有粮食,粮食是主食,还应当有副食。除粮食以外人们需要有常用的食物为副食品,主要有蛋类、肉类、蔬菜类、水果类、坚果类等,这些都是我国古今民众生活中常用的食品。

中国文化中有"五谷为养,五菜为充,五果为助,五畜为益"的说法,意为人们从自然界中获取食物的正常搭配应当是,粮食类做成的食物是养身体的,应为主食;"五菜"古时有葵、韭、藿、薤、葱的说法,现代人们常用的蔬菜已不是仅此五种,我们可以将"五菜"理解为常用蔬菜的称呼,蔬菜为食是用来补充食物的;古时的"五果"是指枣、李、杏、栗和桃,是古人在摆脱以野果充饥之后按当时人们认识的野果之味而筛选出的五种水果,认为水果对人体有助营养、助消化的作用,今时之人可对"五果"理解为水果的总称呼;古人所谓的"五畜",是指牛、犬、羊、猪、鸡五种家养动物,这五种家养动物的肉制品以及它们身上的附带品奶和蛋,至今仍然是我国民众常用于补益人体的副食品,古人认为家养五畜的肉为有情之品,能补益人的气血,使人精力充沛。

三、建筑、交通和水利工程

人类要生存、生活和发展生产,就需要解决许多基本问题,吃是第一位的,除了吃以外还有许多基础问题,这些问题有:住什么,怎么住,怎么行走,怎么运输东西,怎样预防和躲避自然灾害,怎样抵抗外来人为侵害等。这些都是人类生存、生活和生产面临的并且必须解决的基本问题。

我们的祖先在这些问题面前充分体现了中华民族的智慧和吃苦耐劳等优秀品质,他们在进入文明时代早期生产力水平很低的条件下,合理而实用地解决了上述问题。随着生产力和社会的发展,对上述问题能否逐步完善解决已经成为展现社会发展水平的标志性体现,我们的祖先不仅解决了上述诸问题,而且创造了举世闻名的不朽工程,使古老的中华民族展现出伟大的创造力。其创造的业绩成为中国传统物质文化的重要内容。

(一)房屋建设

展现古代中国人创造物质文化的重要方面是中国古代房屋建设的中国特色。有考古资料说明,远古时代的中国人比其他地域的人们较早地依靠双手和智慧创造了可以居住的"房屋",我们祖先最早建造的房屋,并不是现在人们所见到的房屋这样的标准,是说它具备了中国式房屋的基本外形、结构和功能,即在地坪上用木质棍棒搭建成形,用泥土围墙茅草起脊可遮风挡雨的住处。

进入文明时代的古代中国人利用随处可取的林木和泥土,将林木按需要配成长短不等、粗细得当的建材,将泥土塑成具有一定规格的土块后砌四面屋墙,或将泥土直接堆砌成墙,在准备好的地基上建造成房屋。古代中国城乡的房屋坐北朝南,正门开向南面,总体构成有堂室和卧室组合,一般为三间组合,屋门开在中间,进门为堂室,宽敞而明亮,两侧为居室,堂室与侧卧之间多用非房屋承重物隔开;房屋外形多为东西方向长方形,屋顶起脊,有前墙、后墙和东西两面山墙,墙体由土块或砖块砌成,前墙的侧室各开一扇窗户;房屋建筑的内结构主要由两根大梁承担屋顶的基础,大梁之上有二梁,二梁承檩木之力,檩木承椽木之力,椽木上铺下瓦,下瓦之上背上瓦,上瓦为凹形,上瓦压下瓦排列以利雨水向下流动。古代北方的正统房屋基本上形成这种建筑模式。

中国古代家庭住房多由二至三座房屋组成,一般坐北朝南房为堂屋,另外两座为南北走向分别坐落于堂屋前方的左右两侧,形成四合院,院门居院南墙之中朝南而开。四合院是中国古代建筑的代表性房屋组成模式,它体现着古代人文文化的宗亲意识和辈分等级观念。

庙宇、宫殿和园林建设是以房屋为主体的中国古建筑,庙宇、寺院、园林遍布古代中国各地,许多建筑保留至今,如敦煌的莫高窟、苏州的拙政园、西安的兵马俑、黄山的古村落等都是有名的中国建筑。

最能体现中国古代建筑历史的厚重,领略中华民族建筑智慧和艺术魅力的是中国古代宫殿,在数千年的历史长河中,历朝历代建造了许多宫殿,以占地面积多少依次为:唐朝的上阳宫、汉朝的长乐宫和未央宫、隋唐时期的紫微城、秦朝的咸阳宫、唐朝的大明宫、隋朝的太极宫、东汉的北宫、西周的南宫、唐朝的兴庆宫等。其他还有许多有名的古宫殿,主要有北京的故宫和颐和园、辽宁沈阳的故宫、台北的故宫、山西运城的永乐宫、西藏拉萨的布达拉宫等。

中国古代房屋充分展现了中国古代房屋建设文化的特色:其一是实用的原则,我们的祖先在简朴过日子生活理念的支配下,从不奢华地建设住房;其二是充分适应和利用自然条件,努力遵循自然规律;其三是以土木建筑为主,就地取材,房屋构成以便充分享受大自然的恩惠,同时有利于家族内宗亲观念的巩固和加强。

中国古代宫殿建设展现了中华民族的智慧,体现着古代中国人建筑技艺和工程的特点,其相对于西方宫殿建筑的特色主要有三:其一是建筑结构采用"三进院落",即由前殿、中殿和后殿组成;其二是建筑风格以木质材和砖石材为主体结构材料,特别是宫体结构的骨架式巧妙思路和"斗拱"结构,是古代中国木工工匠的发明创造;其三是装饰艺术丰富多彩,主要有壁画、雕刻和彩绘等。

中国古代楼阁建设是我们祖先创造的与宫殿建设同等地位的物态文化,比较有名的十大楼阁有位于湖北武汉的黄鹤楼,位于湖南岳阳市的岳阳楼,位于永济市的鹳雀楼,位于江西南昌的滕王阁,位于西安市中心的钟鼓楼,位于山东蓬莱的蓬莱阁,位于南京的阅江楼,位于嘉兴南湖岛中心的烟雨楼,位于四川绵阳龟山的越王楼,位于宁波市的天一阁等。

(二)道路和桥梁建设

道路和桥梁的建设是中国传统文化的物质文化重要成就之一,这是典型的中华物质文化,因为这是古代中国人用血汗、智慧和辛劳创造出来,又有效服务于人们的可见、可用、可传承的物态存在。

人类要生存、生活和发展生产,就不能没有交流,有交流就需要交通和修道路,有道路就需要修桥梁,道路和桥梁是人们沟通和交流的必要物化条件,古代中国人为了更好地生存和生活,为了有效发展生产,依靠自己的双腿和双脚,走出了中国人自己要走的路,修建了具有中国特色的桥梁。

在中国古代较低的生产力和科技条件下,交通之路全靠人或借助畜力走出来,平地的路是走出来的,山林之路是开出来的,戈壁和沙漠之路是血汗铺就的,遇河建桥,遇到山岩陡壁还要修建栈道,早在公元前 300 年秦国伐蜀时就修有金牛古栈道,此后在我国境内多处的山岩陡壁必经之地修建了造型不同、长短不一、功能各异的栈道。

古丝绸之路从古都长安出发,经中亚、西亚,一直到达欧洲和非洲,长达 8000 公里,穿越几十个国家,历史持续 2000 多年,是古代中国人通向西方国家或地域的常行之道,是古代中国各民族与途中各民族友好交往以及文化交流一条重要通道,路途之中还含有夏特古道、乌孙古道、车师古道、楼兰古道和萧关古道等路段。

除古丝绸之路以外,我国古代有名的古道还有茶马古道、秦岭古道、太白古道、剑门蜀道、徽杭古道、唐蕃古道、阴平古道、巫峡古道、三峡古道和云台古道等。

古代中国人与外国人的交往主要是向西走,因为当时的人们听说西方地域很神秘,那边有许多当时的人们不知道的东西,而且不隔大海,中国人善于活动于陆地,同黄土地、山地、戈壁滩和沙漠打交道是中国人的乐趣,是向往。

中国也面临大海,中国也有三万多公里长的海岸线,古代中国人也能闯大海,也闯出了通向海洋之路,他们向南走出了多条海路和陆路,他们为开发东南亚和南亚文明做出了不朽的贡献。

中国古代有航海实践就有造船技术和造船成就,古代中国人的航海记录虽不如西方某些国家,那是因为当时的人们对天地认知的局限所致,但是古代中国的造船技术水平却远比西方国家高得多,郑和七下西洋所率领的船队用船质量、排水量等远比哥伦布和麦哲伦所带船队用船先进得多。

有路必有桥,因为中国地广河多,自然需要成千上万的桥梁以满足人们交通的需要。古代中国人非常擅于造桥,造出之桥既实用,又美观,还富有科技含量。古代造桥的工程之大,技术之精,历史之久者当属扬名古今中外的赵州桥,它位于今河北省石家庄市赵县城南的洨河之上,是一座全石拱桥。此桥始建于隋代,由当时的石匠李春设计并领工建造,全长十二丈之多,它是中华优秀物质文化的杰出代表,是古代中国工匠的伟大成就。其伟大之处有二:其一是全桥只有一个最大的"弧券",没有多用桥脚;其二是在大券两端各背着两个小券,即在大桥洞两端各设两个小桥洞,四个小桥洞既可防洪通水,又可减轻桥身总重量。此桥建成投入使用已 1300 多年,至今仍屹立在人间,造福于人类,这是造桥人过人智慧的体现,是古代中国人创造优秀物态文化的杰作。

中国古代还有很多有名的桥梁,如宋代建造的福建泉州洛阳桥,也是我国古代劳动人民的建筑杰作,集中了当时成千上万石匠们的智慧和劳动。古代其他有名的桥梁还有卢沟桥、广济桥、五亭桥、安平桥、五龙桥、十七孔桥、宝带桥、玉带桥、泸定桥和风雨桥等。

中国古代的造桥技术和工程成就,充分体现了古代中国人的智慧和勤劳,是中华优秀物质文化的一大亮点。

(三)水利工程建设

水之天性无形,可漫流,可四溢。水利者,引用大自然之水以利人之生存、生活和生产之意。水利工程者,用人之力造形引水定向而流以利人之所用也。

中国自古以来以发展农耕生产为主业,农业生产的命脉是水,庄稼的生长没有水则干旱枯萎,水太多淹死了庄稼也不行,天降之雨可润泽田园,也可淹没田园。是故,兴修水利乃是古代中国人从事农业生产之大计也。我们的祖先在远古时代常常饱受水患之苦,也常常受到干旱无水之煎熬,如何让自然之水按照人的意志流动则成为祖先们的心头大事,也是他们创造水利工程的原始动力。

自进入文明时代以来,我们的祖先以聪慧的智力、勇敢的行动和勤劳的双手修建了无数大大小小的水利工程,有力促进了我国古代的农业生产,同时积累了丰富的水文知识。

中国古代有历史记载的兴修水利工程很多,有代表性的水利工程主要有:战国时期的都江堰和郑国渠,秦朝修的灵渠,两汉时期的六辅渠、白渠、龙首渠,在祖国的大西北挖掘的坎儿井,隋唐时期开通的大运河等。其中典型的水利工程主要有灵渠、都江堰和京杭大运河。

灵渠是世界上最古老的运河之一,它位于广西兴安县境内,于公元前214年凿成通航,至今仍发挥着作用。灵渠的修建富含我们祖先的智慧,他们在灵渠上筑建一个个水闸,将上游之水分段引流,可以在不同地段、不同地形条件下引水灌溉田地。

都江堰的修建是我们祖先治水工程的一大杰作,它不仅可以防洪安民,其大功是灌溉作用。之前的岷江水流至当时四川成都西的灌县(今都江堰市),分为内江和外江两个支流,由于内江滩浅口狭,水流不入,使内江沿岸的庄稼得不到岷江之水的浇灌而常常处于干旱状态,都江堰的修建解决了内江沿岸的农耕用水问题。

京杭大运河始凿于春秋战国时期,形成于隋唐,后经历代沿岸劳动人民裁湾和延续,成为贯通我国东部南北的水利大工程。大运河南起余杭,北至涿郡,途经浙、苏、鲁、冀、津四省一市,且贯通钱塘、长江、淮河、黄河和海河,为历代沿岸的农业和漕运事业发展做出了巨大贡献。

(四)安防工程建设

人类的生存面临着许多不安全的威胁,其威胁主要来自自然和人为两大方面,我们的祖先在解决这方面问题的实践中,创造了数不清的大小工程业绩。著名的防自然灾害工程有都江堰、钱塘防潮海塘等;著名的万里长城是防止人为伤害的大工程。

我们的祖先在生存条件极低的条件下,用智慧和劳动创造着业绩,早在史前文化就有良渚人开山泄洪和大禹治水的传说,有历史记载的如著名的都江堰,是公元前秦昭王后期的蜀郡守李冰组织劳动民众所为,是涝时可分洪、旱时可浇灌田地一举两得的大工程。

钱塘江口的潮水十分汹涌,杭州湾广大地域的人和田地深受其害,自唐朝开始发现有记载,在唐朝以前就有古人分段性筑堤坝以防潮涌,从唐朝开始大规模重筑海塘,那里的民众代代努力,渐渐筑成了可以防止世界上最壮观大潮的钱塘江大堤坝,举世闻名,造福于代代钱塘百姓。

城墙和围城堤建设是古代中国防水防人的一大壮观建筑,其范围之广遍及中国各地。在中国古代的平原地区常有水患发生,人们为了城镇里的人和物不被水淹,就围绕主城区建筑城墙,其高有达十余米者,也有七八米者,一般为五六米之高。城墙之宽有不等,其大型城墙面宽有十二至十四米,底宽可达十五至十八米。城墙之围长是根据城镇大小而建。我国古代有名的城墙有古西安城墙、北京城墙、南京明城墙、开封清城墙、荆州城墙、襄阳城墙、大同城墙、安徽寿县城墙、明代榆林城墙、山西平遥城墙和山东曲阜明故城墙等。在我国古代,哪个朝代的君王都把国都用城墙围起来,各地方州、县也都建城墙以示形象。城墙的更大作用是防御本地区以外的人侵犯。

有城墙就有门楼,古代中国人在建设城墙时都在精心设计城门楼,而且设计精美,各个时期的各地在建造门楼时都努力突出自己在设计和建造方面的才能,使古代中国的城墙门楼建设一个比一个有特色,比较有名的我国古建门楼有:北京故宫的天安门、洛阳老城西大门的丽景门、南京明城墙的中华门、西安南城墙的朱雀门、建于隋朝的洛阳定鼎门、建于明清时北京内城的正阳门、西安明城墙的永宁门、开封于唐朝建的大梁门等。还有两个最有历史意义和中华民族情结的门楼,是分别建于万里长城东西两端的山海关门楼和嘉峪关门楼。古代中国人在城墙周边象征出入的重要位置筑建门楼,不仅仅有防护意义,更重要的意义是,门楼的建造表达着当地人们一种积极向上的精神,寄托某些精神的向往,象征着门楼所在地社会的繁荣和强大。它们的建造是中华民族团结、和谐以及智慧的象征,是古代广大工匠和广大劳动者创造的物态文化。

城镇人口集中居住地的防水建设还有护城堤,我国古代具有一定规模的大多数城镇除投巨资建筑城墙以外,还投资聚民修建护城堤,其主要作用是防洪、防水,因为城镇里的房屋、道路、店铺等生活设施相对集中,经不起大水冲刷,古代中国人就在城墙以外再修一道防洪堤,以确保城内的安全。护城堤与护城墙修建的主要区别是,护城堤以土为主,堤上可种树以绿化并造景;护城墙以优质砖砌边包土于心,墙上可再修建防御设施或修建凉亭等建筑。

中国古代物质文化最值得重笔特写的是万里长城,修建长城的最初目的是当时的中部居民,为了防止当时的北方部落人入侵。它的修建自公元前七八世纪开始,不断延续修筑了2000多年,主长城长达一万多里,总长度达2万多千米。万里长城在我国北方辽阔的土地上东西横亘,筑起一道绵延起伏、气势雄伟的万里长墙。它存在的意义已远远不能只局限于当初修建的目的了,它已成为中华民族的象征,它记载着中华民族悠久的历史,它是中华民族智慧和不屈精神的见证,是中华优秀物质文化的典型代表。

第二节　独具特色的精神文化

精神文化是人们在认识、适应和利用客观世界过程中,经思维活动所产生的意识形态的总称,主要有人们关于对大自然包括物质世界的认识及相应的实践理念和实践决策等;有人们对人的存在及其社会关系的认识及实践理念和实践决策等;有人们在社会实践中产生的一切意识性知识、理念、理论、情感等。

中国传统文化精神文化的主体是对天、地、人的认识与实践,以及由此而产生的思想、意识和情感。中国传统文化对大自然认识形成的文化与西方文化在表现形式上有着巨大的区别,她不是像西方文化那样分门别类,什么类型或门类的文化就列出相应的专题归属学科。古代中国人将包括自我以内的世界看成一个大整体,中国古代文化就是对这个大整体的认识与实践,其文化呈现形式有古代科学、历史、文学、哲学、艺术和宗教等,即古代中国人对客观世界包括天、地、人及人机体的认识,总体上不分门别类地表达出来,在各种文化形式中都可以体会到古人对天、地、人的认识。

我们说古代的中国文化不分类,是从文化分类学严格意义上说的,其实大致的文化区别还是有的,如《黄帝内经》总体上是关于人的健康与疾病方面的文化,其中也论及天、地和人际关系;《论语》等四书五经总体上属于人文文化,其中也讲人与天的关系,讲人与地的关系;《齐民要术》等古代文化之著虽属关于农业之著,其中少不了关于古人对天气、季节、土地、地势等的研究;《天工开物》等著作按现代文化分类虽归于农业和手工业,但其中亦有关于物理学和人文文化的内容。

正因为中国古代文化的这些特殊表现,我们今天很难运用现代科学文化分类学的标准和方法,分别探讨古代中国人对客观世界认识的态度和程度,我们却可以依据古代人留给我们的各种著述及文献资料,从中感受我们祖先创造的成就,体悟中国古代文化的魅力,赞叹古代中国人的智慧。

中国传统文化独特之处在于以人为中心,围绕着人的生存、生活和生产而展开的社会实践,并在实践中创造了以天、地、人为一体的文化体系。

一、对大自然的认识与实践

对大自然的认识是人类社会实践的第一大任务,也是创造文化的第一大社会实践。中华民族及其祖先自从启动踏上通向必然王国的步伐,就开始了对天地这个最神秘的大自然展开了认知,并依认知的成果支配以适应大自然和利用大自然为内容的社会实践。

(一)对天地的认识

古代中国人对天地的认知方向与西方人大有不同,西方人以兴趣为导向,以实体物质的天体和实体大地为对象而展开研究,他们观察太阳、月亮和众多星星的运转,他们关注天体的变化,想办法测量某一天体与另一天体的距离,试图测量到众多天体与地球的距离等,并由此形成了天文学学科文化体系;他们测量土地,他们环地球大航海探求大地的秘密。

古代中国人也观察天上的天体,但他们却不关心天体之间的距离或天体结构,他们关心的是天体的活动及其变化与人的生存、生活和生产的关系;古代中国人也关注大地,认为天像大锅罩着地面,地像大毯铺在大地,天圆地方,人在其中。

古代中国人认为,"天"即与人的生存、生活和生产有关系的地面之上的一切存在和变化,诸如风、雨、雷、电等天气的变化,诸如春、夏、秋、冬等季节的变化,诸如太阳、月亮、星辰等天空天象的存在及其移动等,都是古代中国人对天认识的范围,并以认识的结果支配自己的行动,进行劳动和生活;我们的祖先对大地的关注度远远超过对天的关注,人们把天比作乾,把大地比作坤,"坤"是万物生息的滋生地,古代中国人把大地比作母,没有大地的滋养万物就无从生息。

(二)对天气变化规律的把握和利用

中国古代是以农业为主的自给自足自然经济为主导的社会,耕种和采摘为主要劳动内容和生存依靠,其生存、生活和生产的各个环节都与天气有直接的关系,风和日丽、风调雨顺等天气有利于人们从事各种生产和享受生活,暴风骤雨和风沙干旱等天气不利于庄稼的生长,甚至危及人身安全等。客观现实逼迫当时的人们把天气变化及其规律作为重要的认识对象,以期最大效率地利用好天气,最大可能地减少灾害天气对人们的不利影响。

中国古代文化对天气认知和利用,最突出和最具代表性的成就是掌握了一些灾害性天气变化的征兆,能一定程度地预报灾害性天气,利用对天气变化规律的掌握安排农业生产。

在长期的生存、生活和生产实践中,我们的祖先发明了许多把握天气变化的方法,并利用已掌握经验调节生活和生产。我国古代常用的天气预报方法有观察天象法,即通过对星辰、云层、月亮、太阳等的状态变化寻找与天气变化的关系,如云层的厚薄、云朵的走向、云层移动的速度等,都是预测天气变化的途径,傍晚西面出现霞光预示着第二天可能天气放晴;通过动物的动态、动向寻找与天气变化的联系,如鸟向高空飞多有晴天,蚂蚁聚集或持续搬家预示有大雨,木炭增重预示将有潮湿天气等。古代人为了解和把握天气变化或灾害来临,还制作了风向仪、风向鸟、地动仪等。

(三)对季节气候交替规律的把握

季节气候的变化是大自然最普通最常见的现象,也是与人的生存、生活和生产关系最密切的客观事物,把握它的变化规律是我们祖先认识天地的重要内容。

季节的交替是大自然的必然规律,依据季节交替的规律进行农耕种植,是农业生产的灵魂。古代中国人对一年四季冷暖变化、交替的规律概括和总结,形成了许多关于季节变化规律性文化,其中最有名,也是对我国古代农业生产影响最大的是二十四节气。

二十四节气是我国古代劳动民众与古代天象爱好者有机结合创造的文化,当时的人们把季节气候变化、天象变化和农业生产经验等多种知识有机结合起来,按一年十二个月,每月里有两个节气,每两个节气之间15天的第1天是该节气的开始,并以自然气候特点或农耕特点或某一有代表性的自然现象命名,如立春表示一年之际的春天快来到了;惊蛰意为有些冬天藏在地下的小动物要苏醒了;小暑、大暑、小寒、大寒等表示气候特点;芒种以农活内容特点命名等。

二十四节气是我国古代劳动人民和天象爱好者长期观察气候变化的特点和规律,联系到自然界动、植物的某些变化特点,又总结了这些气候变化与农业生产的应时重点,还联系到天空星宿的变化,概括出的科学而实用的中华民族传统文化。二十四节气正确反映了我国中原地域一年四季气候变化特点及其与农业生产关系的规律。人们把这些认识编成顺口溜,或编成通俗易懂的歌诀,流传于民间,因为其合理又实用,被祖先们作为经验而代代相传,在古代中国的农业生产发展中发挥了巨大作用,成为中国传统文化自然文化的亮点,也是古代中国对世界农业生产和文化发展的重大贡献。

（四）顺应自然的基本实践理念

古代中国人对大自然深刻而正确的认识,充分体现在他们在社会实践中对待大自然的态度和行为准则中,在"人与天地相应"认识理念的支配下,形成了"顺应天地"的基本行动准则,认为人生存于天地之中,是天地万物之一,天地的存在及其运行是人们生存在天地之中的基本条件,人在天之下地之上的一切活动必然受到天地的制约,人们只能使自己的行为顺应天地运转的规律,即古人所谓,阴阳者,天地之道也,万物之纲纪,生杀之本始。

古代中国人在对大自然活动规律初步认识的基础上,在顺应自然基本理念的支配下,形成了一个适应、应对和处理客观事物的另一个基本原则性理念,就是解决一切问题以及处理一切事物所释放的能量,应当以客观事物所适应、所需要的适度为准,中国文化将这种行为基本原则概括为"中庸"。

中庸是古代中国人的认知理念,反映了人们的一种思想境界,集中体现在人们对行为理念的基本态度,其核心思想主张人们不论做什么事都不能过极,也不能不及,即寻找一个最适宜的程度,不偏不倚地做事,选中间之道做事。这是古代中国人的处事理念,也是一种处事原则。

二、对人的认识及实践

中国传统文化的人文文化是古代中国人对人及其人们所处社会认识的集中反映,我们可以从中国古代各类文献记载及各种经典著作的描述和阐述中,深切体会到中华民族在古代的数千年间,创造了独具中国特色的人文文化,而且历经数千年而不衰,至今仍是值得中国人自豪和值得外国人称赞的文化体系。

关于中国传统文化对人的认识和实践,近百年来人们已给予充分的重视和研究,并取得了可喜的成绩,特别是对我国古代各思想派别及其学术思想的研究,已达到炉火纯青的程度,彰显了中华民族积极向上的精神风貌,阐述了中华民族的优秀品质。我们可以从中国古代文化的儒、释、道等学术思想体系中,从我国古代自春秋时代以后的儒、道、法、阴阳等百家学术派别的精湛论述中感悟他们的精神境界。

本教材主要在古代中国人对人的生命、对人生、对社会认知的层面,讨论中国传统文化对人的认知和实践。

（一）对人的生命的认知

中华民族在认识大自然的同时也在努力认识人类自己,并且表现出对人类生命认知

的深刻程度,其主要内容有对人类生命起源的认识、对人的根本属性认识、对人生命价值的认识。

人类的各民族在认识客观世界的同时,也对人类的生命现象发生了浓厚的兴趣,对人类生命的起源做了多种多样的猜测,世界各国的各种文化如各国的哲学、宗教等都对人的生命作过不同的解释。中华民族对人的生命之源有着深刻的认知,认为人类的起源是天和地交会的结果,这种认知与现代人类学研究的观点是一致的;关于人的个体生命的获得,认为是父母阴阳之精气交媾而成的。

人为什么能在这个世界上生存和生活,人在这个世界上处于什么地位等,这是一个对人的基本属性认知的问题,对这个问题的认知和实践,古代中国人与西方人有着不同的认知:在人与大自然的关系认知方面,西方文化表现出人与大自然对立的态度,并过于注重对人自然属性的认知;与西方文化不同,古代中国人注重人与大自然的和谐,认为人不能以破坏人类赖以生存的自然环境为代价,人不能违背天地的道,从而就滋生了人顺应天地之道的认知,形成了中国传统文化最主要的思想体系;古代中国人没有完全从人的自然属性认识人,从中国古代人文文化各学术思想的阐述可以看出,中国文化着重从人的社会属性讨论人的存在,探讨人与人的社会的心理关系等。正因为中国文化表现出对人的社会存在及其关系的认知和践行,给人们造成一种中国传统文化只注重社会文化而不重视自然文化的错觉。

人来到这个世界是干什么的,怎样才能体现人生在世的价值,这是人类都在思考的问题,中华民族自从进入文明时代就在为生存而进行的劳动中思考这个问题,并在中国传统文化中做出了明确的回答,其主要内容有自强理念、责任观、道德观等。尽管中国古代文化的儒、释、道等思想派别有不同的表述,其认知的基本趋向和践行的归宿还是倡导人心向善,提倡人生当自强,要通过艰苦的劳动用自己的双手为自己、为家庭、为家族、为社会、为民族创造更好的生存条件和更舒适的生活环境,为社会的发展做出应有的贡献。

(二)对人生的认知

古代中国人对人的认识是最深刻、最成功的,形成了系统而完整的关于人生观的基本理念和理论,在中国传统文化的人文文化中占有重要的地位,特别是对人在社会上应该怎样生存和生活,中国传统文化都有清晰的认知,并总结概括一系列体现中华民族对待人生的基本态度、品质和风格的哲学理念,这些理念主要有对人生存的基本态度、对人生品质的基本认知和对人生生活的基本风格。

对人生存基本态度的认知有民族强盛、人当自强、奋斗不息、睿智勤劳等。中华民族自从进入文明时代以来,在当时的每个人的认知里都崇尚强大和富有,开始是希望自家强,后来希望家族强,渐渐地认识到国家应强大,虽然当时的"国家"只是我中华民族内各政权统治范围的用词,而不是现在意义上的国家,政权势力的割据是当时社会上的普遍现象,各政权势力相互争夺的社会客观实际却促使了广大民众要强大的心理趋向;群体的心理趋向是由无数个个人的认知汇聚的,在每个古代中国人的认知里,通过自己的奋斗实现自己的人生梦想,人们是这样想的,也是这样做的,勤劳是每个人的本分,睿智是每个人的天资。古代中国人以积极和奋发向上的态度面对人生的基本认知,在中国古代哲学、历史、文学等文献及典籍里有着充分的反映,我们可以从古代人对人生,对生活的描述和阐述中,感悟到祖先们为创造美好幸福的生活而勤劳奋斗的精神。

对人生的人格品质的基本认知主要有善良、诚信、热情、勇敢等。中国传统文化人文文化的各个学术派别的思想家、哲学家们,就生活在古代中国社会的各个阶层,他们深切感受到广大民众的人格品质,被广大民众善良、诚信、热情和勇敢的优秀品质所感染,使他们对人生品质的认知得到升华,他们在深受广大民众优良品质影响的同时,以饱满的热情努力收集民众关于人的品质认知,渐渐形成多种认知观点和思想派别,各思想派别虽然看问题的角度不同,但大家的认知趋向却表现出共同的指向,都向社会传递和弘扬了积极向上的人格品质文化,为人们践行优秀人品文化提供了依据,为净化社会各阶层及广大民众的心灵,促进古代中国社会的良性发展,构建中国古代相对和谐社会提供理性指导,并且仍然是今天的我国人民进行自我修身养性的文化营养。

对人生的过程表现的基本风格认知主要有谦虚、谨慎、实干、节俭、留余、知足等。中国传统文化的人文文化对人的认知是全方位的,人的生命过程应当表现出怎样的风格,古代中国人用智慧和行动给我们作出了回答。中华民族的民风一直表现出谦虚、谨慎、实干的作风,古今中国人从不吹嘘,更不夸张,做事实事求是,稳打稳扎,朴素务实;不论人的社会地位多高,家境如何富足,总是崇尚节俭,节约生存和生活用的资料,反对铺张浪费;一切从长计议,不能只看眼前,更不能贪图一时享受,事事、物物等都要留有余地,存留实物,以备后用;古代中国人崇尚有度的满足,即知足,不主张无限度、无节制地追求物质利益,这样的认知心理应该与古代中国人没有发展膨胀的扩张意识有一定的内在联系。古代中国人的所有这些关于人生风格的认知和实践,同样反映在中国传统文化人文文化的各学术派别的学术思想里,我们可以从他们的各类文献里处处感受到祖先们良好人生风格的文化气息,更体悟到祖先们创造和践行高尚人格文化的足迹。

（三）对社会的认知

人类社会是世界各国文化重要的认知对象,古代中国人对人类社会的认识充分体现在中国传统文化里,形成了独具特色的中国传统文化的社会文化体系,并且在多个方面为人类社会文化的发展做出了突出的贡献。

首先,它创造和践行了关于社会和谐的文化理念。人类从野蛮时代走进文明时代以后在从事生存、生活和生产等社会实践过程中,出现了许多社会问题,其中最突出的问题是因为生存和生活资料占有而引起的人与人之间紧张关系,因为食物、水或生存地盘占有不平等的问题等,必然引来人与人之间的矛盾,有矛盾就面临解决的办法,文明时代早期人们从野蛮时代带来的争夺行为必然表现出来,当我们的祖先经历过多年无数次因争夺而带来的苦难后,渐渐认识到人与人之间应当相互理解,化解矛盾,和睦相处。又经历了数千年的磨难,古代中国人终于在我国第一个文化盛期到来之时,提出并践行了人的社会应当构建和谐社会的理念,得到了古代社会各阶层的认可和践行,其思想观点和理

论阐述体现在中国传统文化人文文化的各种题材中。关于构建和谐社会的文化理念在中国古代社会的发展中起了重要的作用,即使在科学发达的现代文明社会也具有特别的现实意义。

其次,它创造、完善和践行了关于人的社会行为规范文化。人类社会是由各色各样的人所组成,每个人都有自己的认知,每个人都在认知的基础上形成对客观事物的态度,又在认知和态度的支配下产生各种各样的社会行为,但并不是所有的行为对社会和他人都有利,甚至有的行为危及他人,危及社会,人们不得不关注一个关系到社会安定的大问题,人在社会上活动应当以怎样的行为维护社会的安定。古代中国人仔细观察人们的社会行为表现,谨慎揣摩人们行为背后的心理活动,认真研究各种行为给社会带来的良好和不良后果,逐渐总结出一系列人们在社会不同场合应当遵循的行为规范,其主要内容有:有以"父为子纲""夫为妻纲"等为主导的家庭生活行为规范;有以"君为臣纲"为代表的社会等级行为规范;有以"礼"为核心的礼尚往来的人际关系规范;有以道德为中心内容的行为规范;有以人与人、人与自然、人与社会之间的伦理关系的行为规范;还有关于人在各种场合举止应有的衣着、言语、表情、容貌等行为规范等。每当我们细读中国古代关于行为规范的文献、著述时,都深深地被古代前辈对社会的深刻理解,对人在社会应持有的行为态度和行为规范而吸引,而感叹。

再次,它形成了关于人文、人伦哲学体系。多少年来,人们一提及中国传统文化,就从儒、释、道为代表的各家学术思想说起,古代中国人在我国第一个文化盛期所创造的人文、人伦哲学思想体系,是中国传统文化的重要组成部分,反映了中华民族对社会问题认知的水平和成就,是最成熟的社会人文文化体系,无论是以孔子为代表的儒学思想,或以老子为代表的道家学派,还是被中国文化改造过的佛学理念等,都对社会的存在、社会的人际关系和社会的发展做了深入的研究,从人文和人伦两个层面揭示了人们所处社会的本质和规律,我们只要认真研读中国传统文化中关于人文、人伦哲学的各派著述,都可从中感悟到许多社会人文、人伦的深刻道理,对于今天的人们,我们无须评判那些文化派别观点的分歧,只需要从中感悟其中的精神和认知指向,以利于我们建立对中国传统文化的信念。

(四)对人与客观世界关系的认识及实践

人们生存和生活的社会是极为复杂而多变的事物,它涉及人及人的生存和生活,涉及以天地为主的大自然,涉及人与人的关系,涉及人的心理活动和社会行为,涉及人的社会活动和生产劳动等。我们的祖先从开始主动认识事物的时候就注意观察和思考人的思想以外的客观世界,并且逐渐认识到应当努力认识和处理好几种基本关系,这些关系主要有人与自然的关系、人与社会的关系、个人与他人的关系和个人对自我的认知等。

人与自然的关系是古代中国人在若干万年于大自然中求生存的实践中逐渐形成的。与西方人不同的是,我们的祖先不是站在大自然的对立面,努力与大自然作斗争,而是站在天之下地之上的大自然之中认识大自然,从而认识到人与大自然的从属关系,即认识到人是大自然的产物,人必须遵循大自然的规律而生存,并在此认知基础上形成了"人与天地相应"基本认知理念,形成了人必须顺应大自然的实践理念,并以此作为古代中国人处理人与大自然关系的根本原则。

人与社会的关系是古代中国人最重视的问题,因为社会上有各种各样的人,每个人都是在个人思想的支配下参与社会活动,每个人应当以什么样的思想和行为参与社会活动,社会应当怎样管理人等。中国传统文化中关于道德、礼仪、三纲、五常、孝悌、忠诚等一系列人文理念及行为规范,都是祖先们在认识和践行人与社会关系人文文化中凝聚的优秀思想成分。

人与人的关系是最难认识,也是最难把握的社会事务。观察人的行为举止,揣摩他人的心思,如何自律自己的行为,如何表达个人的见解,如何处理与周围各种人的关系等,是古代中国人时时都在思考的问题,这就是中国传统文化关于人文文化的社会基础。诸如"与人为善""善解人意""仁者爱人"等古今中国人熟知的正确处理人际关系的理念,既是古代中国人认知的优秀思想成分,又是他们践行优秀文化的行为准则。

人对自我的认知,实际上是一个人的认知与自我存在的关系,我们可以从两个方面体会祖先在这个问题上的认知与行动,一个方面是思想与言行的关系,认识到一个人如有什么样的思想,一定会在其言语或行为中表现出来,即认为人的内外是一致的,有其思想在内必借言行而形于外;另一方面是对人在社会活动中激起的情志、思想等与自我机体健康及疾病关系的认识,认为人的喜、怒、哀、思等情志状态是影响人的身体健康的重要因素。

三、中医药文化

中医药文化是中国传统文化的重要组成部分,是中国传统文化的优秀代表,是中华民族在抗击疾病和寻求健康的社会实践中创造并践行的文化体系,是中国古代社会最活跃的文化内容,是古代中国人从人的自然和社会双重属性认识人的健康及疾病问题的文化典范,其中的专业文化中医药学不仅创造了系统的理论,而且形成了相应的实践体系,还因为健康、疾病和医药等文化活动涉及人及事,又形成了一类社会性文化,即中医药文化。

古代中国人在5000多年抗击疾病和寻求健康实践中创造的中医药文化,不仅在中华民族的繁衍昌盛中发挥了重要作用,而且为全世界人民健康事业的发展做出了特有的贡献。

(一)从人的自然属性认识人的健康和疾病

人是大自然的重要组成部分,古代中国人在认识大自然的同时,也在努力认识人自身及人的机体,认识人的生命,认识人的传宗接代,认识人体的结构和功能,认识人体的疾病和寻找治病的办法,还寻找导致人体得病的原因等,由此而形成一个博大而精深的文化体系,即中医药文化体系,其中包含中医药专业文化体系、中医药社会文化、中医药物质文化、中医药道德文化等,由于古代中国人并没有将关于人的健康与疾病问题只从自然存在的角度认识,而是从人的社会存在和自然存在及其活动双层面认识,本节从自然和人文两个层面阐述中国文化的成就,在阐述中国传统文化在关于人的健康与疾病时也将从自然和人文两个角度加以阐述。

现代文化分类学多将中医药文化归于自然文化,我们可以先从人的自然属性层面看看古代中国人在这方面取得的成就。

其一,将人融入大自然研究人体。与西方文化对人体认识的思路大相径庭的是,古代中国人没有只从人的肌体角度认识人体,而是把人体看作一个与大自然融为一体,又自成系统的生命有机体,这在两三千年以前的人类认知水平都不高的条件下是难能可贵的。中医药文化认为,人秉天地之气而生,吸收天之精气,食饮大地之水谷而健康地生活,人不能违背大自然的规律而为,只有顺应大自然才能颐养天年。

其二,从人的整体层面研究人体。中医学的所有理论和实践经验都是针对活人的,是依据人体在活动状态下表现于外的征象,揣摩人体内的结构、功能、状态和动态等。中医学认为人在与大自然形成一个统一体的同时,人体自身也是一个完整的统一体,认为人体的各组成部分有着密切的联系,人体内部各组成部分既相互依存、又相互制约、还密不可分,共同组成一个严密的有机整体。这种认知思路和观念在现代科学环境中也具有极高的认知价值。

其三,从人的活动状态研究人体。与西方医学不同的是,古代中国人没有主要从人体内的局部静态认识人体,而是努力在人体活动状态下认识人体的结构、功能、疾病和转归。中医学认为人的机体是一个有机的生命体,人体处在无休止的运动变化之中,只有在不影响人体自身活动的前提下,观察和研究人体才能正确反映人体的真实情况,这就是中医学关于人的健康和疾病问题认知的基本原则。

其四,发现了人体的自我调节机制。西医学从人的微观静态层面认识人体,认为人体的疾病需要通过干预性的治疗才能达到治病的目的。而古代中国人发现人的疾病主要通过人体自身的自我调节功能趋于恢复,医生的治疗只能帮助发病的机体促进其恢复,这就是中医学关于"正气存内"理性认知正确表述。古今中医诊治疾病始终遵循"扶正祛邪"的理念,始终把保护正气、护卫胃气作为调理疾病的基本原则。

其五,最早认识到预防是人体健康的根本。中国古代的中医人代表中华民族在人类认识人体和疾病的医学领域,最早提出了"预防为本"和"治未病"的医学理念,强调人的疾病多与人们疏忽大意有关,如果人们非常注意养成良好的生活规律,使自己所有有意识的行为都适应自我机体生理活动的需要,注意避免来自各方面对自我机体的伤害,维护自我机体的气血正常运行,则可最大可能地减少疾病的发生,非常有利于身体的健康发展。

(二)从人的社会属性认识人的健康及疾病

由于人具有自然和社会的双重属性,古代中医对人的健康和疾病的认识自然也涉及人的社会属性,并且在这方面做了深入的探索,开辟了人类从人的社会属性层面认识和解决疾病与健康问题的新的领域,为人类的健康事业做出了突出的贡献。

首先,认识到人的社会存在和人际关系是影响人健康的重要因素。中医诊治疾病非常注重病人的社会生活状况和社会关系,古代中医已经认识到人的家庭关系、社会关系、社会地位等人文环境是影响人的心境状态的重要原因;良好的人文环境是保持人的健康身体的重要因素,故古代中医在诊治疾病时特别询问病人的人文环境,这是他们把握病情的重要途径;在为病人治病或为病人做健康咨询时非常强调人文环境对个人健康的影响,倡导社会的人们都注重人文和谐环境的构建。

其次,人的心理活动是影响人健康的重要因素。古代中国人在当时文化条件下非常关心和关注自我身体健康,在长期观察中人们发现个人的情绪状态与自己的身体状况有着密切的关系,通过古代中医人的临床经验、总结和升华,概括出一系列关于人的心理活动与人的健康关系中医理论和理念,其内容主要有:人的心理顺畅有利于促进人的气血流畅;人的心境长期处于抑郁状态是酿成许多疾病的直接原因;中医学认为致病原因的首因是"内因",而内因中的主要病因是情志因素,并进一步认为过度的"七情六欲"可导致许多疾病;在调理疾病的认知中强调"疏肝解郁"和个人调理情志等许多关于调理心理状态而促进健康的治法。

再次,民众的认知关系到社会健康文化发展方向。一个人对健康的认知决定着这个人为自己的健康采取什么行动,因此一个人的健康状态一定程度上取决于这个人对健康问题的认知,取决于这个人的健康理念及其践行的行动。中华民族是一个非常注重健康的优秀民族,而且早在数千年之前就认识到,只有全社会每个人都关心和践行合理的健康文化,全社会形成良好的健康文化发展趋势,社会的健康事业才能正常发展。可贵的是古代中医人将社会民众对健康的认知形成的文化,合理的融于以中医药学为核心的中医药文化之中,从而形成了优秀的中医药健康文化体系,其中主要有倡导全民健康,我国历史上经常出现的全民抗疫等,在全民健身理念的支配下社会上涌现了许多健身武术、健身操等,如太极拳、八段锦等。

第三节　中国传统文化的优秀本质

在传承和发展中华优秀传统文化和建设文化强国的实践中,我们不仅要知道中华文化优秀的表现,尤其应当理解中华文化为什么是优秀的,只有深切感悟到中国传统文化的优秀本质,才能从内心深处迸发出创造中华现代文明的坚定信念和自觉行动。理解和感悟中华文化的优秀本质,必须从认知层面理解中华文化优秀的"为什么",即从理论与实际结合的层面说清古代中国人经过了怎样的认知之路,创造了中国古代的辉煌文明;说清中国传统文化与中国古代辉煌文明的必然联系;说清中华民族走的是一条怎样的既符合人类思维发展规律,又有别于西方文化的发展之路。然而,不了解中华优秀文化本质的西方科学家们只惊叹古代中国人的成就,却不理解中国人创造辉煌文明的奥秘,因而认为中国传统文化的大门是关着的,殊不知中国人自己创造的中华优秀文化,中国人也一定能说清它为什么是优秀的。

一、寻找中华优秀文化与中国古代辉煌文明的必然联系

中国传统文化拥有5000多年的历史,它不仅从未断代,而且其精深的内涵和基本的精神代代相传,一脉相承,一直是中华民族生存及发展的精神支柱和文化支撑,在现代科学高度发达的今天,仍然是我国实施文化强国战略,传承和发展中华优秀文化的重要内容,是我们深刻领悟中华文化博大精深内涵,理解中华文化优秀本质,树立文化自信的认知基础。

中国传统文化是优秀的文化体系,这是全世界公认的事实,但是人们不仅要知道中国传统文化优秀的"是什么"和"怎么样",尤其想知道中国传统文化的"为什么",即中华民族在古代为什么能创造领先于世界的先进生产力,创造出一系列影响世界的科技发明,使古老的中国在长达数千年的古代经济稳步增长,社会相对稳定,民生相对殷实,国家安定强盛。

爱因斯坦等西方科学家是在广义文化的层面,寻找中国传统文化与中国古代辉煌文明的内在联系,并认为人类的任何创造和成就都与创造者合理的认知思维方式有着必然的联系,其合理的认知思维方式就是在抽象逻辑推理的基础上结合系统的科学实验,而中国传统文化的基因里既没有抽象的逻辑推理,又没有发现系统的实验技术,却创造了举世公认的中国古代辉煌文明,这是一个不解之谜。

西方人寻找中国传统文化与中国古代辉煌文明之间因果关系的思路和疑问,却为今天的我们对中国传统文化的认知提供了一个极为重要的启示:其一,在广义文化的层面讨论中国传统文化与中国古代辉煌文明之间的关系;其二,从古代中国人在创造中国古代辉煌文明的过程中,阐明中华民族走的是一条与西方完全不同的文化之路;其三,从中华民族创造中国古代辉煌文明的过程,寻找古代中国人的认知思维与中国古代辉煌文明之间的必然联系;其四,只要在认知和创造过程的层面说清古代中国人是经过了怎样的,既符合人类认知发展规律,又体现中华特质的文化发展机制,说清中华文化优秀实质所在,定可证明中华文化的优秀本质,从而为回答西方人对中国传统文化的疑问,为向世界打开中国传统文化的大门打下坚实的基础。

二、中国传统文化的优秀内涵

中国传统文化是中华民族在认识、适应和利用客观世界的实践中,经过具有中国特色的思维过程所创造并利用的一切物质和精神的总和,以世代相传、一脉相承而呈现的综合性文化体系。

中华民族的祖先早在距今近10000年前的史前文化时期,就创造了可以满足族群生存并繁衍的物质和精神生活资料,创造了丰富的、真正意义的文化,为中华祖先早日迈进文明时代做了充分的准备。

进入文明时代以来的5000多年,中华民族延续和发展了祖先的创造精神,展开了对大自然和自身所处社会不间断的认知并实践,创造了有别于人类其他文化而独具中华民族特色的文化体系,即中国传统文化,她不仅有着自成体系的人文文化,而且拥有丰富而深邃的自然文化,只是中国传统文化的自然文化不是在对物质世界实质结构研究的基础上,以抽象的、可演绎的逻辑理论体系形式表达出来,而是存在于古代中国广大劳动民众的认知和实践之中。

中国传统文化的优秀本质突出体现在它相比于西方文化在世界历史中世纪的表现,西方人虽然在古希腊时期创造了被爱因斯坦认作基因的文化形式,却为什么在长达近十个世纪的西方文化发展中被遗忘。而与西方文化发展形成鲜明对比的是古代中国传统文化的发展,中华民族在经过两千多年的实践、思考、摸索之后终于在世界第一个文化盛期到来之时,于我国历史的春秋战国时期创造了完全不同于古希腊文化的中华文化体系,并且从此再未改变中国人的认知方向,创造出了让全世界的人们所共赞的中国古代辉煌,这就是中华文化优秀的体现,至于其优秀的内涵实质,对中医药文化活力内在动力的分析,我们得到的重要启示是:中华民族创造文化的目的符合人类生存和发展的目标、创造文化的基本理念是合理的、创造文化的认知方式符合人类思维发展的规律、文化的创造和践行拥有最广泛的社会基础。

（一）以生存、生活和生产为目的创造文化

中国传统文化的优秀之处首先表现在中华民族创造文化的目的符合人类的根本利益,人类的根本利益就是生存、生活和发展生产。古代中国人为了生存和更好的生活,为了使自己的劳动获得更多的收获,才去认识客观世界的,因为不观察和把握季节、天气变化的规律就无法耕作;不观察物品的形状,不体验物品的滋味、口感和作用等,就不可能获得越来越多的食物;不在生活中观察人们的言行、举止,并通过每个人的表现揣摩其内心世界,就很难处理好人与人之间的社会关系等。同理,如果在社会实践中不能相对正确地把握到客观世界在宏观层面的活动本质、特点和规律,人们是无法适应大自然的环境,也不可能有效利用客观世界而创造出更多的财富。从祖先留给我们的各种文献资料可以看出,所有关于中国古代创造、发明和人文文化的历史记载,没有一项像西方人创造文化那样是出于对某一自然现象的兴趣,或出于对某些空虚理论的逻辑表述,或出于某一假设的命题而争论不休。所有中国古代物质文明的创造都是为了人的生存、生活和生产。甲骨文中文字的含义一部分是表示人们生产、生活中的事或物,一部分是表示与祭祀有关的事或物,祭祀活动本意也是为了表达顺应天地而求生的愿望,说明当时人们的劳动、创造、思考等所有的文化活动都是为了人的生存和发展。

中国传统文化所体现的以人的生存、生活和生产为目的的文化宗旨,被古代中国人作为一种传统代代相传,使中国传统文化在长达数千年的中国古代社会经济稳步增长,社会相对和谐,民生相对安稳,从一个方面为中国古代大一统的社会政治制度和自给自足自然经济的长期延续,打下了文化基础。

（二）天、地、人为一体的文化理念

中华民族在认识、适应和利用客观世界的实践中,逐渐凝聚了一系列具有中国特色

的文化理念,即古代中国人创造中国传统文化的基本理念,其核心思想是天、地、人为一体的文化理念。

在以天、地、人统为一体的核心理念指导下,古代中国人在实践中又衍生出一系列文化理念,如整体观念、天人相应理念、顺应天地理念、气一元论思想、阴阳互根论、五行生克论等,都是古代思想家对广大民众在不同实践领域,萌生的对客观世界认知和践行的思想元素的高度概括,经过他们的收集、整理和升华形成了众多的思想体系。

伟大的中华民族之所以能在科技不发达的古代,创造出领先于世界的先进生产力和一系列影响世界的科技发明,没有自然文化的支撑是不可能的。反言之,古代中国人既然能创造出中国古代的辉煌文明,当时的他们一定掌握了关于物质世界的相关知识,并在相关知识的指导下创造生存的条件、选择生活的方式、展开相应的生产活动。

关于天,古代中国人将可以感知到的,与人的生存、生活和生产有着密切关系的地之上的一切存在和变化的自然现象统称为"天",天在中国古代文化的各种形式里都被视为不可违抗的自然存在,他们把天比作"乾",比作"爷"等。关于一年四季气候变化、关于一年二十四个节气的气候特点、关于灾害性天气的预兆等自然现象及其规律,倍受古代中国人的关注,这一大类关于大自然的知识都被广大劳动者所熟知,并运用于生存、生活和生产的实践中,我们今天所见到祖先们关于对天认知和践行的各种文化形式,是经古代科学家们升华后以描述性记载的形式存于中国古代各类经、史、子、集之中,其中在关于天的文化中都没有把天作为独立的认知对象,其内容必然联系到天地和人,例如在中医药文化中,论天之时必然涉及地,涉及人的生命、健康和疾病。

关于地,古代中国人将可以感知到并与人的生存、生活和生产有着密切关系的天之下的一切存在和变化的物质世界统称为"地",大地对人的意义被人们比作"坤",比作"母",是万物生存、化生之源,因为大地的存在人们才得以生存,大地源源不断为人们生存提供着食物和水,提供了栖息的必要条件,人们可以利用大地提供的条件和资源,经过劳动不断提高生存和生活的质量,创造出更多更好的物质财富等,所有这些对大地的认知,在中国古代文化中的各种形式中以不同的方式展现出来。古代中国人不是不关注物质世界,只是没有从物质的形态及其微细结构研究它,是为了有效地利用万物使其为人类服务主要从物质的宏观结构和功用去研究它,研究的认知和技术都存在于广大手工劳动者工匠的心中。中国古代虽然没有物理学,但是对物质世界的高效利用所总结的劳动经验和技艺却代代相传;中国古代虽然没有几何学,但是中国古代成千上万的工匠们所创造的劳动成果,充分显示了中国古代几何学的成就;中国古代虽然没有代数学及高等数学,是因为中国的《九章算术》和《周髀算经》等数学研究水平已经足够当时的生产和经营应用了。

关于人,中国传统文化不是不关注人的自然属性,人的生存、饮食、冷暖、生、老、病、死等是古代中国人不忘的主题,关于此类问题形成的文化并非只出现在中医药文化之中,在其他文化题材中亦不少见。更多见的是关于人与天地关系为题的文化内容,不论任何思想派别的观点和学术风格,都在从不同角度阐述人与天地密不可分的道理。关于古人对人的社会属性认知所形成的文化是中国传统文化人文文化的核心内容。

中华民族对以天、地、人为一体的客观世界有着深刻的认识,即在分别把握了天、地、人各自在宏观层面的本质基础上,又深刻认识到三者之间密不可分的关系,从而凝聚了中国传统文化最基本的认知理念,其他如整体观念、天人相应理念、顺应天地理念、气一元论思想、阴阳互根论、五行生克论等,都是在此基本观念指导下形成的具体文化理念。

(三)以人为核心的认知出发点

中国传统文化对人的社会存在和社会作用的研究及其成果,是世界人文文化体系中最优秀的文化系统,中华民族5000多年以来出色践行着自己创造的人文文化,从而使中华民族成为世界人民公认的公正、友善、智慧、勤劳的民族。

尽管古代中国人在对人的认识中形成了诸如儒、释、道、法、阴阳等众多思想派别,但其文化的基本理念都没有将思考的注意力投向人的自然属性,而是共同投向了人的社会存在和人的社会作用思考与实践,各思想派别思考的角度虽然不同,但认知思想指向却基本一致,都表现出向善、向勤和向和的思想倾向,因为古代中国人在长期的社会生活实践中认识到:人是世界上最可宝贵的,如果没有人世界上什么事都办不成;人是世界一切存在的中心,是因为人要生存和生活在这个世界,世界的一切对人才有意义;人的劳动可以创造人们需要的生活资料;人的和合可以获得克服困难的力量;人心如果出现邪恶可伤害他人,甚至带来灾难;人心又是可变的,人心可以变善良、变睿智,故人是可教化的;人心也可以变邪恶,如果邪恶之势曼延,则社会必酿成人祸;人心又是最难测的等。正是基于上述诸多认知,中国传统文化表现出对人的社会存在和社会作用的高度关注,有从人的社会阶层等级探讨人的社会地位;有从人的宗亲关系阐述人的社会关系;有从社会管理和社会秩序层面阐发人对社会应承担的义务和责任;有从人与人的社会关系角度阐发人人都应遵守的道德等。

中国传统文化的人文文化是中华民族对人的社会存在和社会作用高度升华的集中体现,它源于生活、接近生活,具有通俗易懂,语言简洁等特点,文化内容广为传播,世代承袭,在中国传统文化占有极为重要的地位并发挥了不可估量的社会作用,中国古代自进入文明时代以来的长达5000多年的社会发展中,从未发生过种族灭绝性灾难,社会经济稳定而缓慢的增长,社会繁荣并相对安定,使中国古代自给自足的自然经济不断得以巩固,为中华民族繁衍昌盛,为中国古代的辉煌文明奠定了坚实的社会思想基础。

(四)符合人类思维发展规律的认知过程

人类的思维发展是一个认知能力逐渐增强的过程,它是人类的感知能力、记忆能力、思考能力和认知表达等能力的综合体现过程。中国传统文化优秀本质的突出体现,是中华民族在创造中国古代文化的过程中遵循了人类思维发展的基本规律。当人类的认知能力还处在主要依靠宏观感觉活动获得客观世界的各种表现时,我们的祖先充分发挥对客观事物宏观动态表象记忆的能力,努力通过对客观事物动态形象的联系,实现对客观事物相互关系及发展趋势的把握,这就是为什么中国古代各类文化形式总是通过对客观事物动态或形象的描述,表达对客观事物本质、规律和联系把握的缘由。我们没有理由随意责怪祖先为什么没有像古希腊人那样,对客观事物进行抽象的规定之后,再寻找事物之间抽象的、可演绎的逻辑关系的认知思维模式,更不能误认为这是一种迟钝的思维,因为中华民族的认知心理趋向善于在客观事物的运动之中把握事物。这种认知观的难能可贵之处在于,祖先们已经深深地感悟到客观事物是处在无休止的运动之中的,感悟到事物的本质和联系是在事物的动态过程中充分表现出来的。

中国传统文化的认知思维最突出的优秀之处在于认知思维的产物,即关于对客观事物认知所形成的文化,直接可以作用于劳动过程,充分体现了中国传统文化认知思维的优秀本质,说明古代中国人的认知思维适应于当时以手工劳动为主的生产力发展水平。因为古代中国人是在宏观层面对客观事物的动态把握,其认知思维的产物即关于对客观事物认知表达的文化,不论是肢体语言还是发音语言还是在认知中意会的心语,都是关于客观事物的宏观动态联系,而以手工劳动为主的劳动过程和对劳动工具使用都是在宏观状态下进行的,从而为改造劳动工具和改进劳动工艺提供了最适宜的认知环境。例如中国古代农业劳动工具从最初耕地用的"耒"到"耜"的改造,是人们从用手持"耒"刺地刺不深的动态表象激发当时人们的想象和联想,如果延长"耒"的持柄,持柄的远端再横加一个木棒以利借助脚和腿的力量,不就刺得更深吗?再从"耜"到"铫"即后来的铁锹,都是人们对劳动工具做功动作形象的"加工"实现的。又如活字印刷的发明,是当时的操作工将雕版印术的表象与图章使用的表象聚合而加工,想象如果把图章刻成一个字,以个为单位汉字的线性排列就是一句话的表达,而个体的汉字用一次后还可以再次使用。如果人们只有关于物质世界结构和功能的抽象原理和理论,原理或理论是无法直接作用于劳动思维过程的,从理论到创造性劳动,中间还有一个必不可少的重要环节就是受控实验,难怪爱因斯坦如此看重科学实验在西方近代科学发展的作用,但是古代中国人不可能等到千年以后,在获得关于物质世界理论研究成果之后再发展生产。纵观中国古代生产力的发展和一系列古代科技创造,没有一项技术是在关于物质世界系统理论指导下经过受控实验创造出来的。中国的文化发展不是不需要关于物质世界的原理,只是不适宜于当时生产力发展的需要。

中国传统文化在认知思维层面的优秀之处,体现在古代中国人创造文化的各个领域和各个环节,仅就其在符合人类认知思维发展规律和适应于中国古代生产力水平这两方面的表现,足以说明中华民族在创造中华文化过程所表现的聪明智慧,只有合理的思维活动才能创造出优秀的文化。

(五)全民认知、全民践行文化的社会基础

中国传统文化拥有最广泛的社会基础,这是世界其他民族的文化所不具备的,因为没有哪一个国家和民族的文化能像中国人这样,全民参与文化的创造、传播和践行。

在自然、物质条件都很差的环境中,如何生存下来是每一个具备智力能力的古代中国人思考最多、尝试最多的问题,人们利用各自的智慧和劳动为自己,也为家庭、家族和族群创造生存必需的资料。在获得基本生存条件之后人人都在想着如何才能在物质和精神方面生活得更好,于是辛勤的劳动和勤奋的思考便成为他们的自觉行动,人们在劳动中观察、思考和尝试着在自然界及客观世界面前获得更多的自由,从而悟出了太多的经验或道理,有心人则把广大民众在劳动和生活中的感悟及其经验收集起来,广大劳动者为他们创造各种题材的文化提供源源不断的素材。生活的重要内容之一是如何处理人与人之间的关系,因此人人都关注他人的言语和行为,人人都注意自己的表达和举止,人人都思考怎样才能使自己不受伤害、使社会的人们和睦相处,中国古代思想家之所以能形成众多的学术派别和深邃的关于人际关系的理性认知,都是因为在当时有着广泛的社会基础。农业生产和手工作坊生产者是中国古代创造文化最大的群体,他们为了获得更多的收获,为了制作出生产效率更高的劳动工具,他们上观天文,下知地理,中通人事,他们中的相当一部分人虽然不能识文断字,但却拥有太多的他们所熟知领域内关于天地、关于物质世界、关于人之关系的深刻道理。

中国的文化是中国广大民众创造的。因为关心和关注,则人人注意获取。因为善良而人人自愿将自己获得和收集的文化内容传给他人。因为人们生存、生活和生产的目的是一致的,为生计而暂时的保守,也是可以理解的,这只是少量的文化现象。所以,传播最快、传播最广是中国传统文化的突出优势。

全民参与创造,全民热心传播的文化是全民践行文化的客观基础,在古代中国,因为当时的文化都与人的生存、生活和生产有着密切的关系,关于天地的知识人人都知之不少,农耕劳动者就是依此而耕种、管理和收获;关于人际相处的道理和行为规范,大人小孩都熟知并付之于行动;关于人体生命、健康和疾病的文化,人人都希望自己能健康地活到 99 岁以后,故人人获得有关如何防病、治病的知识及技能都努力践行之。

我们颂扬中国传统文化的优秀,并不等于认为它没有缺陷,中国传统文化在某些方面表现出的缺陷和认知不足,正是我们坚持改革开放的根本动力之一,也是我们在建设中国式现代化和创造新的中华民族现代文明的动力之一。

三、将中华文化的优秀基因融入现代文明的创造之中

中华民族在运用中国传统文化创造中国古代文明的过程中,逐渐积淀并凝聚了一系列优秀的文化理念,这些理念已成为中国人创造新文化的基因而世代相传。

如今,中华民族又迎来了建设新时代中国特色社会主义的宏伟大业,迎来了创造中国式现代化的伟大实践,在以怎样的实际行动投身于创造中华民族现代文明事业的思考中,我们每个中国人都在认真领悟其中"中国特色"和"中国式"的深刻含义。我们的理解是全国人民坚定不移地跟着伟大的中国共产党,自觉在各自的岗位上将中华文化的优秀的基因融化于本行业的实践中。

全国人民都应该认识到每个人所从事的分内工作永远是为了全国人民的幸福生活,自觉遵循自然、社会和人统为一体的客观规律进行每一项建设,始终坚持构建和谐社会的基本方向。

我们是新时代中华优秀健康文化的传承人,为了全国人民的健康事业,我们决心在新的实践中发挥中国传统文化整体、动态思维的优势,为实现中华民族的伟大复兴贡献我们的力量。

第五章　中国传统文化是中医药文化的母体文化

中医药文化是中国传统文化的重要组成部分,在中国传统文化的土壤中萌发、形成、发展和繁荣,是中国传统文化的优秀代表。

第一节　从中华文化中独立出的中医药文化

文化的创造和利用是人类诞生的核心标志,中国传统文化是中华民族在认识、适应和利用自然界,在认识人类社会的实践中创造和利用的文化体系。中医药文化就萌发于中国传统文化之中。

一、人类社会的大分工与文化的分化

人类社会的第一次大分工为中医药文化从中华史前文化中独立出来提供了主体条件。

人类最初的社会劳动是混沌的,即原始部落里的人没有明确的社会分工,因为社会生产力极度低下,社会组织以部落为单位,部落成员很少,社会劳动以寻找食物为主,劳动内容极为简单,劳动对象没有构成分类的基本条件。

人类社会劳动分工是社会生产力发展的必然产物,由于社会群体的增大,社会人口增加,社会生产能力增强,社会劳动内容增多并趋于复杂化,复杂的劳动和劳动效率的需要,使劳动的内容趋向保持一贯性,这就是社会分工的客观基础。

最初的社会分工形式很简单,主要有管理、生产、生活等几大类。管理者应该也有等级和内容的区别,如大部落首领可能是几个小部落首领的领导者,也是一个大巫;社会劳动的群体有种植、采集、打猎等;分工为管理生活的劳动内容有做饭、育儿等,其中一个重要的内容是为部落内人们解决疾病问题。

分工条件下的劳动者,由于长期处于同一种劳动,劳动效率的追求,使他们特别注意观察劳动对象,思考劳动工艺的改进和劳动工具的改造。又由于长期劳动内容的不同,思考的对象不同,社会必然出现不同的文化。分工为人们除病的劳动者,其实就是负责为人除病消灾的巫师,他们长期关注人群里出现的疾病问题,劳动内容的专一使认知对象相对集中,为后来中医药文化的萌发准备了实践和认知的基础条件。

二、医从巫中来

人类文化的发生和发展,曾经历过从蒙昧到启蒙再到文明的过程,而开启蒙昧过程的巫文化为古代科技提供了最初的探索。在中华文化的发生发展过程中,启蒙文化亦为中国传统文化的形成和发展注入了许多特有的基质。中华启蒙文化的巫文化为中医药文化的形成起到了孕育作用。

(一)巫医的主要内容和形式

巫医之术有"祝由""禁术""占卜""巫药"等形式。其中"祝由"之术是施以语言诉说,行巫者以上天之神代言者的身份,诉说病之由缘,再借用一些辅助道具,施展一些驱散鬼邪的动作,试图达到祛病的目的。"禁术"是借以神的名义,通过一系列动作和语言,向人们展示一些禁忌的行为。"占卜"术有占星、占梦等,占星是通过解释天上星辰的位置、大小及其变化,预测生活中的事物或身体的某些不适将要发生的变化;占梦是巫师对求助者梦境的解释,预示着求助者未来的吉凶。"巫药"的巫术是行巫者施用一些植物、动物、矿物、化石之类的物品,通过外用、煮水服用、烧炒服用等办法,同时施用祝语、禁术等,亦为民间常用的祛病手段。

这些巫术为什么能持续数千年? 为什么能在一定程度上获得祛病防病的效果? 其一是因为"万物有灵"的观念,敬畏神灵的心理是社会上的主导思想,人们心理上相信巫术的语言或动作,并主动配合巫医的举止,加之当时的疾病相对简单,巫术的一定治病作用就可以理解了。社会发展到了新石器时代后期,巫师在运用药物和针灸、推拿、按摩等办法祛病时,尽管用巫术、巫语包装,其实质是药、针、推、按动作等起到了祛病的作用。

巫医之术盛行的时代因为没有文字,我们不可能获得当时巫医活动的原始资料,能找到的较早记载,如《山海经》等早期的自然哲学著作之中,有关祛病的记载,是口耳相传了数千年之久巫医活动的文字再现。医字的繁写体"毉"的创造和运用最能说明医巫一体的最早状态。

(二)医巫分离的客观和主观条件

医出于巫,这是对中医药萌发过程的真实记录和判断,今天在追溯中医药文化之源的思考中,厘清中医药文化与巫医的母体关系,是深刻理解中医药文化实质的需要。

医巫分离的客观基础有两个方面,其一是社会实践,因为疾病和健康的问题关系到全社会每个成员,当人们身有不适时,每个人都有仿效巫医动作的机会,当人们没有能力施展巫术时,只效仿巫医推、按、用药的动作而获效时,久而久之,人们渐渐丢掉了巫术的语言诉说,流传于社会的只有动作和用药的过程了;其二是巫医医术本身就有巫语和操作两部分构成,随着时间的推移,含有祛病作用的实际操作部分向多样化、复杂化发展。而真正起到祛病作用的是以操作为主,如在病人身上拍打,用木棍滚动,用加热过的用具刺激肌体某部位,用采来的某种植物煮水口服等,这些举止和操作正是发挥祛病作用的原因。因此,操作性巫术的疗效是医巫分离的重要客观基础。

医巫的分离也有主观原因,其主观因素是人们主动认识客观事物,主动思考的能动性。其主动认知思考的表现,我们可以做如下反推。其一,当时的人们一定在仔细观察和比较,巫语诉说、巫术动作、操作与减轻疾苦之间的联系,长期的观察和思考会使人们将操作性巫术和病苦的减轻之间建立密切联系的认知;其二,人们有目的地主动减少巫语诉说,有意识地主要依靠操作性举止祛除疾苦,使医巫分离成为事物发展的必然趋势。

　　(三)医巫分离的文化意义

　　医巫分离具有极大的文化意义。首先,对中华文化从崇拜、神话、巫术等意识性文化向实践性文化发展起了创始和示范作用;其次,为中华祖先认识关于健康和疾病问题形成了独立的实践对象;再次,为中医药文化向专业性发展提供了基本条件,中医学之所以能在春秋战国时期形成完整的理论体系,没有医与巫的分离,在文明时代到来之前的数千年间抗击疾病的实践,是不可能创造出系统的中医学理论的;最后,为中医药文化的形成和发展准备坚实的基础条件。

三、中医药文化的初始状态

　　从医巫的分离至文明时代的到来,中医药文化还难以形成独立的文化体系,而是混沌地存在于中华早期文化的哲学之中,存在于民间文化中。其中关于人与自然关系存在于自然哲学,人与人的社会关系等存在于人文哲学的阐述之中,而关于治病用药和治病操作技艺等的记载多存在于民间传说。

　　中医药文化最初形式的特点,其一是不系统,不独立,说理不充分;其二是理论和实践的不统一,创造理论的思想家不一定是专门从事诊断和治疗疾病的实践者,存在着理论与实践不协调的现象;其三是关于中医药的文化没有将人的肌体作为自然体去认知和观察,这种认知的基本观念成为后来中医药文化认知理念体现出社会文化特征的基因;其四是认知思维以动态观察人体机体的整体活动为主,而不注重人体肌体内部的静态结构的认知。

第二节　中医药文化在中国传统文化环境中形成和发展

　　中医药文化是中华民族的创造,中国传统文化是其生存和发展的沃土。

一、第一个文化盛期与中国传统文化

　　我国春秋战国时期是中国文化发展史上第一个盛期,同时也处在世界文化发展史上的第一个盛期,中医药文化体系就形成于这个时期,并成为中国传统文化的重要组成部分。

（一）世界文化的第一个盛期

全世界优秀而古老文化的发生发展基本上表现出同步的状态。在大约距今10000多年以前的旧石器时代向新石器时代过渡的时候，人类的文化发生了翻天覆地的变化，人类从不主动认识客观世界的蒙昧，开始向主动认识客观世界的启蒙文化发展。大约经过长达5000多年的启蒙和探索，于距今5000多年前进入了文明时代。由于生产力的发展和西方古代优秀民族的实践和思索，大约在距今3000年至2500年之间的以前，古希腊人创造了被西方文艺复兴时期所称颂的古希腊文化。

所谓"言西方文化必言希腊"，意为古希腊文化是西方近代科学文化的源头，主要指古希腊哲学所创造的抽象逻辑思维模式，开启了近代自然科学家们认识自然事物的基本思维之路。古希腊哲学文化是由一大批善于抽象逻辑推理的哲学家共同创造的，主要代表人物有亚里士多德、欧几里得、泰勒斯、赫拉克利特、柏拉图等。古希腊哲学的突出特点是将认知的主要对象指向了物质世界，试图寻找构成万物世界的物质本原，而且用严密的抽象逻辑推理认识客观事物的内在联系。

继古希腊文化之后，古罗马人创造了古罗马文化，它承袭了古希腊文化的理性认知特点，是欧洲的又一古典文化。古罗马文化将认知的对象转向社会，倡导哲学的实用性，主张理性的管理社会，成文了《十二铜表法》，并形成了复杂的法律体系，对后世欧洲国家的法律制度产生深远影响。以古希腊文化和古罗马文化为代表的西方文化将古西方文化推向了第一个文化盛期。

（二）中国文化的第一个盛期

与古希腊文化几乎同时出现，在世界东方的中华大地，也出现了一个与古代西方文化完全不同风格、不同认知思维方式和不同文化形态的东方文化体系，是中华民族的文化大潮涌现于世界文化洪流。中华民族的祖先在漫长的原始时代与世界其他民族的祖先一样，一直生活在蒙昧之中，新石器时期以来，亦创造了丰富多彩的启蒙文化，并与古希腊人同步，在世界的东方创造了一种与西方文化完全不同性质的文化体系，出现了中国文化史上的第一个盛期。

中国传统文化兴起于距今5000多年以前的奴隶制早期，形成于春秋战国时期，历时3000多年。中国传统文化是以华夏族文化为核心的文化体系，它的形成与西方文化不同，其源头文化没有经过多个民族部落的交替、转移和改造，没有经过复杂的经历，而是从启蒙文化逐渐发展成为具有中华民族特色的文化体系。

大约在距今4000多年以前，生存于中华大地上的华夏族已经创造了成熟的表意性文字体系，随后出现了有关夏礼、历法、天象的记载，从先秦学者的文献中常可见到关于《夏书》《夏训》的引证，说明在夏王朝时已有专门的史职人员汇集历史典册；《易经》《尚书》的学术思想也形成于夏商时期，其中的阴阳、五行学说为中国传统文化奠定了思想和认知思考的方法基础。春秋战国时期，是中国第一个文化盛期的高潮期，出现了"百花齐放，百家争鸣"的学术氛围，在哲学、军事、文学、历史和医学等方面取得了突破性发展,形成了以中国古代自然哲学、人文哲学和人伦哲学为核心的中国传统文化体系。

（三）中国传统文化环境

所谓中国传统文化环境,是指中医药文化形成和发展中所处的文化环境,这个文化环境是以华夏族文化为代表的中国传统文化体系,它起源于夏周之间,形成于战国时期,当时的主要内容除中医药学以外还有哲学、文学、历史、天文、军事、艺术等。

1. 中国传统文化的内容　中国传统文化的灵魂在哲学中,它反映了中国传统文化的全部精神,体现着中国传统文化的基本特征,它是中国传统文化区别于西方文化的标志,其内容包括自然哲学、人文哲学和人伦哲学。自然哲学的主要著作有《易经》《山海经》《简书》等,所论涉及天人关系、自然规律、社会法则,内含哲学方法论、阴阳学说和五行学说的创始之作;人文哲学在讨论人与人的关系和人的社会作用等问题中开展讨论,形成了儒家、道家、墨家、法家等许多学术派别,其主要著作有《书》《春秋》《礼》《道德经》等;人伦哲学主要讨论社会伦理道德,如孔子的《论语》等。

中国古代文学亦成熟于第一个文化盛期,其成就有以《诗经》为代表的大批诗作。《诗经》是我国现存最早的一部诗歌总集,其中有为君主歌功颂德的内容,有贵族们的欢乐,有下层庶民对社会的不满和对美好生活的向往。战国时期屈原的《离骚》是我国古代最宏大的抒情诗篇。

军事在中国传统文化中占有重要的地位,这是西方文化所不及的,西方人善于征战,城邦或国家之间连年征战,却没有人专心研究战术,没有形成专业的军事战术理论。中国则不然,以战国时期军事家孙武为代表的古代中国军人,充分吸收中国传统文化的营养,总结了古代战争的经验教训,创造了影响世界的中国古代军事战术理论,主要著作有《孙膑兵法》《吴起兵法》等。

战国时期的先民对研究历史也发生了浓厚的兴趣,记录历史成为当时许多文人的志向,最有成就之作是《左传》,还有《战国策》等,为后世留下了丰富而生动的春秋战国时期的史料。

2. 中国传统文化精神　以人为本、顺应自然、礼仪为先、中和之道等是中国传统文化基本精神的内核。概括起来,主要表现在如下几个方面。

首先是人本精神。中国传统文化的辉煌主要体现在人文方面的成就。中国的贤哲从思考自身存在出发,建立了以人为本的理论体系:哲学理论不是把自然界作为认识的对象,而是认为"万物皆备于我",自然为我而存在,万物皆在我心,认为天道即人道;认识人比认识自然重要,从而建立了以人为中心的人生哲学体系;在礼仪、伦理、道德方面,更强调人与人的相互尊重,强调礼、让、谦为先,而不提倡展现个性;在医学中强调人的心理因素在防治疾病中的作用,认为人的正气存内,邪不可干;在史学中注重人的社会使命和作用;在军事理论上则强调"智"的作用大于"器"的作用。

其次是顺应自然的精神。在人与自然的关系方面,中国传统文化不是站在自然界的对立面,而是强调人居天地之中,天人合一观是中国传统文化天人关系的基本出发点,认为人是天地万物之一,人秉天地之气而生;道德自然观认为人受天地的支配,人不可违抗天命,人只有顺应自然才能生存;提倡清静无为的人生观,主张抑制人欲,认为人的欲望是无止境的,人只有克制自己的欲望,做到清心寡欲,循规蹈矩,才能成就事业。

再次是中和之道,提倡中庸和谐。认为世界的万物都是中和的,不强不弱,阴阳平衡,人做事也要讲究中和,不能过激、过极,也不能不及。和谐是中和思想的具体体现,其含义有三:其一,认为凡事单一为不圆满,和合才为佳,如音乐只有一种声音不好听,炒菜只有一种味道不好吃,治病只用一种药材效果不好,而多种声音的组合,多种味道的调和,多样药性的搭配才是最好的;其二,认为人与人的关系以和为贵,反对不讲人情和无缘的争斗;其三,中国古人的心理趋向总是追求圆满和完美的结果。

最后是动态思维理念。中华先贤在认识客观世界的过程中,善于在自然事物的活动状态下观察事物,在寻找事物动态联系中把握事物的本质和规律,因此,想象和联想是古代哲人思维活动中的实在因素。纵观中国传统文化的各种理论、学说、思想、观念,都没有对事物进行抽象的规定,没有建立起抽象概念体系,更没有形成可演绎的推理体系,而是通过对事物宏观动态的描述,达到对事物本质的把握,如中医学经络学说,是医生根据针灸时相关穴位的气感觉部位的动态联系,再经一系列的形象性构思而逐渐完成的。

3. 中国传统文化特点　中国传统文化相对于西方近代文化表现了如下特点。

其一,在平稳过渡中定型。中国传统文化从史前文化逐渐进入文明时代,既没有经过断代性的文化变异,也没有经过不同民族的大改造,而是沿着人类文化发展的正常轨迹发展着。如汉语言文字一直沿着以形表意的方向发展,并成为定型后的中国传统文化的基本工具之一;远古的神话传说逐渐发展为以描述历史为内容的文学和历史;始终承袭启蒙时代的思维模式,是中国传统文化发展的内在核心因素。

其二,文化结构表现出重人文而轻自然的倾向。第一个文化盛期中的中国传统文化的哲学、文学、历史等,非常重视人与人的关系,强调人与人之间的和谐;在论及人与自然的关系时,强调人对自然的适应。而关于自然的科学文化只限于对某些自然现象观察的描述。

其三,主要经过不脱离客观事物形象为主导的思维模式。这种思维模式的基本单位不是抽象概念,而是表象、是观念。因此,中国传统文化中没有形成形式化的定义体系,也没有对客观事物进行严格的质和量的规定,更没有形成抽象的可演绎的概念体系。

其四,适应于当时生产力的发展。中国传统文化形成和发展的历史时期,是中国大一统自给自足自然经济逐渐巩固和发展的时期,这个时期的农业和手工业生产工艺的改进和劳动工具的改造,都可以主要依靠宏观观察把握全过程,可以主要依靠宏观思维实现对事物的把握,这种思维的产物是观念或表象。观念和表象的形象性,有利于转化为实践的目的,因为实践的目的是以表象的形式存在于实践者的大脑之中的。中国传统文化的这个特点有效地促进了中国古代生产和科技的发展。

中国传统文化的精神影响和规定着中医药文化的发生和发展方向。

二、在中国传统文化环境中形成的中医学

中医药人在中国传统文化的环境中，以环境文化为知识基础，展开了对疾病和健康问题的深入思考和系统实践，从而创造了自成体系的中医学。

（一）中医学的形成

作为一门独立的学科，中医学形成于 2000 多年前的我国古代第一个文化盛期，其标志是中医理论巨著《黄帝内经》的问世。

关于中医学形成的年代，历代医家和现代医史研究者一致认为形成于我国春秋战国时期，即距今 2500 多年前的我国第一个文化盛期。在此以前，关于中医药的知识还没有形成专业理论体系，先民们同疾病作斗争的知识以经验的形式存在于社会文化的混沌体中。

作为一门学科，特别是一门应用性学科的形成，至少需要具备如下几个条件：第一，丰富而坚实的实践基础；第二，适宜的文化环境；第三，一定的理论模式。在春秋战国期间，这三个基本条件均已具备。

中医学的形成是中国传统文化发展的必然产物。首先，春秋战国时期，我国社会已经实现了社会大分工，为人诊治疾病的活动已是社会上不可缺少的固定职业，并形成庞大的中医药职业群体，他们一方面接受前人传下来的诊治疾病的技术，另一方面观察和研究新的医学问题，并思考解决的办法，使当时的医疗水平上升到从未有过的高度。大量的医疗实践使当时的医生积累了丰富的经验，为中医学理论体系的建立，打下了坚实的基础。其次，在我国古代第一个文化盛期，中华文化诸子蜂起，百家争鸣，竞相阐发所关注问题的观点，并在哲学、文学、天文、历算等许多方面出现了重大理论突破，活跃的文化氛围为中医理论体系的酝酿提供了良好的文化环境。在这种文化氛围的刺激下，中医药人一方面借助环境文化思考人体和疾病"是什么"和"怎么样"，另一方面借助环境文化的思维模式，努力解决医学领域里的理论问题。再次，哲学等学科的理论为中医理论的形成提供了理论模式和理论成分。如当时的道家学说中关于养生的理论，不仅为中医提供了说理模式，而且直接提供了理论成分，被中医理论吸收；又如《周易》中的阴阳学说被直接吸收过来，说明中医理论中某些具有对立关系事物的道理；还如《洪范》中的五行学说被引来说明事物之间相互滋生、相互制约的关系。

（二）中医学的体系

中医学不是经验的组合，而是有着完整学科结构的科学体系。中医学有系统的理论和与之相应的实践体系。理论和实践在科学体系中的作用和相互关系主要表现在如下几个方面：首先，中医理论回答了该学科的基本问题，即人体、疾病和健康"是什么"和"怎么样"的问题；其次，中医临床实践体系具备可操作性的规范系统，可以切实解决诊治疾病和防病健身的实际问题；再次，中医理论对实践具有绝对的指导作用，是中医药实践活动须臾不可离开的指导理论；最后，中医药实践活动为理论的发展提供着丰富的临床经验，并检验着理论正确与否。

（三）中医学的发展概况

中医学自春秋战国时期形成体系以后，在两汉时期，《伤寒论》的问世，标志着中医临床理论趋于成熟；六经辨证的广泛应用，标志着中医临床体系的形成，使中医学得到突破性的发展。此后，经隋朝至盛唐，由于整个社会文化的繁荣，一方面，中医学在对病因、病机和证候的认识及描述更加深刻和全面，另一方面，医疗卫生事业得到空前的发展。宋金时期是中医药学术思想最活跃，也是最有成绩的时期，以金元四大学派为代表的众家中医药学术思想争鸣，繁荣了中医药文化，丰富了中医药学术思想。明末清初，中医学完成了温病理论的创立，与此同时，西方医学开始传入，中医药学逐渐失去部分医疗阵地，从此以后，中医理论再没有重大突破。新中国成立后的半个多世纪以来，中医事业一直处在不断的发展之中。

中医学发展的动力来源于社会的医学难题，中医学只能在解决医学难题的实践中，才能发现问题的本质，寻找解决新难题的根本途径，最后实现理论的突破。两汉以前，中医学虽已形成系统的理论，但对复杂的疾病，却没有找到诊治的规律。两汉时期的时行疾病与内伤杂病困扰着人们，直接威胁着民众的健康，以张仲景为代表的一代中医，深研《内经》《难经》，反复实践，终于掌握了外感热病和内伤杂病的发病特点及治疗规律。唐、宋、金、元时期，中医各家纷纷依据中医经典理论，从不同角度出发，展开对疾病的发生、诊断、治疗等各方面的探讨，又一次出现中医百家争鸣的良好文化氛围，先后出现了补土派、清热派、滋阴派和攻下派等著名中医学术派别，极大地丰富了中医理论的学术思想，完善了中医临床体系。明末清初时期，瘟疫四起，新的医学难题摆在中医药人面前，传统的医术模式已不获甚效，必须探索解决它的新办法，以吴又可、叶天士等为代表的广大中医药人又一次解决了社会医学新难题，创造了温病理论，发展了中医学。

那么，为什么中医学在解决了温病问题以来再没有重大突破呢？这是因为，一方面，明末清初以来，西方医学开始传入中国并迅速得到发展，占据了相当的医学阵地，社会上的医学难题不再主要依靠中医药学去解决了，中医理论失去了发展的原始动力；另一方面，西方医学是随着西方文化传入中国的，西方文化潮涌式的传入，改变了中国大地的文化环境的性质，中国传统文化中的自然文化先后被淘汰、被代替，中医学失去了不断汲取同质文化新鲜营养的环境。西方文化的传入冲击着中国传统文化，使中医药学的理论体系失去了发展的重要条件，但是中医学并没有像其他中国古代自然文化那样被完全淘汰，却仍然顽强地生存着，并继续为人类的健康事业发挥着不可替代的作用。

三、中医药文化的中国传统文化特征

中医药文化是中国传统文化的重要组成部分，以中医学为核心的中医药文化充分体现着中国传统文化的特征。

（一）传统文化的基本特征

传统文化是相对于现代文化而言的，它具有文化的世代性、民族性、积淀性和特色性特点。

世代相传是传统文化最基本的特点,其主要特征是代代相传不间断、有相对稳定的社会基础和文化的基本结构不变。世代相传的文化自形成一定的规模之后,通常在固定的社会群体中从上一代继承下来,再传给后代。例如,中国传统文化自春秋战国时期形成基本体系以后,一直在中国大地上一代接一代地承袭,中间从未间断过,直到目前我们所接触的中国传统文化,都是祖辈传下来的。中国传统文化是世界上极少没有中断过的传统文化之一。

民族性是传统文化的又一特征,传统文化一般都与特定的民族有关,这里所说的民族,不是指某一个具体的民族而是指以种族区别为特点的民族群,如我们中华民族的传统文化包括汉民族文化和其他民族的文化,如回、蒙古、朝鲜、苗、壮、傣族等,这些民族的传统文化是中华民族传统文化的一部分。传统文化的民族性主要包含如下几层含义:一般是指由一个民族或一些生活习惯相近的民族群所创造的文化;这些文化都体现着特定民族的心理性格和心理趋向;都鲜明地反映着该民族群的精神寄托。

积淀性是传统文化的第三个特征,传统文化的传统性特征存在于各种文化形式所蕴含的思维方式、方法和风格等文化的基质之中,也是传统文化的基本成分,这些基本成分在文化的发展过程中被渐渐地积淀下来。所谓积淀是部分成分的沉淀,例如一只杯子中盛有某种溶液,溶液可以经常更新,但杯中的溶质却在慢慢地沉淀。传统文化中关于对客观事物认识的内容可以随着认识的深入而不断更新,但是其中关于探索自然和社会的思维方式以及所表现出的某些精神品质却可以代代相传,并在认识、适应和利用客观世界的过程中发挥着积极的作用,或表现出一定的风格。传统文化的积淀主要表现在文化精神、文化成分、思维方式的积淀。

特色性是传统文化的第四个特征,也是最重要的特征。世界文化因各种传统文化的特色而丰富多彩,各种传统文化也因各自的特色在世界文化大花园中争奇斗艳,因此,特色性是传统文化的突出特点之一。在世界文化中,传统文化的种类不可计数,但每一种传统文化又都有自己的特色,没有特色的文化,不可能成为传统文化。但是并不是所有的传统文化都具有代表性,中国传统文化是世界文化花园中最绚丽的鲜花,也是最具活力的传统文化之一,它不仅支撑了5000多年的中华文明,而且为世界文明的进步注入了巨大的活力。中国传统文化是世界上最具特色的传统文化之一,是世界东方文化的代表。除中国传统文化外,东方文化中的印度文化、日本文化等也有自己的特色。西方也有属于他们的传统文化,古希腊文化和古罗马文化应属于西方传统文化的范畴。各种传统文化都以自己的特色而跻身于世界文化的大体系中。传统文化的特色主要表现在思维模式的特殊、文化内容的特殊和文化风格的特殊。

（二）中医药文化的中国传统文化本质

中医药文化的传统性是最突出的特性,在现代科学文化环境中,中医药文化以其独特的形式存在着,并发挥着特有的作用。

中医药文化突出表现了中国传统文化的民族性。首先,中医药文化是以汉民族为主体的中华民族的思维结晶。汉民族是世界上几个古老优秀民族之一,他们不仅勤于实践,亦勤于思考,中医药文化正是中华民族在长期的同疾病作斗争和寻求健康长寿的实践中,经思维创造的民族文化。其次,中医药文化是以汉民族语言和文字为载体的文化。中医药文化中的理论、学术思想等,均以汉语言文字为载体保存下来,并传给后代;中医药文化的许多内容通过民间借助古代汉语口耳相传的途径存在于社会文化的环境中的。再次,中医药文化鲜明地反映着汉民族的心理特征。中医药文化不论在认识和解决医学问题的思维方式,还是对于疾病的态度,对于健康长寿的愿望等方面,都充分显示了汉民族积极向上,向往美好的心理趋向。最后,中医药文化在寻求健康之路的实践中密切结合日常生活和生产劳动,充分体现了汉民族的生活习惯。

中医药文化在中国传统文化的环境中世代相传,是典型的世代传承的文化。首先,代代相传,从不间断。中医药学形成体系以前,先民们同疾病作斗争的经验,以及寻求健康长寿的思考,以口耳的形式代代相传;中医药学形成体系后,中医药医疗活动形成了专门的职业,中医药文化一直是中华先民治病养身的武器。其次,家族传承。中医药文化的世袭性在中国古代文化中表现得尤为突出,古代许多挂牌中医药人打出了"中医世家",数代"祖传中医"的牌匾。再次,师徒传承。跟师学技是中国古代文化传承的一个重要形式,中医药文化在古代亦主要依靠这种形式传承,中医药发展史上许多学术流派的形成和继承,亦主要依靠师承关系完成。

中医药文化在现代科学文化之林中竖起的一面传统文化的大旗,与现代科学文化形成鲜明的对照,表现出传统科学的特色性。首先,形式多样。中医药文化存在于中医药学的理论之中,存在于中医临床的诊治技术之中,存在于中医临床活动过程的文化交流之中,还存在于社会人们的日常生活之中。其次,范围广泛。中医药文化是中华民族全民的文化,古代时期上至皇帝、皇家贵族,下至平民百姓,无不关注中医药,无不希望了解中医药,特别是中国古代文化人、宗教人士,都不同程度地了解中医药学的理论和技术,可以说,中医药文化是中国古代文化环境中传播最广的文化形式。再次,思维方式的特殊性。中医药学之所以表现出特殊的文化形式,主要是古代中医药人在认识和解决医学问题的思维中,经过了与现代科学文化完全不同的思维道路。

第三节　具有活力的中国传统文化

中医药文化是中国传统文化有代表性的文化体系,在中国传统文化中占有重要的地位,推动了中国传统文化的发展。

一、中医药文化在中国传统文化中的地位

中医药文化是具有极大活力的文化体系,是在科学发达的今天仍然有效地服务于社会的中国传统文化,也是唯一拥有系统理论和实践体系有机结合的中国传统文化,它是优秀、有活力和具有代表性的中国传统文化,在中国传统文化中占有非常重要的地位。

（一）中医药文化是优秀的中国传统文化

中国古代创造了许多科技发明，为世界文明做出了不可磨灭的贡献，可是，中国传统文化却没有在认识自然的道路上形成关于物质世界的系统理论。然而中医药文化除外，它不仅创造了关于人体和疾病"是什么"和"怎么样"的系统理论，而且形成了关于诊断和治疗疾病的实践体系，充分显示了最优秀的中国传统文化的地位。

其一，中医药学把人体作为独立的认识对象，对人体及其疾病作实际观察，完成了一门自然文化所必须具备的关于认知对象"是什么"和"怎么样"的理论，即以藏象学说、病因病机学说和辨证论治理论为基本内容的中医基础理论。而中国传统文化中其他自然文化，没有一门学科形成独立的认识对象，也没有站在认识对象的对立面，把握对象的本质、联系和规律，更没有形成系统的理论，如中国古代虽然有一些关于物理、数学、化学和生物现象的记载，却没有形成系统的理论体系。中医药学的优秀之处就在于它站在大自然和人体的对立面，创立了中医药学理论体系。

其二，中医药学在形成和发展的过程中，不断吸收中国传统文化中的优秀成分，使中医药学表现出极大的活力。例如，中医药学在升华理论的过程中，成功地利用中国古代哲学思想，把阴阳、五行学说以及气一元化理论引进中医药学本质和联系问题的思考中。一方面，中医药活动为中国古代哲学提供了广泛的实践基础，另一方面，使古时中医药人最大程度地准确把握了认识对象。

其三，中医药学始终把自然和人体的生理、病理变化作为认识事物的直接依据，作为诊断和治疗疾病以及探索养生保健方法的依据。中医诊治讲究因时制宜，因地制宜，因人制宜，认为病人机体的实际情况，疾病的变化是辨证论治的根据。中医药学反对在诊治中拘泥于一法一方的僵化思维，认为临床思维不从实际出发一定会贻误病机，必有害于医道。

其四，中国古代医药家都具有深厚的中国传统文化造诣。《内经》时代的名医没有留下多少姓名，自扁鹊到张仲景，从唐朝孙思邈到金元四大家，从明末吴鞠通等温病理论创始人到清代张锡纯等，他们都是中医药文化著名的创造者，同时又都拥有深厚的中国传统文化功底，是中国古代不同历史时期的文化名人。

其五，中医药人在认识和解决医学问题的思维中，选择了最恰当的思维方式。在中医药学形成和发展的时代，由于社会生产力水平低下和社会知识总量有限，人们还不可能主要依靠抽象的逻辑思维把握客观世界，中医药人选择了以不脱离客观事物形象为主导的思想方式，通过司外揣内、取象比类的思维方法实现对事物的理性把握。形象思维是人类思维发展史上早期和中期文明思维的主导思维方式，是人类认识客观世界的常用思维方式之一。

（二）中医药文化展现着中国传统文化的活力

中医药学不是一个自我封闭的学科，它以临床疗效作为检验理论和诊治的根本依据，不断吸收环境文化的营养，使中医药学在解决医学难题的过程中不断得到发展，表现出极大的活力。

首先,坚持实践是检验理论的标准。中医药学的基本理论和临床的理、法、方、药理论,都是对实践经验升华而形成的,并在医疗实践中受到检验。中医药学是一门应用性科学,实践效果是中医药学的灵魂,古今中医药人始终坚持临床疗效是检验一切理论的标准。在认识和解决医学问题的实践中,古今中医药人始终以中医理论作指导,在诊治疾病和健康咨询服务中,仍然以中医理论为指导。但是施用的理论恰当与否,临床诊断、治疗正确与否,都将在实践的效果中受到检验,理想的疗效需要总结经验,不理想的疗效必须反思,总结教训。

其次,不断从环境文化中吸收营养成分。任何一门学科都不可能脱离一定的文化环境而独自发展,中医药学在古代始终处在中国传统文化环境之中,并不断地从中吸收营养成分,从而使自身不断地得到发展。哲学思想是中医药学吸收最多、作用最大的营养成分,其中关于与自然的关系、关于社会心理、关于思维方法等思想的形成都离不开中国古代哲学,如中医阴阳、五行学说,人与天地相应理论的萌发、形成和发展,都是吸收中国哲学思想成分的结果;又如中国古代儒、释、道中的许多优秀思想也是中医药学吸收的对象,中医药学关于治未病、养生、强身和修身养性等学术思想的形成和发展,与上述思想有着密切的联系;再如,朱丹溪的"阳常有余阴常不足"理论的形成,充分吸收了宋代大理论家朱熹的理学思想。古代天文观测和历法研究成果是中医运气学说形成的客观依据。古代语言、文字、文学研究为中医药学的发展,为中医药学术思想的传播,为中医药诊疗技术的流传提供了最适宜的文化载体。

再次,其活力至今不衰。中医药学与中国传统文化同时诞生,在中国古代长达数千年的历史长河中,中医药学一直为保障中华民族的繁衍昌盛,为增强中华民族的身体素质做出了不可磨灭的贡献。自明末清初以来,西方科学文化带着西方医学涌向中国,在如此强大的文化冲击下,唯有中医药学没有像其他传统自然文化那样被淘汰、被淹没,顽强地在自己的阵地上发挥着特有的作用。20世纪中叶以来,尽管中医药学遇到来自多方面的不理解、冷落和排斥,但是,中医药学的疗效,在许多方面解决临床疑难问题的特有能力,是其生命活力的体现。中医药学没有被西方文化所冲垮,也没有被现代医学所代替,它还将在解决未来医学难题的实践中显现自己特有的魅力。

(三)具有代表性的中国传统文化

中国传统文化源远流长,历史悠久,特色鲜明,中医药文化集中体现了中国传统文化的特色,是中国传统文化的典型代表。

首先,中医药文化将中国古代社会文化和自然文化有机结合起来,运用于医学问题的认识和解决,使中医药学成为中国传统文化中唯一具有自然和社会双重属性的两栖文化。中医药学的对象是人,而人具有社会和自然的双重属性,自然环境的不良因素可以通过人的自然属性作用于机体,使人的机体生病;不良的社会因素,如强烈持久的郁闷情绪刺激可以成为许多疾病的病因。因此,疾病和健康也具有自然和社会两种属性。中医药人在认识和解决医学问题的过程中,一方面要注重人的自然属性,按自然规律诊治疾病和保护健康,并总结经验升华理论;另一方面,又要注重人的社会属性,按心理活动的规律诊治疾病和维持健康,并总结经验,升华理论。可见,中医药学把自然和社会的两种文化有机结合于医学活动的实践中,充分显示了中医药学双重文化属性的特点,也充分体现了中医药文化所具备的中国传统文化代表性。

其次,全面体现了传统文化的特点。中国传统文化在内容上突出人本主义,在理念上讲究合和、圆满、中和,在表达形式上体现思辨性。中医药文化充分体现着中国传统文化的上述特点,中医理论的生命观、疾病观和治病理念以及养生理论中,特别强调人的因素,认为人秉天地之气生,人可以适应大自然的规律,人体自身也表现出极强的规律性,《内经》说:"正气存内,邪不可干"。即使发病了,人体自身固有的卫外功能可驱病邪外出,而恢复健康;治疗的本质只能辅助机体驱邪,治疗过程要充分调动机体的自我调节、恢复能力。中医养生理论更为注意调动人体自身的积极性,强调以"治未病"为主的预防原则。中医理论在阐述医理时也体现追求合和的文化风格。例如,藏象学说非常强调五脏之间相互滋生和相互制约的关系,在治疗选药配伍时强调药物功能的相互配合,体现了中医理论追求合和、圆满的风格;中和思想在中医理论中处处可体现出来,如中医学认为人体本身就是阴阳动态平衡的体现,阴和阳两方面都不可偏盛、偏衰。认为"阴平阳秘,精神乃治",治病本是调理失衡的阴阳,主张"中病即止",不能克伐太过。中医理论阐述形式的思辨性,是中医理论没有体现抽象逻辑形式的重要依据,其根本原因是中医药思维方式没有经过抽象的逻辑思维的判断和推理。

再次,充分继承了中国传统文化的思维模式。爱因斯坦在谈到中国古代思维方式时有一个不解之谜,他说西方科学依靠形式逻辑和科学实验创造了西方近代科学,中国古代的先哲们没有走这两步路,惊奇中国的古代发明和创造经过的是什么思维途径。在中国传统文化形成和发展的过程中,确实没有形成以抽象逻辑思维为主导的社会思维模式,而是沿着人类思维发展的轨迹,充分发挥了形象思维方式的作用,形成了以形象思维为主导的社会思维模式。中医药学完全继承了中国传统文化思维模式的衣钵,在认识和解决医学问题的思维中,通过以形象思维为主导的思维方式,实现了对医学本质、联系和规律的把握。中医理论的基本单位却不是抽象概念,也没有形成它的定义体系,更没有可演绎的推理关系,但是,以想象和联想为表现形式的形象思维,使古代中医药人创造了中医理论,如经络体系的形成,中药、方剂理论的获得,中医药人在临床上诊治活动的思考等,所有中医医学活动的过程都生动体现了以形象思维为主导的思维过程。

最后,处处散发着中国传统文化的气息。中医药文化和中医医疗活动的各种著述、文献中,其文体、表述、语言、文字、书法等方面,处处都散发着中国传统文化的气息。传统中医药文献主要有经典理论著作、歌赋、医案、医话、中医杂记、中医人物传记等。中医药学的理论著作如《黄帝内经》与《周易》《论语》等古典文化著作体裁一致,都体现着论文集的特点;诗词是古代文学著作的重要内容,中医药学有各种关于药性、功用、主治、汤头、脉理的歌诀,民间还流传关于中药的谜语、对联等,都是借助中国古代传统文学的形式达到传播中医药文化的效果;中医药人的医案、医话、医学杂文和医学人物传记,都以古汉语的格式书写,不少医学文献直接作为素材收入经、史、子、集中。中国传统文化文体表述不同于西方理论著作，不是以抽象的逻辑推理形式表述，而是以对客观事物的形象联系的描述，阐述其深刻的道理，将深刻而抽象的中医道理，寓于对个性事物的形象描述之中。中医药著述的语法结构与传统文化文体的语法结构完全一致，语句干练，词语生动，言语流畅。汉字书法是体现中国传统文化特色的一个重要窗口，古代文人都希望通过书法展现作品，展现文才，中医药处方是古代中医药人展现医技和文才的重要窗口，古时中医药人都刻苦习练书法，努力借助处方以汉字的优美书法展现给同行，展现给社会。

二、中医药文化在中国传统文化发展中的作用

由于中医药文化在中国传统文化中占有重要的地位，决定了它在中国传统文化发展中必然发挥着特有的作用。

（一）为中国传统文化提供了广阔的实践空间

中国传统文化有两大特点：一是社会人文思想理论比较成熟，形成了具有中国特色的以人文哲学为核心的理论体系；二是古代科学技术比较发达，一直走在世界前列。但是，中国传统文化也同时存在两个缺陷：一是没有形成与社会人文思想体系相对应的实践体系；二是与发达的古代科学技术不协调，没形成关于物质世界的构造性自然观，以及在这个自然观指导下的自然科学理论体系。中医药学却是例外，它不仅拥有完整的实践体系，而且有与之适应的理论体系指导。中医药学对中国传统文化的最大贡献是广阔的医药学社会活动，为中国传统文化的哲学、伦理、宗教、文学等社会人文理论提供了最广泛的实践空间。

首先，中医药医疗活动是中国古代哲学发展的客观基础。如果说阴阳学说在《周易》中只是空洞的代名词，那么中医学阴阳学说则赋予它客观的实际含义，如中医学通过阴阳学说阐述具有对立关系事物的规律，可以帮助中医理清人体结构在内外、上下、表里的关系，帮助中医理解病理机制中虚实寒热的对立、依存和在一定条件下相互转化的本质；五行学说在中医学中的运用，并不仅仅说明中医学坚持朴素唯物主义的立场，而是深刻反映了事物之间相互滋生、相互制约的事物联系的规律，更说明中医药人的实践为哲学发展提供了广阔的社会空间；中医临床辨证论治的基本原则，是中国古代哲学辩证法思想在中医学中的体现。总之，中医药学中大量的哲学思想不仅反映了中医药学对中国古代哲学的依赖，同时也说明了中医药的医药活动为古代哲学提供了客观空间和发展哲学思想的客观途径，为理解中国古代哲学提供了客观条件。

其次，中医药从业者是传播伦理、道德观念的实践者。中国传统文化的伦理、道德思想极为丰富，是中国传统文化的重要内容，也是中华民族优良品质的文化体现。中医药人在从事医学活动的过程中，涉及许多伦理、道德问题，例如，传统伦理观念不允许医生们大量、公开地解剖人体，古代中医药人在维护人体完整的条件下，主要通过人体在活动状态下表现于外的信息，揣摩体内的生理、病理活动；又如济世救人的医疗道德思想在历

代中医药人的医疗活动中得到充分体现,纵观中医药文化史料,每一个古今的名中医、名中药师不仅技艺精湛,而且医德、医风高尚,他们是中华民族优良道德观念的实践者,在医药之道的行业内为发扬中华优良伦理道德树立了典范。

再次,传统思维方式在中医药学实践中的应用。思维是座桥梁,是人们从实践到理性的必由之路;思维又是加工厂,人类一切认识、适应和利用客观世界的意志、目的和方法等都是加工厂的产品。祖先运用中国传统思维模式创造了整个中华文明,创造了具有中华民族特色的优秀传统文化。古代中医药人完全继承了传统的思维模式,在中医药医学活动中发挥了特有的作用。反过来,中医药医学活动又为传统思维模式的发展和完善提供了客观基础。中医药人对人体结构及其功能活动的把握,是依据机体在活动状态下表现于外的信息,经形象思维揣摩体内的动态情景,如藏象学说、经络学说、病因病机学说等都是这种思维模式的产物;诊断疾病主要依靠这种思维方式把握病机;治疗疾病的机制是针对动态的病机,因势利导,经形象性构思形成的动态治病方案,如针对大渴、大热、大汗出,脉象洪大的阳明经证,白虎汤中用生石膏既清热又能引热外达,用知母入里清热养阴等。纵观古代有名的中医药方,每一帖都可以使医者在大脑中构思出一幅中药调理病机的生动画面。总之,中国传统思维模式在中医药医学实践中充分发挥了桥梁作用。

(二)极大地丰富了中国传统文化的宝库

中医药文化作为中国传统文化的重要组成部分,其大量的著作、文献丰富了传统文化的宝库;丰富而多彩的中医药社会活动为古代文学、历史提供了大量而生动的素材;历代中医药人发明的医疗工具,为中国古代科技增添了光彩。

其一,中医药文化浩如烟海的各类著作、文献、医案等,极大丰富了中华文库。从内容看,中医药著作可分为经典理论、医学杂文、医案、中医药人物传记等,仅中医经典著作流传下来的就几十种,各种经典问世以后,后人对经典的注解、注释则更为丰富;中医药的医学杂文有医语、医话、医案、札记等,为后人留下了许多医学经验、医学理论,丰富了传统文化的文库,丰富了社会文化生活,丰富了人们的思想;中医历代人物传记是中医药文化宝库里又一类珍宝。从藏书情况看,中医药类图书是各级藏书机构必不可少的内容,即使非中医药从业者的个人藏书也少不了中医药经典和方、药之类的书籍。

其二,中医药文化是中国古代经、史、子、集的重要资料。中医学、中医医疗制度和中医药学名家的资料一直是古代文化人关注的重点,无论是探索理论,还是写史著文,都必不可少地收集中医药活动资料,有的还直接讨论医理,或评论医术,或描述病情,或记载医案,记载中药药材。如《黄帝内经》的书目被东汉班固所编的《汉书·艺文志》收集;文集类收集有关草药的功用、主治、医书序言、医事诏书,以及食疗、养生方面的中医药文稿;史书类对中医药文化活动很感兴趣,各类史书都少不了中医药学和中医药事的内容,如《史记》《后汉书》《三国志》等,都载有医事活动、医学人物,就连稗官野史、地方志之类的史料,也少不了中医药文化和中医药活动的内容;经书论医药更为常见,《周易》论医之深可达医理、发病、养生;《诗经》发医、药家微言,抒心灵妙语,颂药言怀;其他如《周礼》《孟子》《春秋》等,都论及医理、记载医事。不仅如此,中医学理论对诸子的思想也有较深的影响,仅春秋战国时期的孔子、孟子、老子等,都对中医药文化有很深的造诣,他们不但研究医理、药理,并将对医理、药理的理解引用到哲理的论述中,有的甚至为人看病和开具治病的药方。

其三,中医药文化是古代文学艺术的素材源泉。中国古代的文学艺术形式主要有诗歌、小说、戏曲和绘画等。中医、中药和养生活动是社会生活的重要内容,必然与反映社会生活的文学艺术发生一定的联系。古典小说多在情节中记述医事、描写病情和展现诊治经过,如笔记型小说《梦溪笔谈》中记述了许多宋和宋代以前的中医史料;通俗小说《东游记》涉及生理、养生、胎教及病后调养;文学巨著《红楼梦》《西游记》为了情节的需要,多处描写诊病、治病的故事。中医医事活动也是绘画艺术的重要素材,如敦煌莫高窟的壁画中有医人诊病的画面,有抢救病儿的情景。诗词在反映生活,抒发情感时,也与中医药发生密切联系,如诗人屈原的诗常涉及中药药物,也阐述他的养生思想,他推崇道学,认为人应珍惜"精气",心怀恬淡虚无,顺应自然,在《运游》中有诗道:"保精神之清澄兮,精气入而粗秽除",其他如曹操、陆游的诗,关汉卿的戏曲等都论医道抒养生。文学艺术之所以把医药学及医疗活动、医药人物故事作为艺术创作的素材,是因为医药学、医疗活动是人们最关心的社会事务之一,而且中医药学可论之理广泛,医事可述之事普遍,容易引起人们的注意,容易激起人们的共鸣。一般来说,文学艺术创作中,引用中医药学、中医医事的素材,有利于作品深化主题,有利于作品增加趣味性,有利于突出情节或刻画人物。

其四,中医药文化是民俗文化必不可少的文化资料。中国传统文化的民俗文化主要涉及饮食、起居、养生、婚姻、生育等社会生活的诸方面,这些事物也是医药学讨论的重要内容,因此中医药学、中医医事活动和中医药人物必然成为民俗文化不可或缺的素材。饮食文化把饮食保健和食疗作为中心内容,而要使饮食文化达到最佳的文化效果,作者必须通晓中医理论,熟悉食疗方法,如《全上古三代秦汉三国六朝文》一书中,提到饮食论医的文赋就有5篇,有《说汤》《食说》《食檄》《食箴》和《食忌》,每一篇中都详细论述饮食与健康、疾病的关系,介绍许多食疗的方法。酒文化是我国古代民俗文化的重要内容,许多文人都在自己的作品中,论述饮酒与健康、疾病、治病的关系,还有许多文人描写饮酒以后的心理感受。此外关于起居、住所、服饰和容貌的文化作品中,亦有处处涉及中医药的现象。认为人们在调节起居、寻找住所、选料裁衣和修饰化妆时,都必须以适宜人的生活、有利人的健康为原则。

其五,中医药文化为传统科学技术添光彩。中医药学不仅在理论和临床方面为繁荣传统文化做出了突出的贡献,古代中医药人在长期同疾病作斗争的过程中,也有许多科技发明、发现和创造。例如,被誉为中国古代第五大发明的人体经络学说,数千年来,它一方面为中医临床诊治提供了理论依据,另一方面由经络而引起的研究绵延数千年,至今仍是中外生命科学研究一个不解之谜;宋代王惟一铸造的针灸铜人名扬世界,是中国医药文化的珍宝;针灸针的发明、改进和应用为世界科技中增添了光辉的一页,特别是针麻技术的发明与应用,是针灸技术的亮点;其他如炼丹技术开创了我国古代化学的先河,中医正骨小夹板固定技术、金针拨障技术等,都是古代中医药的科技发明和创造。这些发明、创造不仅有效地配合了中医临床,创造了无数诊治奇迹,同时为中国传统科技发明增添了光彩。

（三）为研究中国传统文化提供生动而真实的资料

中国传统文化是中华民族对数千年社会实践的理性反映,为繁荣世界文化做出了突出的贡献。中国要走向未来,走向世界,必须弘扬民族文化、弘扬中华传统文化,而做到这些应当首先研究中国传统文化,中医药学和中医医学活动是最具代表性的中国传统文化和传统文化活动,可以为研究中国传统文化提供直接、现实、生动的第一手资料。

第六章　中西文化的不同之路

中国文化和西方文化是两大不同的文化体系,分别经过了不同的发生发展过程,表现出不同的创造文化的理念。

第一节　中国文化和西方文化

中国文化是中华民族在中华大地上创造的文化体系,西方文化是西方民族在他们的土地上创造的文化体系,两大文化体系是在不同的环境中形成和发展的。

一、中西文化之分

所谓中西文化的"中",是指中国文化,即中国传统文化;中西文化的"西",是指以古希腊文化为源头的以近代自然科学为主体的文化体系。

(一)人类在不同的环境中创造文化

人类是在学会主动认识客观世界的时候开始创造真正意义文化的,只不过那时人类还没有进入文明时代,不同的人们在混沌状态下创造的文化是难以区别中西方文化的。

当人类进入文明时代,各地域的人们开始创造了大量的文化,却因为不同地域的人们由于客观环境不同,创造的文化也不同。生存在大海边的人们向大海要财富,既要认识大海活动的规律,寻找大海里的宝藏,利用大海带来的生机,享受大海赐予的恩惠,也要同大海作斗争,努力在大海上获得更多的自由。他们创造的文化在内容上是以认识、适应和利用大海,以同大海作斗争为主;在文化精神上表现出探索、批判、实证和征服的进取精神;在文化表现方式层面显示出直白、逻辑的文化风格。生存在大山、草原里的人们,要在山、水、林、草间寻找生机,要认识大山的脾气,要适应大山的环境,要利用大山和草原的条件,还要同大山、草原的不利因素作斗争,要防着山里的猛兽、水和火等给人们带来的伤害,努力成为大山、草原的主人。生存在黄土大地的人们是在土地上找生机,土地是人们生存和发展的唯一希望,人们为了在大地上得到更多的收获,不仅要认识赖以生存的土地,还要认真对待与大地同在的天,观察和思考天与地的关系,观察和思考人与天地的关系,他们辛勤劳作于大地之上,为了大地的美丽,为了大地的收获,为了天下人的安宁和幸福,他们还要揣摩人与人的关系,最大努力地协调人与人的关系,他们在黄土地上创造的文化敬畏天、敬畏地,将人的生存与天、地紧密联系在一起,其文化内容以人的生存、生活和发展生产为主,以人际关系的和睦及社会的和谐为重。其文化精神多表现出敬畏天地、善良务实、顺应自然的文化风貌。

不同的地域环境可以影响群体心理活动趋向,从而形成一个与地域环境相适应的群体心理环境,不同的心理环境又构成不同地域的人们创造文化的心理指向的重要因素。沿海地域的人们群体心理多趋向于外,有利于发展外向性性格和勇于探索的英雄主义文化;在大山和草原里生存并生活的人们容易酿成心胸开阔、性格豪爽的心理气质,有利于当地的人们创造出视野广阔、情怀豪放的文化;生存、生活在黄土大地的人们容易培养温顺、勤劳、善良、循规的心理特质,有利于人们创造出顺应大自然和实用务实的文化。

(二)人类在不同的道路上创造文化

人类创造的文化像个大花园,创造出的文化各色各样,这是因为世界是由众多族群的群体组成的人类大家庭,不同地域、不同民族、不同群体,在不同心理趋向环境中,践行着不同的实践方式,又经过不同的思维方式而创造出了不同的文化,形成了世界文化大花园的盛景。大花园里的花就是表现于外的景象,万紫千红,争奇斗艳,各色各样。文化之花盛开于人间,开在了人类居住世界的各个角落,有的开在人口集中的城市;有的开在人口稀疏乡村。文化之花气质不同,有的色泽鲜艳,十分动人;有的高贵典雅,使人赏心悦目。

人类创造的文化之所以各不相同,是因为不同的族群在不同的环境中走在了不同的创造文化之路上。

中华民族从其祖先开始就生存在中华大地之上,为了生存而开始主动观察周围世界能观察到的一切,在他们当时记忆大脑中积累的是客观事物的形象。为了争取更好的生存机会和条件,他们想知道周围的一切过去发生了什么,将要发生什么,并表达他们希望发生什么,由此产生的意识及行为就是中华史前文化的崇拜、神话传说和巫术。

由于中华祖先的勤劳和勤思使他们比人类其他族群更早地迈进了文明时代,生存、生活和发展生产的明确目的使古代中国人踏实地辛劳于黄土大地,走上了以发展农业为主要生产方式的社会实践之路。

为了争取农业生产的收获,人们凭着对天气变化的形象性记忆,在宏观形象层面寻找天气变化的规律,希望知道天气可能发生的变化;为了争取庄稼的好收成,人们凭借宏观观察和记忆寻找肥沃的土地种植适宜的庄稼;为了生活得更好,人们凭借手工制作各种用品;为了人们之间和睦相处,人们依据他人的言语和举止揣摩对方的心思,努力促成和谐的社会关系。

纵观古代中国人在创造文化的道路上始终集中精力关注生存,关注生活,关注如何发展生产,是在追求更安稳的生存、更美好的生活和更大效率地发展生产而创造文化。

以古希腊人为代表的西方民族走的却是不同于古代中国人走的文化之路,从古希腊文化的内容和表现形式来看,他们并没有把注意力放在与人的生存、生活和生产之上,而是关心物质世界的本原,从事物的静态研究物质,寻找物质的内部结构,以物质的实质存在为研究的出发点,分析事物的内在必然联系,他们的研究和认知表达讲究严格的抽象逻辑等。由此可以看出,被西方文化誉为源头的古希腊文化没有反映出他们当时的生存、生活和生产,并且与当时的生产、生活水平相差甚远。古希腊文化稍后的古罗马文化没有突破古希腊文化的表现模式,仍然看不出他们注重农业,关注民生的文化发展趋向。

中世纪的西方文化不仅没有走上关注民生的正路,反而走上了以神学宗教为主导的文化发展之路,宗教文化统治了西方文化近十个世纪,直至欧洲文艺复兴文化高潮的到来,西方迎来了先后两次工业革命,才使西方文化走上了以工业发展为主的文化之路。

综上所述,古代的中西文化确实走过了不同的发展之路,中国文化始终如一的为了人的生存、生活和发展生产而创造物质财富,创造精神财富;而西方文化走的是另一条与中国文化不同的发展之路。

(三)中西文化的由来

中西文化是指中国传统文化和西方文化,这是当今世界上两大不同风格的主流文化体系,分别代表着两种不同发展走向的文化体系,是中华民族和西方民族创造的不同文化体系的统称,这是世界文化发展的必然现象。

早在人类文化发展的第一个盛期之前,西方民族的古埃及人和古巴比伦人就分别在他们生存和繁衍的地域创造了早期西方文化,在此后的 1000 多年,生存和繁衍在希腊半岛的古希腊人,创造了一系列不同于古埃及人和古巴比伦的精神性文化,即抽象逻辑思维理论体系。西方文化人在研究早期西方文化时,将古巴比伦文化称为"东方文化",因为古巴比伦人创造两河流域文化的地理位置位于古希腊东方的地中海北海岸与东海岸,称古小亚细亚文化为"东方文化"是因为小亚细亚位于古希腊的东方。

西方文化经过漫长的中世纪,至欧洲文艺复兴的潮起将古希腊文化昭然于西方近代文化的发展中,并在西方近代科学文化的发展中发挥了巨大作用,被称为西方近代科学文化的源头。

与古埃及、古巴比伦和古希腊文化几乎同时出现在世界文化大花园的中国文化,出现在古希腊东方的亚洲大陆上,因其位于西方文化遥远的东方,故西方文化人称中国文化为东方文化。中国文化对亚洲大陆的文化发展产生了深远影响和巨大作用,基本形成了东西方两大文化阵营和文化体系,故近代西方文化学者常常用"东西方文化"之称表示两大文化体系。

近代以来中国的文化界常常将"东方文化"改称为"中国文化",即中国传统文化,将"东西方文化"改称为"中西文化",中西文化的实质是中国传统文化和以古希腊文化为源头的西方近代文化。

二、人类不同民族在不同的条件下创造着不同的文化

中西文化分别是中华民族在中华大地上创造的文化和西方民族在西方土地上创造的文化,它们都是人类的创造,是人类在不同的客观条件下,不同民族心理趋向下,经过不同的思维方式创造的不同文化体系。

（一）西方人在西方的土地上创造了西方文化

西方文化在不同的文化发展阶段是由不同的民族群体创造的不同的文化。

就创造文化的主体而言,西方人是指创造了西方文化的那一部分西方民族,而不是泛指中国以西土地上的所有民族,根据西方文化发展的历程,在不同的文化发展阶段有不同的民族出现。在古埃及文化阶段是古埃及民族创造的古埃及文化;在古中东的两河流域是古巴比伦人创造了两河流域文化;在古埃及和古巴比伦人之后的西方文化重心移到了古希腊,是古希腊民族创造了古希腊文化;古希腊文化之后还有古罗马文化,古希腊文化和古罗马文化共同形成了西方文化的第一个盛期。西方文化的盛期之后的文化发展中断了近十个世纪,在公元十四世纪末至十五世纪初,先由意大利人后由英国人掀起了文艺复兴的文化高潮,由此拉开了西方近代科学的大幕,带动了整个欧洲文化的发展。

就西方文化的内容而言,古埃及文化有大金字塔、小金字塔、象形文字、狮身人面像、数学和天文等;古巴比伦的文化主要表现在应用数学、楔形文字和建筑等方面;到了古希腊文化时期则以哲学为著,其他有许多人在自然科学的天文、数学、物理、医学等方面做出了重要的贡献;西方的中世纪是宗教神学统治的社会文化环境,在科学文化方面没有什么建树;西方文化发展到近代,是西方近代自然科学突飞猛进的时代,其主要内容是自然科学的全面发展,涌现了一系列自然科学理论,发现了科学实验体系,形成了理论科学、实验技术和工业生产有机结合的科学发展机制,成为代表全世界自然科学发展水平的近代自然科学体系。

西方文化发展的一个特有现象是没有一贯的连续性,一是文化主体不一,不是一个思维族群连续的认知和实践活动,而是经常转换文化主体;二是文化内容不连贯,时而以庞大造型为主,时而在文字方面有创造,时而对天文现象有研究,时而又在自然科学的某个领域有建树,时而长期被宗教文化统治社会文化环境;三是认知思维方式游离不定,有以形象思维为主,又有以抽象思维为主导,表现出随心所欲、游而不定认知无定势状态。

（二）中华民族在中华大地上创造文化

与西方民族相同的是,中华民族在自己的土地上也在创造着属于自己的文化,所不同的是我们创造的中华文化在文化主体、文化内容和文化的展现过程等方面与西方文化都大有不同。

首先,中国传统文化的主体始终是中华民族。中国传统文化的前期形式是中华史前文化,它是中华祖先创造的具有真正意义的文化,使中华祖先早在距今 5000 多年以前就迈进了人类文明时代,使中华大地上的族群以中华民族的形象屹立于世界的东方。迈进文明时代的中华民族始终是中国传统文化的创造者和践行者,中华民族群的不同民族在各自的实践领域创造着不同的文化。汉民族创造着体现本民族特色的汉族文化,蒙、藏、回、傣、羌、苗等中华大地上的各民族,所创造的文化都是中华文化的重要组成部分,各民族文化的集合体就是中华文化的大体系,这个文化大体系是各民族群体共同创造的文化。

其次,中国传统文化是在中国的大地上创造的文化。一方水土可以养一方人,一方水土为一方人提供了创造不同文化的客观条件,使不同的文化体系展现出地域特色的风采。中华民族之所以创造出展现黄土大地的文化,其中一个重要因素就是因为中华民族始终生存和生活在中华黄土大地上,中华民族在享受中华黄土大地特别赐予的恩惠,也克服着黄土大地特殊自然环境的不利困难,恩惠和困难同时也是人们创造文化的客观机会,中国传统文化的各种形式都与中华大地有着千丝万缕的联系。

再次,中国传统文化的主体文化是民生。迈进文明时代的中华民族始终将与人的生存、生活和发展生产作为认识客观世界的主要对象,始终将与民生有关的客观事物作为认知对象,这是中国传统文化不变的主题,即使在文明时代以前的中华史前文化时期,神话传说、崇拜和巫文化所反映的内容多与生存有关。在进入文明时代至中国文化的第一个盛期,古代中国人特别关注人的社会存在和社会作用,并且由此形成一种文化传统,将对人的认识作为创造文化的重要议题。在把人作为认识重心的同时,古代中国人并没有放弃对大自然的认识,人们同样重视季节的变化、天气的变化,耕种的人们特别注重土地的位置和质量,手工作坊的人们特别关注有用物体的结构和性能,中国古代的先进生产力和一系列科技发明创造,都是广大民众认识客观世界和践行自然文化的见证。

最后,中国传统文化始终一脉相承。中华民族自从进入文明时代,就开始将与人的生存、生活和发展生产作为认知并实践的主要任务,在此过程中而产生的文化便成为中国传统文化的主要内容,并且将这个理念代代相传,传出了中国传统文化最大的特色,使中国传统文化成为世界上唯一没有断代,唯一具有文化的认知目的、方向和内容始终如一,唯一没有改变文化发展方向的文化体系。

三、世界文化的两大主流

中国文化和西方文化是当前世界文化体系中的两大主流文化体,分别代表着人类创造文化的两大发展走向,分别在人类社会的发展中发挥着极为重要的作用。

(一)在文化发展中形成的两大文化主流

文化是人类在社会实践中创造和利用的,在人类创造文化的早期,是难以寻找文化的差别的,因为那时的文化没有可区别的特征,现代的人们也不可能获得人类早期创造文化的第一手资料,如人类自脱离动物至史前文化时期以前创造的文化,只有当时人类活动的遗迹,那只是理论意义上的文化。

只有当人类开始创造真正意义的文化时,才可以寻找不同人们创造文化差别的蛛丝马迹,如东西方民族在史前文化中所表现关注对象的不同,文化表达形式的差别和思维特点的不同等。

人类进入文明时代以后创造的文化可以表现出许多差别,如文字的字形,文字的用法,如语言的表达方式,如人们关注什么,喜欢什么等都有差别和特征,人们创造的物质财产也有形状、大小、用途的差别等。文化的差别是形成文化不同流派的基础,也是形成中西文化分道而行的基础。

导致文化差别的主要因素是人,人是促成文化差别的主观因素。人的因素主要有创造文化者的心理条件如兴趣爱好、情绪状态、注意对象、观察感知、认知品质、思维方式等,都可能影响到文化创造过程,使创造的文化表现出某些特点,文化的特点就是分辨文化差别的依据。当然也有客观因素,如地理环境条件等。

文化是在发展过程中出现的差别。人类创造的文化不会以不变的状态存在着,因为全世界各地的人们都在不停地实践着,不停地创造着,不停地思考着。有劳动,有创造,有思考,就是在促进文化的发展。不同地域、不同民族经过不同的实践方式创造的文化向着不同的方向发展,文化的差别就在发展中形成。

人类的文化在发展中形成了中西两大文化主流。全世界各地的人们都在创造文化,创造出形式各样的文化,而不是只有两种文化形式和风格,但是文化有优有次的不同,文化又有先有后的区别,不同地域或不同族群的人们在文化的传播、交流、学习和践行过程中,还有一个选择的过程,人们总是选择接近并吸收那些与自己的生存、生活、生产、心理趋向、文化底蕴相关或相近的文化。在西方地域的人们总是选择接近以古希腊文化为代表的西方文化,而在东方地域的人们总是选择接近、接受中国文化。以古希腊文化为源头,以西方近代科学为主体的文化体系逐渐发展成为具有代表性的文化主流;以中国一脉相承为主体发展而形成的文化体系,成为另一支大型文化主流,与西方文化主流形成形态各异、风格不同的主流文化体系,由此而渐渐形成引领世界文化发展方向的两大文化主流,即西方文化和中国文化。

(二)中国文化

中西文化概念内的中国文化,有着特定的含义,一般是在谈论外国文化与中国的文化关系时用"中国文化"。中国文化是一个有着特定内涵的概念。

中国文化,是指中国人创造的文化,从概念的含义说,凡是古今中国人在中华大地上创造的文化都应属于中国文化,其中包括在中国土地上考古发现的文化遗迹,包括中华史前文化,包括中华民族进入文明时代以来的各个历史时期的文化,也包括中国人在外国创造的具有中国文化特征的文化,还包括被中国人带到外国在外国发现或者被外国人带至国外,被证实是中国人创造的文化。

中国传统文化,是指中华民族从进入文明时代开始,至中国历史近代以前的中国古代时期创造的优秀文化体系,它包含中华优秀人文文化和优秀物质文化,它是中国文化的主体,是优秀中华文化的集中代表。

中国传统文化是中国文化的主体部分,因为文明是文化中的优秀成分,因此中国传统文化又是中华优秀文明的集中体现。

中国传统文化为人类文化的发展起到了重要的推动作用。

(三)西方文化

中西文化概念里的西方文化,还不能简单地表述为"西方人或西方民族创造的文化",西方文化是指以古希腊文化为源头,以西方近代自然科学文化为主体的文化体系,其文化体系的核心内涵是从物质世界的实体结构认识客观世界,在对客观事物进行质和量的规定性的基础上,进行抽象概括,形成形式化的定义体系,再以抽象概念为基本单位构建可演绎的逻辑推理体系。

而"西方的文化"可以表述为西方人创造的文化,这是一个比"西方文化"涵盖更广泛的文化范围,如古埃及文化、古巴比伦文化、古罗马文化等都可包括在内。

西方文化是人类文化的重要组成部分,为推动人类文化的大发展发挥了不可估量的作用。

西方的文化构成很复杂,西方的人中有相当一部分利用西方的文化在实行扩张和强权,干扰着人类文化的正常发展。

第二节　不同的文化发展之路

中西文化的发展走的是不同的发展之路,这是因为创造文化的主体不同,他们创造出的文化成就也不同。

一、不同的发展过程

中西文化的创造者在创造文化的过程中,各自选择了不同的发展走向,使中西文化在世界历史的中世纪和近代分别出现了截然不同的文化局面。

(一)中西文化发展的不同走向

如果说人类真正的文化是从史前文化开始的,那么在人类社会发展的历史时期,从旧石器时代向新石器时代过渡的前后,则是人类开始创造真正意义文化的时代。

所谓真正意义的文化,是相对于此前人类在漫长的旧石器时代为了生存而遗留的文化遗迹,它们的区别主要有如下。

非真正意义文化的主要特征有:有简单的、本能性精神性反应,无主动性意识性精神活动;不能主动展开对客观世界和人群社会的认识;记忆能力相当低下,对客观世界感知获得的形象在人的大脑里不能有意识地加以保存;难以分清物质性文化和非物质性文化;不能将客观事物的形象在认知中联系起来等。

真正意义的文化相对于非真正意义文化具有如下特征:其一,它是在人们主动认识客观世界的有意识状态下获得的文化;其二,人们的精神活动较为复杂,记忆时间不断延长,可以在思考中将记忆中的事物建立简单联系;其三,个体的人所获得的对周围事物的认知,可以传达给他人,成为社会性知识;其四,人们之间认知信息的传递主要通过肢体动作和音节不清晰的发音语言为载体;其五,人们对客观事物的认识,主要是对客观事物宏观层面的联系,当时的人们还不能区别感知、想象和梦境形象;其六,社会环境产生的文化已隐约可区分精神性的和物质性的等。

  人类在这个阶段创造的文化由于很难表现出地域和族群的文化特征,因此人类在这时创造的文化还不具备区别东西方文化的条件,还不能认为人类的文化已经可以划分为东西方文化了。我们现在所见到的古希腊神话以及中国的远古传说,是人类进入文明时代以后用文字和语言的形式,将数千年以前的人传下来神话、崇拜和巫术等描述出来的,就其文化的内容,从严格意义上说不属于人类进入文明时代以后创造的文化。

  中西文化的"中"是指中国传统文化,是中华民族进入文明时代以来,在认识、适应和利用客观世界的实践过程中,经过体现中国特色的认知过程所创造的一脉相承的文化体系;"西"是指西方文化,是以古希腊文化为源头的欧洲文化体系,它起源于人类第一个文化盛期的古希腊,继之在古罗马文化后期渐趋被其他文化所代替。由于古代中国文化居于当时欧洲文化中心的东方,故又被称为东方文化,古老东方的文化除中国以外还有古印度文化,因古印度文化以佛学著称,对后来东方文化的发展产生的影响有限,而真正代表东方文化的是中国传统文化;西方的古希腊文化为西方近代科学文化发展创造了良好的文化基因,却在此后的 1000 多年间,被欧洲盛行的宗教文化所掩盖,使西方文化的科学和技术在西方历史的中世纪没有什么重大发展。

  中西方民族在进入文明时代之后,分别创造了体现各自民族特点的文化体系,其文化的本质区别主要体现在各自不同的发展走向。

  西方的古希腊人在创造文化的认知中把注意力投向了物质世界,他们在寻找物质世界本原的认知中,试图从物质世界的内部结构解释关于物质世界的一切,并由此形成了一系列关于物质世界抽象的、可演绎的理论体系,把西方欧洲的文化发展推向了前所未有的高潮。但是,以古希腊人和古罗马人创造的西方文化高潮,并没有持久地顺势发展下去,却在西方历史的中世纪淹没在宗教文化之中,被人们遗忘了近十个世纪。是发起于西欧的文艺复兴,使沉睡千年的古希腊文化被唤醒,以抽象逻辑认知思维为代表的古希腊文化基因,与人们发现的实验技术完美结合,使西方近代科学获得最佳的文化发展机制,从而激起了西方近代科学的飞速发展。

  中华民族自进入文明时代以来,延续着中华祖先认知客观世界关注的方向,将与人的生存、生活和生产有关的客观事物作为认知的主要对象,而且是为了生存、生活和生产认知并实践着。当人们的认知和实践活动有了明确的目的,而且其目的又符合人类发展的根本利益,那么这种认知和劳动所创造的文化就是社会发展所需要的文化,使中国传统文化在我国历史的春秋战国时期迎来了第一个文化盛期,同时也形成了中国传统文化的体系,其中的基本文化理念已作为文化基因,深深地融于古代中国人的认知思维和实践里。中国传统文化基因的核心内容有以生存、生活和生产为目的而创造文化;有以天、地、人为一体的认知观;有以人为主的社会和谐观;有宏观整体性动态认知理念;有全民认知、全民践行的文化发展机制等。

  正是中国传统文化的强大文化基因,使中华民族在长达数千年的中国古代,创造出领先于世界的先进生产力和影响世界的一系列体系科技发明,创造出让全世界称赞的中国古代辉煌文明,形成了与西方文化在中世纪处于低潮的鲜明对比。

正当古代中国人沿着祖辈开创的文化之路稳步发展的时候,西方文化传入了中国,改变了中国文化的发展方向,也改变了中国近代社会的文化环境结构,使中国传统文化在近代受到外来文化的掩盖、压制和强权。其实,中国传统文化在近代以来并没有衰落,更不是衰败,是中国传统文化的活力受到抑制。

（二）不同的中世纪文化发展状态

西方文化在古希腊时期创造了被西方近代科学认作基因的文化,按常理如果拥有一定活力的文化,应当在社会的发展中能起到积极的推动作用,而事实是以亚里士多德为代表的抽象逻辑思维为构架的理论体系,没能作用于当时的社会生产过程,使西方社会的中世纪成为黑暗的中世纪,社会战争不断,社会生产力没有突破性发展,社会文化被宗教文化笼罩等。造成这种社会状态的原因是多方面的,其中文化的因素是重要的方面,而文化因素的要害是古希腊的文化体系不适应于当时的社会生产力水平。其主要原因有如下几个方面。

其一,文化的目的没有集中于人的生存、生活和生产。纵观古希腊时期所创造的文化及其对西方近代科学产生巨大影响的文化基因,都没有把认知的目标指向与人的生存、生活、生产相关的客观事物。符合人类发展的文化目的,必须把人的生存、生活和生产作为一切创造的目的,为了这些目的,社会实践真正需要的是关于天气变化规律、一年四季气候转换的规律、与人关系密切的植物生长规律、大小动物的活动规律、人与人之间的和谐关系等,需要掌握上述这些领域里的相关知识,转化为认知客观世界和创造生活资料的能力。然而,古希腊的文化却没有体现出这种创造文化的正当目的。

其二,文化的表现形式不适应于当时生产力的发展水平。古希腊的主体文化是关于对物质世界本原的思考而形成的纯理论体系,这些理论距离当时的社会生产实践相差甚远,因为社会的发展、人类的生存及生活都必须依靠发展社会生产力,而社会生产力的发展必然经过两个环节,即劳动工具的改造和劳动工艺的改进,这是社会生产力发展最核心的环节,没有这两个环节,任何社会都不可能有任何发展。这两个环节都需要思维方式的有机配合,即需要社会广大劳动者对劳动工具的静态形象和劳动工具做工过程动态表象的把握,而在古希腊时代的当时社会文化环境,却没有能为广大创造社会财富的劳动者们提供适宜的文化。

其三,天人相分的认知理念。古希腊文化的一个重要认知理念是把人与大自然对立起来,认为人是地球的主人,人的能力可以战胜大自然的一切,人的能力可以改造自然等。其实,人类只是大自然的一小部分,人类离不开大自然,人类受大自然的支配,而大自然却是客观存在,大自然不需要人类。

其四,忽视了对人社会属性的认知。古希腊、古罗马文化对人的研究注重了两个方面,一是关注人的自然属性,从人的自然存在和实体结构认知人的肌体;二是从法的层面认知和处理人与人的社会关系,而忽视了人的情感和道德,其实,人的社会存在和社会管理是不能不考虑情感因素的,也不能没有道德观念。

其五,文化只掌握在少数人手里。古希腊的文化都是少数理论家创造的,而广大劳动者却没有多少人参与。体现社会发展的文化是由社会的广大劳动者创造的。

世界历史的中世纪,是人类社会发展的重要历史阶段,在这个阶段中人类需要关于大自然及客观世界的宏观层面的知识,而西方欧洲的人们却没有关注与人们生存、生活和生产关系最密切的事物,没有形成推动社会生产力发展的主体文化,使他们的中世纪的社会没有什么大的发展,文化发展处于低潮,社会生产力没有大发展,广大民众的社会生活水平得不到提高。

与西方大不一样的中国古代在中世纪却是另一番景象,中国的社会虽然也有因朝代更替或局部农民起义等原因发生小规模战争,但整体社会发展情况却是相对稳定的,大一统的中央集权制社会政体性质不断巩固,自给自足的自然经济促使社会稳步发展,社会生产力水平不断提高,社会相对稳定,科技发明层出不穷,创造出先进的社会生产力和一系列影响世界的科技发明,使古代的中国在中世纪国力不断增强,成为世界强国,使中华民族成为世界上最优秀的民族。

古代中国在中世纪之所以表现出与西方社会完全不同的社会发展之路,其中一个重要因素是中华民族走了一条既符合人类思维发展规律,又有别于西方人而体现中国特色的认知之路。正是这条路使古代中国人创造出了中国古代的辉煌文明,这条文化之路的主要内容与西方正巧相反。

其一,以人的生存、生活和生产为认知目的的文化之路。中国传统文化主体文化的主要内容都是为了人,为了人的生存,为了人生活得更好,为了发展生产以求收获更多的物质生活资料。这样的文化目的符合人类社会的发展方向,中华民族在长达数千年的社会实践中,正是为了这个主题目的创造了中国古代辉煌文明。

其二,以天、地、人为一体的宏观认知观。古代中国人以与人生存、生活和生产关系密切的事物作为认知的主要对象,从来不把人与天地对立起来,人们观察和思考天象,人们观察地上的一切事和物,都是为了人们自身的生存,为了更好的生活,为了人们的劳动得到更多的收获;古代中国人在认识人的生存时永远离不开天和地,天地的一切变化都能影响到人,天、地、人永远是不可分离的整体。

其三,适应于当时社会生产力水平的认知思维方式。中华民族自进入文明时代,发展了中华祖先在史前文化时期以寻找客观事物宏观整体联系为主导的认知思维雏形,形成和完善了以形象思维为主要表现形式的认知思维模式,这种思维方式适应于以手工劳动为主的较低生产力水平的需要,是中国传统文化的主导思维方式,是古代中国人创造辉煌的主要思维桥梁。

其四,注重人生存和生活的和谐性。中华民族自从进入文明时代就非常注重对人生命的认知,认为人既是天地的产物,又是天地万物的一种,人必须顺应天地而生存;每个人又是人群中的一分子,人是有思想和行为能力的,人群中的每个人都应当以和善的态度及行为与人相处,以此为核心理念的中国传统文化的人文文化,在中国古代社会发展中发挥着重要的积极作用。

其五,全民认知、全民践行的文化理念。古代中国的文化不是只掌握在极少数的文化人手中,而是掌握在广大民众的认知和践行中,是广大民众为了生存、生活和生产而认识天地及周围的一切事物,并将获得的认知践行于生存、生活和生产的社会实践中。我们所见到的中国传统文化的各种典籍、诗歌、文学、艺术、传记、哲学、科学及技术创造等文化形式,都是古代广大民众在社会实践中创造出来,由当时的哲学家、思想家和文化人归纳、总结和升华的各种文化体系。

(三)不同的近代文化

西方文化经历了黑暗的中世纪之后,迎来了文艺复兴的文化高潮,当被复兴的古希腊文化中的哲学认知思维模式被西方近代自然科学家所吸收,当工匠们的技术与科学家的思考有机结合,又发现了受控实验的科学方法,使西方近代自然科学获得最佳科学文化发展机制,从而为西方近代自然科学的飞速发展提供了文化基础。西方近代自然科学的发展推动了西方近代工业的发展,促成了欧洲接连两次的工业革命,使西方近代文化进入了经受千余年中世纪黑暗之后的文化大发展时期。

西方文化的发展推动了欧洲社会的发展,但是其发展的动力和方向却不完全符合人类社会发展的方向,特别是一部分发展比较快的国家或民族,社会滋生的扩张意识,助长了强权文化的漫延,使中国在近代遭受到西方强权文化的压迫和摧残。

中国的近代历史是从西方列强侵略我国开始的。在1840年以前,中国社会一直沿着自给自足的自然经济缓慢地发展着,是西方列强的坚船利炮打破了古代中国自然经济的模式,外国列强纷纷入侵中国,使中国的政治、经济和文化发生了巨大的变化,经历过数千年封建制的中国从此被迫沦陷为半殖民地半封建的国家,中国传统文化处在被压制、被掩盖的状态。

早在我国封建社会末期,在西方文化文艺复兴的热潮中,就陆续有西方文化开始传入中国,其发展势头越来越大,以至于发展为如潮水般涌向中国。西方文化的传入改变了中国社会原有的文化结构,中国人开始学到许多原来不知道的新知识、新文化和新的认知思维方式,开始运用新的文化及认知思维方式观察、思考客观事物,并运用于部分劳动和创造实践,促进了我国民族工业的发展,使我国社会的发展方向发生了变化。

但是,中国传统文化并没有因为外来文化的传入而衰落,更没有在外来强权文化面前而衰败,只是由于中国传统文化的某些缺陷和西方文化在某些方面的先进性和简单化,使部分中国人一时不知所措,一部分人在对待中国文化的态度上产生了怀疑心理,一部分人对外来文化持排斥态度,认为中国人应当只读圣贤书,应当照着中国文化的老路走。

中国向何处去?中国文化的发展向何处去?中国人在苦难中摸索、寻找,寻找能带领广大中国民众走向幸福的核心力量,这个核心力量就是代表先进文化发展方向的中国共产党。

二、不同的文化主体

中国传统文化的创造主体是中华民族,西方文化的创造主体是西方民族群,两大文化主体在不同的地域、不同实践的方式基础上，经过不同的认知思维过程创造了不同的文化体系。

（一）文化的主体及其构成

文化是由人创造的，创造出来的文化是为人的需要服务的，不论是物质性文化还是精神性文化，都是人类在社会实践中创造并服务于人们的生存、生活和生产实践。因此，人是文化的主体，创造和利用文化是在人的主观能动能力的推动下进行的，创造和利用文化是人的基本功能之一。

人作为文化的主体，其创造和利用文化的功能主要体现在如下几个方面。

其一，认知思考的功能。人与动物的根本区别是人能根据自己的目的主动认识客观世界，人为了生存、生活和发展生产，就要观察周围的一切，观察与人的生存、生活和生产有关的一切客观事物，观察了还要思考，思考的目的是把握客观世界，把握客观世界的目的是为了更好地生存、生活和生产。观察和思考，以及把握客观世界和为生存而进行创造财富的劳动，是人类的社会实践，同时也在创造文化。

其二，实践的功能。人类的任何文化都是在人的实践中创造的，没有人的社会实践，什么文化也创造不出来。人类社会实践的主要内容有两大类，一类是认识客观世界，一类是适应和利用客观世界。被认识的客观世界有天及与天有关又关系到人的一切事物；有地及天之下地之上的一切与人有关的事物；还有包括自身在内的所有与自身有关的人及人组成的社会；还有因自我存在而与天、地、人发生的一切活动。当人们在认识客观世界的活动中获得了关于客观世界的知识和经验，人们就会根据获得的知识和经验利用大自然的规律为人服务，适应大自然的规律而生存、生活和生产。

其三，把握事物本质的功能。人类在大自然面前，在客观世界面前是渺小的，人类可以利用观察和思考，在一定程度上相对正确地把握客观事物的本质，因为人们只有不断地相对正确地把握客观事物的本质，才能在劳动中获得人们需要生存、生活和生产的资料。

其四，创造和践行的功能。人类有为了自己更好地生存和生活而表现的创造能力，人类居住的一切设施、建筑都是人们的创造获得的，人们为维持生命而收获的所有生活资料都是经过创造得来的，粮食的种植、收获、运输、保存、加工和劳动工具的制造等，都需要人的创造。可以说没有人的创造能力，人类就不可能发展。

人类创造文化是人的基本功能之一，创造文化的过程有着复杂的机制，其主体构成主要有以下几个方面。

其一，心理因素。人类创造文化的心理因素，有两大类，一类是智力因素，其中包括感觉、记忆、注意、语言和思考等认知思维因素；另一类心理因素是非智力心理因素，主要包括目的、兴趣、情绪、性格、意志力等，它们是影响文化发展方向的重要因素。

其二，文化底蕴。任何地域、任何民族的文化发展都是在一定文化基础上进行的，文化基础就是创造新文化的底蕴。文化底蕴在创造新文化的过程中发挥着重要作用。

其三,地域因素。创造文化主体所在的地域因自然条件的不同,是影响主体性格、情绪、兴趣和认知发展的重要条件,如久居沿海、山区和平原的人们因自然环境不同,人们在创造文化过程中所表现的心理素质就不一样。

其四,认知思维因素。人的认知思维活动是心理活动的重要内容,更是主体创造文化活动的"加工厂",人类所有创造文化过程必然经过这个桥梁。思维活动"加工"方式的不同,是创造不同文化的重要因素。

上述诸因素是构成文化主体创造文化的必不可少的因素,它们的共同作用是相互协同发挥创造文化的作用。

（二）西方文化的主体

西方文化的主体是指创造以古希腊文化为源头,以欧洲近代科学为代表的西方文化的民族群,他们在创造文化的过程中表现出了西方民族的主体特点。

首先,以兴趣为认知动力的心理特点。纵观古希腊文化的各种形式,没有哪一种文化形式或哪一个学术派别的文化认知出发点,是为了生存、生活和生产,而更多的是思想家、哲学家们出于对虚构理论的兴趣,沉浸于空洞的哲学思考和争论,热衷于抽象理论的逻辑形式,这样的文化认知方向不适应于较低生产力水平的发展。

其次,西方文化底蕴的特点。西方文化底蕴是指西方古希腊文化以前的文化基础。西方民族在进入文明时代以前,也经历过漫长的史前文化阶段,进入文明时代初期也在摸索中,从西方早期文化关于希腊神话的描述,可以看出早在古希腊文化之前,西方民族的祖先就已经从事物的内部寻找事物之间的关系了。

再次,西方自然条件对认知主体的影响。文化主体认知方向的形成和发展,与创造文化群体所处的地域有关系,古希腊民族所处的希腊半岛三面环海一面靠山,土地贫瘠而依靠同大海作斗争而生存,这是他们形成与古代中国人不一样的心理素质和认知倾向的重要客观原因。

最后,以寻求客观事物内在结构为主线的认知过程。早在古希腊文化高潮之前,西欧文化的发展就出现"四根说",试图从物质世界内部的结构把握事物本质的认知倾向,在古希腊文化的高潮中,创造文化的各思想、哲学派别虽然对事物认识的角度不同,观点不同,但其认知的方向都一致,都在努力寻找物质世界的本原,都努力从物质世界的内部微观结构探索物质世界的本质、规律和联系。当西方文化走到近代科学时期,西方近代科学的创造者们将古希腊文化创立的抽象逻辑思维与科学实验相结合,主要在物质世界微观层面把握客观世界,形成了合理的科学发展机制。

（三）中国传统文化的主体

中国传统文化的主体是中华民族。中华民族是古老而优秀的民族,早在进入文明时代以前的几十万年间,中华民族的祖先就固定地生存于中华大地。我们的祖先是人类较早进入史前文化阶段的原始族群,他们在距今10000多年至距今5000多年以前就已经创造了丰富的中华史前文化,进入文明时代的中华民族之所以创造出灿烂的中国传统文化,是因为中华民族具备了创造优秀文化的基本素质,这些素质构建了创造优秀文化的重要基础。

其一,符合人类发展的文化创造目的。古代的中国人在认识、适应和利用客观世界的实践中,只知道如何生存下去,如何生活得更好,如何从大自然中获得越来越多的物质生活资料,他们为生存而认知,为生活而劳动,为发展生产而创造,这就是在创造历史,在创造中华文化。纵观古代中国社会发展的历史,纵观古代中国人创造的社会财富,都是因为他们始终把生存和生活作为认知和劳动的目的。

其二,丰富的文化底蕴。人类走进文明时代的任何文化都是在一定的文化基础上发展的,中华民族早在进入文明时代以前就创造了丰富的史前文化,那时的中华祖先为了生存而主动认识客观世界,为了生活而寻找客观世界的联系,尽管当时对客观世界的认识相当不正确,但毕竟已经开始有目的地认识客观世界了,为中华祖先迈进文明时代积累了一定量的知识基础。

其三,良好的智力心理构成。在创造文化的过程中,思维活动是核心智力因素,其他如感觉、注意、记忆、语言等都是思维活动必不可少的智力准备。观察是感觉客观事物的必要活动,古代中国人善于从宏观整体的、动态的观察客观事物,善于关注与人的生命、生存和生活活动相关事物,对客观事物的记忆不是关于客观事物的抽象关系,而是客观事物的宏观、整体和动态形象及表象,人与人交流的语言,有分音节的发音语言、不分音节的发音语言和肢体语言,语言承载的信息都是关于客观事物宏观状态的是什么和怎么样的形象。

其四,符合人类思维发展规律的认知机制。人类的文化是从简单到复杂、从单样到多样的。古代中国人在当时科技条件极差的情况下,只能在宏观状态下观察客观事物,在思维中将客观事物的整体、动态的形象联系起来,这是一种不能脱离客观事物形象的认知思维方式,这种思维方式符合人类思维发展的规律。

其五,以实践效果为检验标准的文化理念。古代中国人创造文化的一个基本原则是以实践效果作为检验认知的标准,而不是像西方文化那样,主要依靠逻辑推理和受控实验证明理论的可靠性。以传统中医活动为例,所有的经验,所有的名方,所有的基础和临床理论,都必须经过临床疗效的验证,没有经过临床诊疗效果证实的名方都是不可信的。

三、不同的文化成就

中西方民族由于处在不同的地域环境,表现出不同的认知心理趋向,使各自的文化走出了不同的发展之路,经历了不同的认知思维方式,从而创造出不同的文化成就。

(一)西方文化的成就

西方的文化成就要从古埃及文化和古巴比伦文化说起,古埃及的文化成就以大金字塔、象形文字和狮身人面像等为著,古巴比伦文化有楔形文字、法典、建筑奇迹和太阴历法等,这两个文明古国所创造的文化没有为西方文化的发展产生巨大的影响。

对西方文化的发展产生巨大影响的文化成就,当数古希腊文化,其显著的成就是哲学、自然科学和文学。首先是哲学研究所开辟的抽象逻辑思维模式,是对人类文化发展的卓越贡献,开辟了从物质世界内部结构与功能把握事物本质、规律和联系的认知思路,出现了关于认识客观世界的一系列理论,主要有逻辑学、伦理学、政治学和心理学等,形成了系统的抽象理论体系。其次是自然科学的成就,其中有数学、物理学、天文学、生物学、地理字和医学等,开辟了西方文化的自然科学认知思路。再次是文学成就,主要有神话、史诗和戏剧等。

西方文化的中世纪时期是一个特殊的历史时期,其科学文化没有什么有建树的成就,在宗教文化方面却有特殊表现。

真正值得称道的是西方近代科学文化的成就。经历了千余年文化低潮的中世纪之后,文艺复兴的文化高潮拉开了西方近代科学文化的帷幕,在随后的 500 多年里,西方文化主要在思想、工业和自然科学等方面取得了巨大成就。

(二) 中国传统文化的成就

中国传统文化的成就与西方文化成就有很大的不同,主要体现在创造文化成就的时间、内容和发挥的作用不同。

首先是文化成就内容不同。当古希腊的哲学家、思想家沉浸在热烈的哲学思辨之中时,以孔子、孟子、老子等为代表的古代中国哲学家、思想家,广泛吸收中国广大民众思想元素的营养成分,形成了世界上最早、最系统、最适合古代中国人的人文文化体系。与中国古代人文文化同时取得成就的是自然文化,当时虽然没有形成关于大自然以及物质世界认知的系统理论,却拥有关于自然界关系到人生存、生活和生产宏观事物的知识,并直接运用于社会实践的各个方面。在长达数千年的中国古代,中华民族创造了中国古代辉煌文明,创造了领先于世界的先进生产力,使古代中国的社会生产力稳步增强,形成了以经、史、子、集为主体文化形式的中国传统文化体系。中国古代医学集中了古代中国人抗击疾病和寻求健康的智慧,形成了一套既有系统理论又有相应的实践体系的完整的科学体系。

其次是取得文化成就的历史时间不同。中国传统文化的伟大成就开始于中国历史的春秋战国时期,这是中国文化的第一个盛期,也是处在世界文化第一个盛期之时。最重要的是这一时期的文化奠定了中国传统文化的发展方向,在此后的近 2000 年里,中国文化一直延续着盛期文化规定的方向,稳步向前发展。在整个中世纪的千余年间,中国传统文化一直处在持续而稳步的发展中,使古代的中国不断出现文化的高潮。而西方文化自从古希腊文化盛期之后,至西方文艺复兴之前的千余年间却没有出现值得西方人自豪的文化成就。

再次是文化成就对社会发展产生的作用不同。中国传统文化的成就对中国社会的发展产生着积极的推动作用。中国传统文化的自然文化关于对天、地及宏观物质世界的认知,直接作用于农业、手工业生产,提高了中国古代社会的生产力。中国传统文化的人文文化对人的社会存在和人的社会作用的认识,教育和引导着广大民众,以及社会各阶层对人生和社会的积极认知,使中国古代几千年的社会没有出现种族灭绝性的重大人为灾难。中国古代各个历史时期出现的科技创造成果,包括农业和手工业劳动工具的改造,绝大部分都直接运用于社会生产劳动。而西方古希腊的文化基本没有起到这种作用,直到西方近代文化发现了科学实验的方法,才在理论科学和生产实践之间架起了过渡桥梁。

第三节　不同的文化理念

文化理念是人们创造文化的基本认知观念,它是人们创造文化的原则和指导,它是影响文化发展方向的重要因素。中西方民族由于自然条件、心理倾向和社会环境等的不同,分别形成了不同的文化理念,其中主要有创造文化的目的不同、自然观不同、人生观不同和认知思维方式不同等。

一、不同的文化目的

中西方民族在创造文化的过程中所持的目的大不相同。

（一）西方人创造文化的目的

古希腊文化的内容很难体现出其中关于如何发展生产,如何处理好人与人的社会关系的认知和方法,都是些与生存和生活没有直接关系的议题。可以感觉到,古希腊的思想家、哲学家们在创造文化的过程中,并没有将注意力放在人的生存、生活和生产上,而是把注意力放在了与切身利益无关的空想理论的关系上了,而且不是个别现象,是整个文化氛围都没有形成关系人生的认知目标。

由此可见,西方文化虽然在古希腊文化时期创造了高深的抽象思维理论体系,却不能直接帮助解决当时与人们生存、生活和生产关系密切的问题,这是古希腊文化表现在认知目的方面的重大缺陷。以个人认知心理兴趣作为文化创造的目的,而不是社会发展的需要作为发展文化的目的,使创造的文化与社会的发展产生了距离。

中世纪西方社会的文化是宗教统治的文化环境,其文化的目的与社会的生产和社会的和谐相距更远。

西方近代文化的目的倒是很明确,虽然与生产有着密切的联系,但是发展生产的目的不是为了提高全社会广大民众的生存和生活质量,而是为了利润,为了商业利益的最大化,为了获得更多的利润,西方人研究劳动工具的改造和生产工艺的改进,先后引发了改变世界工业生产发展速度和性质的第一次和第二次欧洲工业革命。

（二）古代中国人创造文化的目的

中国传统文化的优秀之处首先表现在中华民族创造文化的目的符合人类的根本利益。人类的根本利益就是生存、生活和发展生产,古代中国人为了生存和更好地生活,为了使自己的劳动获得更多的收获,才去认识客观世界的,因为不观察和把握季节、天气变化的规律就无法耕作;不观察物品的形状,不体验物品的滋味、口感和作用等,就不可能获得越来越多的食物;不在生活中观察人们的言行、举止,并通过每个人的表现揣摩其内心世界,就很难处理好人与人之间的社会关系等。从祖先留给我们的各种文献资料可以看出,所有关于中国古代创造、发明和人文文化的历史记载,没有一项像西方人创造文化那样是出于对某一自然现象的兴趣,或出于对某些空虚理论的逻辑表述,或出于某一假设的命题而争论不休。所有中国古代物质文明的创造都是为了人的生存、生活和生产,甲骨文中文字的含义以表示生产、生活中的事或物为主体,说明当时人们的劳动、创造、思考等所有的文化活动都是为了人的生存和发展,并作为一种传统代代相传,使中国传统文化在长达数千年的中国古代社会经济稳步增长,社会相对和谐,民生相对安稳,从一个方面为中国古代大一统的社会政治制度和自给自足自然经济的长期延续,打下了文化基础。

二、不同的自然观

影响社会发展的决定因素是社会生产力,而生产力又是人创造的,人对生产力构成因素的认识水平和基本观念,又是影响人的创造能力的重要因素。因此,社会广大民众对大自然和物质世界认识的基本观念,是影响社会生产力发展水平和方向的重要因素。中华民族和西方民族在中西方文化发展过程中,形成了不同的自然观,各种自然观从不同角度影响着中西方社会生产力的发展。

(一)西方文化的构造性自然观

西方文化的构造性自然观是在古希腊文化时期萌发,在近代科学实践中完善的对自然认知的基本观念。所谓构造性自然观,有两个基本含义,第一是指必须从结构的角度来把握自然现象,第二是指因把握自然而形成的理论必须是逻辑构造型的。构造性自然观在西方近代科学的发展中起到了重要作用。

西方文化构造性自然观的形成有其文化发展的必然性,也有一定的曲折性。早在希腊文化时期,社会上就产生一种从自然事物结构的角度认识事物的认知思维趋向,当时的人们提出自然界的"四根说",并进一步认为水、火、土、气四种基本物质在一种物体所占的比例关系,是该物体表现某种特性的根本原因。这种学术思想虽然出自个别哲学理论家,却反映着当时社会人们的认知关注趋向是自然事物的结构,其社会认知思想基础是哲学家们纷纷发表寻求物质世界本原的思潮。应该说这时候还不具备形成构造性自然观的主、客观条件,如果进入中世纪的欧洲文化继续沿着古希腊人开辟的路走下去,社会生产力如有突破性发展,可能构造性自然观在古希腊文化盛期之后的不久就可能形成。

西方科学史证明,构造性自然观是在西方文艺复兴之后的近代科学崛起之中形成的,这是因为又经过了一段时间的认知思维的准备,才具备和完善了必要的条件。这些条件主要有:其一,从认知与实践的结合上将思维的目标投向物质世界。古希腊时期的哲学家们只在理论上意识到从物质的结构认知事物,是近代科学家们将古希腊的理论运用到科学创造和实验的实践中,才真正将理性思辨落实在实体物质上。其二,科学实验使认知活动的实践者深入到物质世界的内部,深入到物质的微观层面。其三,实现了对物质世界形态与功能的质和量的把握。其四,形成了关于物质世界的抽象概念体系,关于每一客观存在的事物都形成了形式化的定义体系,概念的内涵具有"同一性",概念之间可以进行抽象逻辑的推理和演绎。正是这些条件在近代科学中得到满足,才使构造性自然观得以完善。

构造性自然观的形成是西方文化发展的必然产物,标志着西方哲学从古希腊时期的空洞思辨到科学认知的质的飞跃,它将在近代科学的发展中起到重要作用。

构造性自然观是西方近代自然科学研究和技术创造的基本认知观,其基本含义如下:这是一种认知自然事物的基本认知观,是关于人们对自然界、对物质世界一切事物认知的基本观念,是一种认知物质世界的出发点,一切与实体物质相关的思想、观念、理论和技术等都从这个基本观念出发,都与这个基本观念相关,都是在这种基本认知观念的指导下形成的。

构造性自然观的基本认知理念主要有:其一,观察、考查和研究自然事物必须从自然物质的实体出发,因为自然界是由物质实体组成的;其二,物质世界里的每一种物质都具有层次结构;其三,认知客观物质必须依物质的结构性考查事物;其四,对物质世界的每一种具体的物质及其关系应当进行质和量的考查;其五,关于物质世界每一类事物应形成抽象的概念体系。

构造性自然观形成了一系列理论性认知体系,这是西方近代科学家在认知实践中逐渐形成的。其系列性理论成分如下:其一,在对具体事物进行严格的质和量的规定基础上,对事物的本质进行抽象的规定,形成抽象性概念,并借助形式化的定义模式表述事物本质意义的内涵,如关于原子、分子、植物、动物、质量、重量、浮力、惯性等,在当时及后来的科学家的认知里,都有明确的把握,并通过语言描述出来。其二,概念具有"同一性"特质,如关于原子、分子的概念,在物理学、化学、生物学、医学中都是通用的,都具有同一的含义。其三,对自然物质的研究应注重物质内部的结构,对研究物质内部结构的本质、规律和联系所形成的理论应具备逻辑结构,其中运用的判断、推理等思想内容不能出现自相矛盾。如西方近代医学对人体的研究,其基本理念是在构造性自然观指导下的构造性人体观,人体解剖学从人体的形态结构研究人体,由表入里,层层展开,分类研究,其中关于人体结构的组成形成了一系列概念,皮肤、骨骼、脏器、组织、细胞、血液等,每一个概念都是关于人体某一具体部分"是什么"的定义;人体解剖学关于人体的结构与功能的判断、推理等都不存在相互矛盾。其四,关于自然科学的理论阐述应遵循形式逻辑的基本规律,其理论的基本单位是概念,其理论是以抽象概念为基本单位的逻辑体系。如西方近代医学基础理论的人体解剖学、生理学、病理学等,每门学科关于对认知对象的理论阐述,都是以抽象概念为基本单位的相对独立的逻辑体系;以上三个学科又共同组成一个关于人体结构、功能与病理的医学基础理论体系。

（二）中国文化整体动态自然观

人类文化发展的历史事实证明，不是只有构造性自然观才是正确的认知观，不是只有构造性自然观才能创造物质财富，人类在认识自然、认识物质世界的过程中，逐渐悟到并形成多种基本认知观，其中最有代表性的就是中华民族在春秋战国文化时期萌发，在其后的中国古代科学创造中逐渐完善并形成体系的整体动态自然观。

所谓整体动态自然观，是指认识自然及物质世界的基本出发点和基本认知理念，是从宏观观察自然界出发，从事物的整体及动态联系中把握事物的本质、规律和联系，由此形成并建立起来的关于自然和物质世界的理论，是以客观事物的宏观动态联系为特征的理性表述。

整体动态自然观和构造性自然观有着偶然的联系及必然的区别。两种自然观之间没有必然的内在联系，其偶然联系只体现在它们都是人们在对大自然、对客观世界认识过程中逐渐形成的基本认知观念，而且都萌发于世界第一个文化盛期，说明当时的中华民族和古希腊人都同时意识到认识大自然的重要性及必要性。

整体动态自然观与构造性自然观的区别是必然的，因为它们是由不同民族在不同的地域和不同的文化环境中形成的两种自然认知观。

整体动态自然观与构造性自然观的区别主要表现在如下几个方面。

其一，两种自然观的完成和发挥作用的时间不同，前者的萌发时间与完成并发挥作用的时间之间没有间隔，可以推测在萌发的同时就与当时的认知实践相结合了，因为我们的祖先是在享受大自然的恩惠和克服大自然的不利条件中悟出的认知，继之连续不间断地在实践中加深对大自然的认识，在中世纪的中国古代农业、手工业生产及科技创造中得以完善，并发挥了巨大作用；而后者，对大自然认知的基本观念本不是萌发于人们和大自然接触的实践中，而是萌发于哲学家们的思辨中，萌发以后，被中世纪的人们所遗忘，时隔千年之后在欧洲文艺复兴中被人们想起，在近代西方自然科学的崛起中得到充实和完善，并在西方近代科学技术的发展中发挥了巨大的作用。

其二，中西两种自然观关注的方向不同。古代中国人关注的是大自然的整体，关注天和地的整体联系，关注人与天、人与地的关系。一方面将大自然作为一个整体去认识，把人作为其中的一分子；另一方面又把人体看做一个整体来认识。而西方文化主要关注自然界和物质世界的局部结构，把注意的目光主要投向了自然事物的结构性。

其三，中西两种自然观关注的重点不同。古代中国人发现自然界是在不停地运动，太阳每天从东方升起，从西边落下；月亮也是东升西落，而且在不断地盈亏变化；天上的云在空中飘，地上的风有大有小，有东风、有西风、有南风、有北风，风在刮，树在动；植物有生有长，有开花有结果；人们也观察到人也处在不停地活动之中。这些活动着的自然事物和能接触到的物质世界特别引起古代中国人的关注，因而从自然事物的动态属性认识事物就成为古代中国人最基本的认知观念。而西方文化善于从物质世界的静止状态认知事物，西方人认为把运动中的事物在理想的静态中便于观察和研究，如到医院去看病，医生做化验、拍 X 片、做扫描等都属于将动态的人体及其局部静态认知观。

其四,中西两种自然观关注的层次不同。古代中国人善于在自然界的宏观层次观察和研究自然和物质世界,一是因为当时的人们还没有能力深入到物质世界的内部和微观世界;二是主要没有从物质世界的内部研究事物的意识。古代中国人只能依靠人体的感官感知自然事物的宏观状态和动态。而西方文化则主要关注自然物质的内部和努力从微观世界把握事物。

其五,中西两种自然观所表现的思维方式不同。古代中国人借助不脱离客观事物形象为主的思维方式认知自然事物;而西方文化主要运用抽象的逻辑思维认知自然事物。

其六,中西两种自然观在认识自然事物中所产生的理性认知表述形式不同。古代中国人在认识自然事物和进行关于自然事物实践过程中,对所产生的客观事物的认识成果进行表述时,主要通过对客观事物"是什么"和"怎么样"的描述方法表示对客观事物的把握,因为其思维过程没有经过抽象的逻辑思维,那么其认知思维的产物也不可能表现出抽象的逻辑阐述形式,这就是人们常常误认为中国古代人对自然事物的把握和理性认知,总是以"直观"或"经验"的形式表述出来的原因;而西方文化关于自然科学的理论都是以抽象概念为基本单位的逻辑体系。

(三)整体动态自然观的基本内容

中华民族之所以创造出辉煌灿烂的中国传统文化,创造出领先于世界的古代先进生产力和影响于世界的一系列科技创造,古代中国人必定掌握了当时世界上相对先进的自然文化,在认知和践行自然文化的过程中,必然积淀出能促进自然文化发展的合理的认知基本观念。概括起来,中国传统文化的整体动态认知观主要含有如下几个方面的内容。

其一,以宏观自然信息作为理性认知的基本材料。构造性自然观理性认知的材料是经抽象概括的概念和理论性知识,古代中国人没有走抽象思维的路,他们在认知大自然和客观事物时,主要依靠感官获得自然事物的宏观信息,与之同时进入思维加工活动的材料,还有思维者本人已有的相关经验,以及从书本或他人获得的相关知识或经验,所有准备输入认知思维活动的材料都是关于自然事物的宏观信息。

其二,力求从整体层面把握自然事物的本质、规律和联系。中国古代自然文化主要掌握在广大从事农业和手工业生产的劳动者手中,以及服务于民众健康和抗击疾病的行医和善于养生者的人们手中,他们为了农业的丰收,为了制造出提高生产效率的劳动工具或精美家具,为了有效防治疾病等,不得不将天和地以及生存于天地之间的人看作一个整体。人们清楚地意识到只有风调雨顺庄稼才能丰收,人才能有饭吃;工匠们只有了解农夫耕作的全过程,掌握木材的性能和铁质材料的性能,才能不断改造农耕用具;古代中医认为必须把人看作一个具有内在联系的整体,才能正确诊断和治疗疾病。

其三,以整体思维为主的认知活动。因为古代中国人只能在宏观层次观察自然事物,使他们不得不主要运用整体性认知思维把握客观事物,其整体性认知体现在古代中国人实践的各个方面。阴阳学说是中国传统文化的重要理论,古代中国人在运用阴阳学说认识和解释事物的关系时,必定是发现了事物的整体联系,才发现事物存在着相互对立和依存的关系。种庄稼的农民从来不把注意力只盯着禾苗,而是将粮食的丰收与天气、季节、种子、土壤、田间管理等多种因素,都集合于一个与农业收获相关的整体来思考。

其四,在自然事物的运动中认识事物。在自然事物的运动中把握事物,是古代中国人认知观的基本理念。早在人类开始主动认识客观世界的时候,人们的注意力就因为自然事物的动态而逐渐养成,我们的祖先发现树叶在慢慢地落下,风在不停地吹,水在不停地流,人在不停地活动,什么事物都在不停地变化,他们并没有像西方人那样理想化思考事物,没有抽象出如人不能两次跳进同一条河流的判断,却是寻找自然事物本身及事物之间动态的关系的本质、规律和联系,最能体现这一认知特点的是中国传统文化的五行说。有学者认为古代中国有五行说,古代西方有四根说,认为当时的东西方人都表现了同样的认识水平,都是处在朴素唯物主义认识阶段。其实中国的五行说和西方的四根说典型地反映了自然观的不同。四根说表现着古代西方人在寻找自然事物的静态比率构成,古代中国人在寻找宏观事物之间的动态关系,选择了五种常见的事物,即木、火、土、金、水为五种自然存在,它们之间的"相生"和"相克"分别表示滋生、帮助、促进,表示限制、约束、制约等,五行的"行"是动词,是说世界上的一切事物无一不处在运动之中。

其五,"司外揣内"的认知窍门。古代中国人并不是只关注自然事物的外部,并不是不关心事物的内部,只要在不破坏自然物整体功能的情况下,古代中国人并不反对打开整体看内部。但是在客观条件不允许打开自然物的整体,又需要把握其内部的情况下,如想知道地里的西瓜熟不熟,想确定某个鸡蛋是否受精蛋,想知道某地近日是否可能发生地震,想把握某一病人体内气血运行的状态等,古代中国人悟到一个窍门,就是依据自然事物在活动状态下表现于外的征象,揣摩其内部的情况,即"司外揣内"。这里的"揣内"并不是没有根据的猜测,而是依据发自于自然物内的信息,结合已知的相关理论和已有的相关经验,反推自然物内的部分状态。更重要的是"揣内"出的结果是要在实践中进一步验证的。古代中医认识人体的健康和疾病时,主要依靠这种认知窍门把握人体,把握疾病。

传统中医的认知思维典型地体现着中国传统文化的整体动态自然观。我们仍以医学为例,分析古代中医在认识人体、认识人的健康、认识人的疾病过程中表现出的整体动态认知观。首先,中医认识人体从来没有主动要打开人的肌体,没有主动从人体内的局部结构认识人体,《黄帝内经》中关于人体内结构的描述也不是古人主动打开人体而描述的,是人们从战场上偶尔看见被破腹的死伤者,从而形成粗略的关于脏腑内的组成。中医始终认为,人与天地是不可分离的整体,人在天地中生存,人吸天上之精气而生,食用地上之水谷而活,天上或地上的任何变化都关系到人;人体自身又是一个完整的整体,人的气血输布周身,人体内的各部分不仅有着复杂而密切的联系,而且内部的活动都与人的机体相连,内部活动的情况都可以表现于外部;中医认识人体主要依靠自己的感官获得人体在活动状态下表现于外的信息,其信息的性质都是宏观的,是人体活动的宏观征象;中医也想知道人体内的正常状态和不正常状态的表现,只有依据外部征象揣摩人体内的情况,例如中医是摸着病人尺桡动脉搏动的速度、节率、状态等信息,根据中医理论反推人体内气血运行的状态,再结合其他征象而综合判断病情,并不是如人们想象的中医只要切脉就什么都知道了那样神秘;中医的认知、理念和理论都是针对的活人,因此中医看人的一切都是有生命的,都是动态的,人一死什么中医理论、知识、理念和技术都不存在,在死人身上找不到丝毫有关中医的认知和理论;中医学对疾病、诊病、施治的认知都处在动态的把握之中,因而中医人对认知的描述都是生动的,如中医对疾病的认知不是在寻找肌体某局部的实质病灶,而是气血或脏腑或经络等机体运行失调的状态;其状态在中医的认知中是一个动态的画面,中医称此状态为"病机",对病机的形象性概括是"证",中医辨证论治的实质是辨病机而施治;病人从中医手中接过来的中药汤剂处方,在开具处方的中医人思想中是一个生动的有机组合的中药材作战团队,每一味药都有它的具体任务,多味药力的有机结合就组成了调理病机的"生力团队"。

三、两种自然观的缺陷与互补之处

构造性自然观和整体动态自然观是西方民族和中华民族,在不同文化环境中和不同生产力条件下积淀的两种不同性质的基本认知观,它们分别表现出不同的认知优势,但相对于人类认知思维能力的发展和人类科学技术发展的需要,它们被现代科学实践证明,又分别存在着一定的不足和缺陷,而两种认知观的有机结合则是现代科学发展所需要的。

（一）构造性自然观的认知缺陷

构造性自然观虽然是优秀的自然科学认知观,但并不是完美无缺的,从科学研究认知思维的角度看,它至少存在如下几点不足。

其一,自然物质的本质并不是只有形态结构性,物质的运动、物质的相对静止、物质的功能、物质内外的联系、不同物质之间的关系等,都属于自然物质的本质性属性,如果仅从物质的结构的层面研究物质的本质,或者以物质的结构本质概括物质的全部本质是片面的。

其二,物质的结构具有无限的层次性,如果只在物质的某一两个层次研究其结构,不能认为已把握到物质全部的结构;如果只注重从物质世界的结构研究,也不能把握到物质世界的全部。人类在相对的时间内只能在人类力所能及的物质层次认识其结构。

其三,容易忽视物质的功能,而物质的功能属性是物质存在的重要属性,如果不能从事物的功能方面把握事物的本质、规律和联系,是不全面的文化。

其四,物质世界的联系性是物质世界的又一大属性,如果过于注意物质内部静态的层次结构,容易忽视物质内外的动态联系等。

我们试以西方近代医学对人体的认识为例,讨论构造性自然观的认知缺陷。构造性人体观是构造性自然观在医学人体研究方面的体现,在这种认知观的支配下,西方人主要依据人体的形态结构认识人体的组成、生理和病理。最初的人们以为打开人的肌体从人体的器官就可以解释疾病现象了,后来人们认识到打开人体的内部从器官层次解释和解决的问题很有限,而且还发现许多新问题;当人们对人体的形态结构深入到细胞层次,虽然能解释许多问题,但最终还是达不到解释和解决更多疾病问题的目的;再后来的医学发展到从分子、从原子层面认识人体,也没能解释和解决人们想解决的所有问题。

其实,主要依靠构造性人体观从形态学出发,试图解决人体健康和疾病的所有问题是不可能的,其认知的基本观存在或忽视了如下问题:其一,忽视了人的机体是一个有机整体,忽视了人体的各层次之间的有机联系;其二,引导人们主要从肌体的局部形态变化认识人体的疾病,是不全面的,忽视了人体内各局部与整体之间的联系;其三,如果只从人体的静态结构认识人体,必然忽视人体内存在的复杂的动态活动及其动态关系,人的机体正是因为有了从整体到各层次及各结构层次之间的动态联系,才能保证人体的生命活动;其四,忽视了人体内各层次、各局部存在的功能活动等。西方近代医学对人体认知存在的缺陷已逐渐被人们所认知,并努力弥补这些认知层面的局限性和不足。

(二)整体动态自然观的认知缺陷

中国古代的认知思维缺陷是在西方近代科学传入中国之后逐渐显现的,与西方构造性自然观在近代自然科学中的作用相比,从现代自然科学思维的角度分析,中国古代整体动态自然观相对于构造性自然观,显现出了认知思维的缺陷,这些缺陷正巧是构造性自然观的优势。

其一,没有将观察研究的目标投向物质世界。古代中国人将关注的重点投向了与生存、生活和生产相关的自然事物和物质世界,而没有对自然事物分门别类地展开研究,这样就很难把握物质世界的本质。

其二,没有将认知的注意力延深至物质世界的内部。古代中国人之所以没有将认知的注意力延深至物质微观世界的内部,一方面因为当时科技能力的有限,另一方面人们认为与当时的生产、生活的关系不大,凭宏观认知已可以应付生活和生产的需要,认为没有必要深入物质的内部结构。

其三,没有觉察到从静态认知事物的必要性。所谓静态认知事物,是指人为地将活动着的事物静止下来,以利观察或测量,如医学上的各种影像技术等。中国传统文化也有对事物"动""静"的认知,这里的"静"是指安静,或指事物的宏观静止状态,不是为了认识事物而人为的促使事物理想的静态化,古代中国人在当时的认知水平条件下没有觉察到人为静态事物的重要性。

其四,没有形成抽象认知思维模式。由于上述诸因素,古代中国人没有对具体事物进行质和量的规定,没有对事物的相同属性进行抽象的规定,也没有可能形成抽象的概念体系,进而不能建立起具有演绎推理性关于物质世界的抽象逻辑理论体系。

(三)两种自然观的有机结合

构造性自然观和整体动态自然观各自存在的认知缺陷,是中西文化发展和科技创造分别表现出某些不足的重要认知思维因素,而两种自然观的认知互补充可能更加优化人类对自然的认知活动。

构造性自然观萌发于古希腊文化时期,相对于当时当地的生产力发展水平,表现出明显的不成熟性,与当时当地的生产力水平存在着严重的不适应性,致使这种认知观休眠十来个世纪之后,在欧洲文艺复兴之中被唤醒,又在西方近代科学的实践中得到完善。

与构造性自然观的命运大不相同,整体动态自然观成熟于人类第一个文化盛期,适应于中国古代当时的生产力水平,在构造性自然观休眠的十个世纪里,却在古代中国社会生产中发挥了巨大作用。然而,正是由于整体动态自然观的认知缺陷,构造性自然观在西方近代科技活动中发挥作用的时候,整体动态自然观仍然按着原来的模式发挥着作用,没有激发起近代中国科技的飞速发展。

更加耐人寻味的是,构造性自然观和整体动态自然观这两种认知观的优缺互为对应,构造性自然观的短缺之处正是整体动态自然观的优势;构造性自然观的优长之处正是整体动态自然观的短缺之处。更巧的是正当整体动态自然观在中国古代社会生产和科技创造发挥积极作用时,正是构造性自然观在西方古代社会沉默和休眠的时候;而当构造性自然观苏醒后在西方近代自然科技发展中发挥作用的同时,整体动态自然观却没有引导中国的科技在近代崛起腾飞。

现代科学中的中西方科学家们已逐渐认识到,中西文化的互补,中西两种认知思维观念的有机结合,是现代科技发展的需要。

四、不同的认知观

认知理念是人们认识客观事物的基本态度和方式,中西方民族由于心理趋向、自然条件和经济方式不同等因素的作用,使中西方民族分别表现出不同的认知观。

(一)西方文化天人相分的认知观

西方人在人与大自然关系的认知中,过于强调人在大自然面前的能力,认为人在客观世界面前无所不能,人可以通过与大自然的斗争获得人们所需要的一切,并将这种认知的态度贯穿于西方文化的各个方面。西方文化天人相分认知观主要表现在如下几个方面。

其一是主张人与大自然作斗争。西方文化所表现出来的英雄主义等都是在天人相分认知观指导下,在与大自然作斗争中逐渐形成文化品质。西方人认为大自然是没有灵魂的,人们可以按照自己的意志改造大自然,改造客观世界,因此他们试图通过与大自然,与客观世界的斗争获得自己想要的利益。然而,他们却忽略了客观世界的规律是不可抗拒的,他们的斗争从客观世界得到的只是其中不自觉地遵守客观规律那一部分。

其二是探索客观世界精神。西方人对客观世界的神秘性非常感兴趣,客观世界的无限可知性吸引着西方人无数的探索者,他们对天空感兴趣,就观察和想办法测量它们,就想知道天空星斗运行的物体运动规律,想知道星体内部的情况;他们对地上的物质世界感兴趣,想知道物质世界内部的结构与功能,他们就发明各种仪器试图打开物体内部;人体也是物体,他们不是像古代中国人那样依据人的机体在活动状态下表现于外的征象,揣摩人体内的情况,而是千方百计打开人的肌体,人体解剖学由此而生。

其三是相信人定胜天的理念。大自然并不是按照人的意愿而运行的,会不时地给人们的生存、生活和生产制造许多大小不等的麻烦,甚至制造灾难,在大自然面前西方人常常过高估计人的能力,认为人可以依靠自己的力量战胜大自然给人造成的困难。在这种理念的支配下,他们为了从自然界获得更多的利益,不顾破坏自然生态环境给人类带来的伤害,大规模烧荒、毁林、圈地,建造工厂,烟囱林立,黑烟四起,虽然成就了西方社会工业的高速发展,却造成了环境严重污染的恶果。

(二)西方文化的抽象逻辑认知观

西方文化在构造性自然观的指导下,逐渐形成了以抽象逻辑思维为主导的认知思维模式,其认知思维的主要特点如下。

其一,先对感觉对象进行抽象的规定。西方人在感性认识过程中首先对认知对象进行抽象的规定,抽象规定的内容有:将运动着的事物在思想中静态化,对事物进行质和量的规定,在抽象规定的基础上形成抽象概念,如人们在思维中将各种物体在运动中产生的惯性现象抽取出来,寻找其中的本质所在,用模式化的语言加以概括,即是关于物体运动惯性的定义;西方文化中的自然文化对所有认知中的事物都进行了抽象的规定,并形成了形式化的定义体系。

其二,理性思维的主要任务是寻找抽象概念之间的逻辑关系。在西方文化的抽象逻辑思维体系中,人们要求对认知中事物的概念具有专一性,即一个客观事物只有一个概念,事物的概念具有同一性,对任何一个事物所进行的抽象规定和所下的定义,至少在自然科学的各学科都具有统一性,如关于物质、分子、原子等的概念,在自然科学的任何学科都具有同一的含义。有了关于事物同一性的规定,就可以依据同一性的规定寻找事物之间的关系,如判断、推理和范畴等都是西方文化在寻找事物之间关系的理性思维形式。西方自然科学文化的各个学科之所以能形成具有严密逻辑关系的理论体系,正是因为有了同一性的抽象概念,有了以抽象概念为基本单位的判断、推理和范畴等思维形式,才可以形成严密的逻辑体系。

其三,理性认知思维的主要形式。西方文化理性认知思维的主要形式有概念、判断、推理、范畴和学科理论体系等。概念是西方文化理性思维的最小单位,是构建抽象逻辑体系基本单元,西方文化自然科学理论体系都是建立在概念之上的。判断是理性认识事物的一种形式,西方人在理性认识过程中首当其冲的就是认定事物是什么或不是什么,这个过程是判断,他们在长期的认知思维中总结出许多不同类型的判断。推理是西方文化表现出的又一种重要的思维形式,有的是从普遍性的事物道理推出具有特别意义的道理,这是演绎推理,有的是从特殊的道理推出具有普遍意义的道理,这是归纳性推理,还有一种推理是从特殊性道理推出另一种具有特殊意义的道理来。范畴和系统理论都是理性认知的系统表达。

其四,理性认知的系统表达是抽象理论体系。西方文化理性认知的目的在于形成关于客观世界的系统性把握,思维形式中的范畴已具备系统表达的功能,系统理论是构成一个学科的基本条件。

（三）中国文化天人合一的认知观

古代中国人在生存和生活的实践中认识到,人在天之下,人在地之上,人与天地融为一体。所以,人们在社会实践中渐渐形成了天、地、人为一体的基本认知观念,其主要观念有天地人三位一体、天人相应、阴阳交感、顺应天地而生等基本认知观念。

在古代中国人的认知里,天、地、人是一体的,人秉天地之气而生,天给人以精气,使人能吸收天之精气以充养人之宗气;地给人以食气,使人能不断地从地气中获得水谷,以充养人之生命所需的后天精微之气。在中国古代的各种文化形式里都可以体会到当时的人们,谈天时离不开地和人,论地时离不开天和人,说人时离不开天和地。

我们的祖先还这样认识天人关系,他们发现天地有什么变化,人就会发生与之相关的反应,天气炎热人的血气就充盈,阳气外越;天气寒冷人的气血就收引,阳气内收等。

古代中国人这样认识天地的关系,发现天地之气就是阴阳二气,天气要下地气要升,就是天地阴阳二气的交感,阴阳有了交感,天地间的万物就有了生机,万物的变化和化气都源于阴阳二气的交感。

我们的祖先在漫长的岁月中认识到,正是因为天地阴阳二气交感才有了人,才有了人生存的条件,人不可能脱离天地而生存和生活,天地的一切活动、变化都关系到人,因此人必须顺应天地才能生存,一切违背天地规律的行为都有害于人的生命和生活,违背天地规律而耕种就难以获得理想的收成。

（四）中国文化不脱离事物形象的认知观

中国传统文化的一个突出特点是,没有用抽象的逻辑思维形式展现文化的各种形式,这是因为古代中国人在创造文化的过程中,运用的是以不脱离客观事物形象的思维方式,这种思维方式主要表现为如下特点。

其一,思维材料的表象性。古代中国人在把握事物的本质、规律和联系的理性思维中,必须在感性认知阶段获得一定量的感性材料,这些材料是准备输入到理性思维"加工"过程的原材料。西方抽象逻辑思维输入"加工"过程的材料是经过抽象概括的抽象概念,而中国古代文化理性思维输入的材料却是没有经过抽象概括的原始感性材料,这些材料的最大特点是形象性和动态性,即表象性。感觉表象的基本特点是宏观性,是人们通过自身视觉、嗅觉和触觉等感官获得的认知对象的外在形象和动态状态。

其二,思维过程的动态性。古代中国人在把握事物本质、规律和联系的思维过程中,不是像西方文化那样寻找抽象概念之间的逻辑关系,而是依据客观事物的静态形象或动态表象,借助想象、联想和构思,寻找事物在宏观层面的联系,或者借助其他事物的表象,依据事物在活动状态下表现于外的信息,经想象揣摩事物内部的情况。在整个认知思维过程中,在客观事物的动态中把握事物是中国文化的特色,如阴阳学说是在天、地的交感中认知其规律的,在事物的相互依存、相互排斥、相互转化中认知的;五行学说是借助木、火、土、金、水等五种常见物质相互促进、相互制约的动态关系中把握事物的。

其三,思维方式的形象性。借助客观事物的形象联系认知事物是古代中国文化的基本特点,中国传统文化的各种文化形式都主要运用了这种思维方式。如人们对一年四季气候变化及天气变化规律的认知,不是根据对天体物理学和气象学的原理,运用抽象思维的方法推理出来的,而是根据常年对季节气候和天气变化的经验记忆表象,运用关于天气变化的记忆表象"加工"而形成了经验性知识;如中医医生对疾病的把握,是依据病人在活动状态下表现于外的症状现象,借助其他事物的形象,揣摩机体内的病情状态和变化趋势;中医运用中药为病人治病,不是根据肌体病理实质变化,推理式的用药治疗,而是根据每一味中药的动态功能作用趋势,挑选多味中药组成一个动态的"团队",调理机体失调的活动向着有利于机体恢复的方向发展。

其四,思维方法的灵活性。古代中国人的认知思维方法非常灵活,人们可以根据认知内容的需要施用恰当的方法。思维方法灵活性的原则是个性化认知,即个性事物个性对待,不进行模式化和抽象化认知,常用的思维方法主要有形象想象、形象联想、形象构思、形象比较和形象综合等。想象是中国文化的灵魂,想象是人们把握事物内部、事物内外和事物之间联系的重要桥梁,古代中国人对天、对地、对看不到的一切事物都是在想象中把握的;联想是在想象的基础上借助事物具有相同或相似形象的联系,把握未知事物的某些特征,是古代中国人常用的思维方法,不仅在中国古代文学创作中常用,而且在农业、手工业生产中,在对自然、社会事物的认知中,都是常用的思维方法;形象性构思是古代中国人把握事物连续性的重要思维方法,古代文化的神话传说、文学创作、艺术创造等都离不开形象性构思的思维方法;形象思维的比较、分析和综合是借助认知中事物的形象关系把握事物的重要方法。还有一种思维方法是意会,意会是中国人特有的认知思维方式,在许多情况下人们不是在别人清晰的表述中理解事物的,而是在意会中悟到的。

第七章　中国传统文化在近代的境遇

当中国传统文化正繁荣于中国古代社会的时候,遇到了文艺复兴后的西方近代文化的传入。当中国传统文化遇到西方文化的碰撞还未来得及调整的时候,不仅遭遇到外来强权文化的挤压,而且还遭遇到众多强盗的烧、杀、掠、抢。

当西方文化初入中国时,善良的中国人从传入的西方文化中,学到了许多原来不知道的关于自然和物质世界的知识,却不曾想到西方先进的自然文化被一部分扩张主义者们利用,转化为强夺豪取的杀人武器。

本章欲从文化的角度探讨中国在近代没有继续繁荣的原因。

第一节　中国传统文化在近代没有衰落

不少人对中国传统文化在近代的表现有许多误解,有人认为中国文化落后于西方文化了,有人认为中国文化在近代衰落了、衰败了等,这些观点都是不了解中国文化,对中国传统文化没有信心的表现。我们应当认识到,当西方文化传入以后,中国文化在某些方面的落后并不等于在文化整体上的落后,又由于传入中国的西方文化被掌握强权政治的别有用心的一部分人所利用,他们不仅利用坚船利炮侵略中国,而且压制中国文化和掠夺中国文化宝藏,使中国传统文化在近代完全处于被排斥和被压迫的地位。

一、西方文化的传入

当中国还处在古代社会的时候,西方的欧洲已经随着文艺复兴的深入发展,进入了近代历史时期,西方自然科学文化得到迅速发展,并且陆续开始有人到中国来传播西方文化,其势头越来越大,从而逐渐改变着中国社会文化环境的性质,使中国传统文化逐渐处于一定的困惑境地。

(一)中国传入了西方近代文化

当西方文化传入到中国社会的时候,中国还处在古代社会阶段,中国的近代社会在此后的近两个世纪才开始。由于中西两个社会各自处在不同的历史发展阶段,使西方文化传入中国的文化事件表现出一定的文化特点。

其一,差别性。西方文化传入中国,中西双方都感受到明显的差异性,当时的中国人看涌进来的西方人,长相奇特,语言怪异,举止不同。当通过一定的方式了解到这些外国人对事物的认知,了解到他们表达的知识等,都与中国人的认知有着巨大的差别。而来到中国的西方人看什么都与他们不一样,中国人的穿戴、举止、语言、表情等,都与他们不同,西方人习惯于用他们的优势与中国的不足相比,他们的语气和举止有意在中国人面前显示出优越感。这些表层的中西文化差别是西方文化传入古代中国的浅层因素。

其二,时代性。以西欧为代表的西方社会由于长期处于文化黑暗之中,文艺复兴的文明曙光使他们早于中国近两个世纪进入了近代文化时期,而利玛窦、汤若望等人来到的中国,当时还处在中国式封建社会的古代时期。不同的时代创造不同的文化,不同时代文化的流动的动力是文化差异性。

其三,兴趣性。西方文化开始传入中国时,古代中国社会已经经历了近二十个世纪中国传统文化的熏陶,人们已经非常习惯于运用中国传统文化的知识认识事物和解决问题了,突然间有西方人用不一样的知识解释他本以为熟知的事物,对客观事物做出不一样反应和反映,带来了古代中国人从未见过的"洋"物件等,西方人带来的"洋"文化引起了中国人的兴趣,有人听他们传教自然文化知识,有人围观"洋"物件,有人主动向西方人学习、请教,明末上海人徐光启就是先行者。

其四,单向性。所谓单向性,是指西方人传播文化目的的单向性,因为西方人涌进中国文化大门的目的是为扩张作准备的。西方文化传入中国,其文化流向以单方向为主,西方人自认为他们的文化是先进的,是他们主动来中国向我们推销他们的文化,他们的来势开始以利玛窦、汤若望为先,后续大量涌来,他们并没有准备以学习中国文化为目的,中国的古代发明、技术和古典书籍传入西方不是文化的主要流向,是他们中的一部分人认为带回去有商机可图,甚至带有一定的文化掠夺行为。

其五,扩散性。西方人向中国传播西方文化,起初是个人行为,他们先后分别以个人的名义进入中国,游走多地,所到之处或经商或传教或讲学,使西方文化在中国以点状存在,又从一点向周围扩散。

其六,局部性。由于中国传统文化在我国古代有着深厚的社会基础,影响中国社会发展的文化因素仍然以中国文化为主,在中国近代时期的广大农村、广大中小城镇仍然以中国传统文化为主导文化,西方文化只在国内大城市和少数中等城市的文化活动中占主导地位,在广大中国民众的心底处,仍以中国传统文化作为践行的主体文化。

(二)西方文化传入的方式和内容

西方人向中国传播西方文化主要有传教、讲学、经商、接受访问学者和吸纳中国留学生等形式。西方传教士最初是在中国社会的大中城市开办教堂,利用一些物质方面的小恩小惠吸引中国的市民,人们走进西方人开办的教堂只能听传教士们的说教;西方人在中国讲学的人中有在自然科学某领域内的熟知者,也有传教士等,他们利用手中掌握的自然科学知识,寻找合适的场合向中国人介绍有关知识;通过经商活动向中国人传播一定内容的文化是西方人另一个重要途径,其向中国传播西方文化的时间比利玛窦以传教士的形式还早,有关史料记载有葡萄牙和西班牙人早在16世纪初就来到中国的南方沿海城市,他们通过贸易、开办工厂、开办矿产等方式,一方面向中国人传播西方文化,一方面掠夺中国的物质和精神财富;接受从中国去西方国家访问的文化人,向他们直接灌输西方文化,向中国人展示他们的发明与创造;接受中国派去的留学生,向中国的年轻人传播关于自然的知识。

近代时期西方人向中国传播的文化以自然科学知识和机械制造技术为主,其次是宗教文化。虽然西方人传播文化主要以传教的名义,但是中国人没有入教的风气,绝大部分中国人对宗教教义不感兴趣,人们乐意接受的还是关于自然事物的知识,乐于接受和学习与日常生活有关的技术。至于西方的社会人文文化为什么没有成为传播的重要内容,因为这方面的文化没有多少东西可以在中国炫耀的。

（三）西方人传播文化的态度和目的

西方人向中国传播文化的态度是传播者心理驱动的外现,传播对象对传播者在传播过程所表现态度的感受,一定程度地影响着人们对所传播文化的认知,影响着人们对原有文化的认知。

西方人在中国传播文化时的态度基本表现是傲慢,他们以掌握新知识而倨傲,总以高居者的姿态,显示他们是新知识的拥有者,是对客观事物正确认知的代表者等。西方文化人这样不谦虚的态度对接受文化的人们可能产生两种反应,一种是崇拜传播文化的西方人,并有助于对西方文化内容的认同,同时产生对原有文化的怀疑甚至否定性认知,这是当时国内出现"西方文化热"和"崇洋媚外"思潮的认知基础;另一种反应较为冷静,不被西方文化传播者的趾高气扬所左右,而是认真对待,既吸收西方文化的长处,又坚持中国文化的优势,提出诸如"中学为体"之类的口号。

西方人向中国传播文化的目的,整体是为了满足扩张的需要,因为资本主义生产的无限制的扩大,他们需要越来越多的资本和资源,向中国进行文化的输入是为他们扩张服务的。就传播者的个体而言,有少数人确实抱着向中国人传播新知识的愿望,他们真心地帮助中国人掌握和了解我们所不知道的文化,为西方文化的良性传播做出了巨大的贡献,中国需要、欢迎和赞赏的是这种人。

（四）中西文化碰撞

所谓文化碰撞,是指不同文化对同一事物的不同认知和解释,在人们思想中产生的矛盾心理。中西文化碰撞是指中国文化和西方文化对同类事物产生的不同认知,也包括中西文化对同类事物的不同解释和不同态度。

在西方文化传入中国的过程中,中西文化碰撞是最常发生的现象,其文化碰撞的认知发展直接关系到当时中国社会文化发展的走向。

文化碰撞表现在单个个体的一般认知过程为:当某一认知个体遇到同一事物出现两种不同的认知解释时,一种情况是认知者无所适从,茫然无措,甚至产生烦恼情绪;另一种情况是麻木不仁,报以无所谓的态度;还有一种情况是认真对待的态度,即利用认知者本人已有的知识对矛盾的双方做出评价,然后从中做出选择,形成其对认知中事物的个人认知。

当这种文化碰撞现象频频发生在西方文化传入中国过程中的时候,其碰撞所产生的能量是影响中国社会的文化变化发展走向的重要因素。

在中西文化的碰撞下,中国面临选择,是走西方人走过的路还是走自己原有的路;在中西文化的碰撞下,有人主张推行"新文化"的思潮涌动,同时也有人极力维护"旧文化";在中西文化的碰撞下,不少人只看到了外来文化的优势,却忘记了自己民族文化的长处,而极力推行西方文化……中西文化的碰撞激起了中华民族关于命运与前途的思考和选择。

二、中国社会文化状态的改变

当数不清的西方传教士、商人、学者、军人等像潮水涌入中国,以各种方式向中国人传输西方文化,并形成一定的规模时,必然使中国原有的文化状态发生一定的变化,其变化主要是改变了中国原有社会的文化结构,改变了相当一部分中国人的认知方式,改变了一部分人对中西文化的态度。

(一)改变了中国社会的文化结构

西方文化大量的传入中国,客观上促进了古代中国的文化大发展,实质上改变了中国古代以来社会的文化结构。从当时社会环境的构成成分看,从原来的只有本民族的传统文化环境,转变为本民族的文化与外国传来文化共存的文化环境;从文化的属性看,从原来的以人文文化主导社会的文化形态,转变为自然文化和人文文化同存的文化格局;从社会宗教文化意识淡薄的状态,转变为城镇社会宗教传教文化活动多见的局面。概括起来主要有如下几个方面。

其一,使一元文化的社会变化为多元文化共存社会的文化环境。在西方文化传入中国以前,中国社会的文化环境各个领域是清一色的中国文化,西方文化的传入打破了这种文化格局,西方文化成为中国社会的文化环境中重要组成部分,而且逐渐发展为主导地位,使近代中国社会的文化成为一个多元文化结构的国家。

其二,改变了中国古代自然文化的结构。西方文化传入中国以前的中国文化的自然文化,其结构特点有二,一是关于与生存、生活和生产有关的自然现象的宏观认知,多以经验的形式存在;二是创造和践行自然文化的主体是广大民众,是广大劳动者。当西方自然文化传入中国后,最先学习和接受自然知识的是一部分知识分子,他们把学来的知识运用于生活实际,并开办各种学校,把西方自然知识编入教材,作为重点教学内容,进行西方自然知识的再传播,渐渐地改变了古代中国自然文化原有的结构,关于事物的质和量的知识不再以模糊的把握为主,开始注重事物精准的把握;关于新的自然知识主要掌握知识分子手里,广大劳动者仍然运用传统的经验式的知识从事实践。

其三,改变了古代社会的文化环境结构。中国古代社会的文化结构长期处在以人文文化为主,以文学、艺术、文字为辅的社会文化环境结构,由于人们不太注重对自然文化的理性研究,给人们造成中国古代没有自然文化的错觉。西方自然文化的大量涌入,改变了中国古代社会原有的文化环境结构,广大民众开始注重自然知识的学习和运用,有关人士也开始从事数学、化学、物理学、生物学等自然科学的研究,使近代中国社会的文化环境发生了深刻的变化。

(二)打开了中国人了解世界的窗户

在西方文化传入中国之前,古代中国虽然不断与中国以外的其他国家或地区有着文化的交流,但都是短暂的和局部的,古代中国人了解世界的机会实际上是很有限的,自从西方文化传入中国,打开了中国人了解世界的窗户,使广大中国人了解到在中国以外的地方还有着和我们民族文化不一样的灿烂文化。

首先,了解到在中国以外还有许多勤劳的民族。当西方人来到中国,中国人看到了多种长相与中国人不一样的外国人:高高的鼻梁,蓝蓝的眼睛,大大的胡子;看到了外国人也会劳动,也会种地或栽培,也会制造许多没有见过的东西;看到了西方人中也有许多优秀的民族,他们也创造了许多灿烂的文化。

其次,了解到在中国以外有着许多与中国文化不一样的文化。古代中国的汉族人写惯了汉字,说惯了汉语言,看惯了汉族人穿的服饰,知道了外国人是写不一样的文字,说不一样的语言,穿着不一样的衣服;西方人传来了古代中国人不知道的代数、几何学、化学、物理学,还有哲学、文学、艺术、戏曲,还有西方多种宗教如基督教、天主教等;知道、看到和学到了西方的许多工业技术,开始学着像西方人那样开矿、冶炼和制造,使中国人原有的手工业增加了许多新技术,民族工业得到发展的机会。

再次,了解到在中国以外还有更大的世界。古代中国人一直认为天是圆的地是方的,中国人居住的地方为天之下地之上的中间。西方文化传入后,中国人逐渐了解到更大的世界,看到了世界地图,从地理知识中知道了,中国是在亚洲的东部,亚洲又是地球表面的一部分;了解到在中国以外的其他地域还生长着也可以供人食用的果实和粮食;了解到在中国以外还有许多大山、大海、大森林、大草原、大沙漠等;了解到大地不是四方的平面,原来是个圆形球状的,大地是因为有吸力人才能在地上行走,地球上还有半年黑夜半年白天的南极和北极等。

最后,了解到西方人来中国传播文化的目的并不都是善意的。善良的中国人以善意理解西方人来中国传播文化,他们当中也确实有不少人是真心传播我们不知道的文化,有的人甚至付出他们毕生的精力,但是中国人渐渐发现相当一部分来中国以传教、传文化为名的西方人,其目的阴暗、阴险,甚至以传播文化为名行盗窃文化之实,他们以居高临下的傲慢态度诋毁中国文化,企图用他们的文化改造中国,甚至奴役中国。

西方文化的传入,使中国人了解了西方人及西方文化,也认清了西方人的不同面孔。

(三)改变了部分中国人对中国文化的认知

西方文化的传入,使一部分中国人改变了对中国传统文化的基本认知,这部分人改变对中国传统文化基本认知的主要表现是:否定中国传统文化的科学性和合理性,认为自己民族的文化落后了,甚至认为是腐朽的文化;认识事物一切以西方文化为准,对中国文化大加批判;改变了对中国文化的态度,在西方文化面前不敢展现中国文化的活力;严重失去了对中国传统文化的信念;不认真研究中国文化的深刻内涵和思维优势等。

引起一部分人改变对中国传统文化基本认知的主要原因,既有客观因素也有主观因素,其客观因素是:其一,传入中国的西方自然科学文化在某些方面确实比中国文化具有先进性,其文化表述的直白性特点使人便于理解,其认知事物的直感性有利于人们对事物本质的把握;其二,中国文化表述形式的隐晦不便使人理解,特别是古代经典著作,没有一定的古汉语知识是很难在短时间内学到并运用于实践的;其三,传入中国的西方自然文化在短时间内填补了中国人对许多自然事物认知的空白,代替了许多老的技术操作方法等。其主观因素是:其一,他们从来没有认真、刻苦研究中国文化的深刻内涵,不理解中国文化的宝贵所在,也从来没有对中国文化树立起坚定的信念;其二,只看到西方文化的长处,看不到西方文化的短处,只看到中国文化局部表现出来的短处,看不见中国文化的长处;其三,盲目崇拜西方文化。

由于西方文化的传入而改变对中国文化基本认知的本质,是淡化或失去对中国传统文化的自信,当这种认知在近代中国形成一种思潮漫延于社会时,对中国传统文化的弘扬和发展产生了一定的负面影响。首先,对弘扬中国传统文化造成了一定的阻力,削弱了抵制西方不良文化传入中国的力量;其次,给西方列强施行文化强权政策制造了可乘之机;再次,干扰了广大中国民众对民族文化的认知,使中国传统文化遭受到重大损失;最后,是中国近代大批文化汉奸形成的思想基础。

三、中国传统文化的处境

西方文化像潮水一般涌入中国,使原本完全属于中国传统文化的文化环境发生了巨大变化,使中国传统文化的发展迎来了新的机遇,同时也迎来了挑战。

(一)并未消失的中国传统文化

西方文化传入中国,由于其文化本身的特点和某些方面处于暂时领先地位,很快在中国社会得到传播,并应用于生产和生活实践中,逐渐代替了中国传统文化在某些领域里的作用,其来头大有外来文化取代本土文化的气势。其实不然,中国传统文化并没有被完全代替,没有被淘汰,也没有停滞自身的发展。

首先,从地域范围看,中国传统文化在广大农村和中小城镇仍在主流文化地位。中国是一个人口众多、疆域广阔的国家,虽然西方文化从17世纪初就开始传入中国,到中国近代社会的结束,历时300多年,西方文化并没有成为中国全部地域范围内的主流文化。从大城市到中、小城市,再到农村,从城市的广大民众到乡村的村民,中国传统文化仍然是我国的主流文化。中国进入现代社会的这半个多世纪,我国现代科学文化的发展属于中国文化的发展,其中关于自然文化的发展,从本质上说已不属于传入的西方文化,而是中国人在吸收包括西方文化在内的所有外来文化的基础上,经过中国人自己的实践、思考、研究而创造的新的科学文化体系,其中富含着中国传统文化的基因元素。

其次,从社会的文化环境看,中国传统文化始终是我国民众社会生活中的主导文化,人们仍然按照传统的认知进行日常活动,依照传统的习惯作息和劳作;传统的人文理念仍然主导着人们社会活动的基本认知,"三纲"仍然是人们处理人与人关系的基本准则,"仁、义、礼、智、信"的五常仍然是人们处事为人的基本道德规范;"四书"和"五经"等中国古代元典文献仍然是人们常读不厌的不朽之著;中国古代医学的健康理念和诊疗技术,仍然是广大民众寻求健康和抗击疾病不可缺少的文化。

再次,从社会生产行业看,中国传统文化仍然是我国农业、手工业生产实践的主导文化。在西方文化传入中国以后的 100 多年里,中国的农业生产从工具到技术,从知识到实践基本还是维持着原有的生产模式和生产规模;中国的手工业也没有被西方的技术完全代替,而是一部分仍然坚持着传统的技术,传统的工艺,传统的经营方式;还有一部分中国的手工业作坊,在坚持传统手工技术的基础上吸收了西方技术的某些优长,一方面加快技术改造,一方面扩大生产规模,逐渐发展成为具有中国传统特色的民族工业。

(二)中国传统文化在近代并没有衰败

近些年来人们在谈及中国传统文化在近代的状态时,有许多对中国传统文化的误解或不正确的评价,其中最值得讨论的是有一种对中国传统文化在近代状况最不公正的评价,认为中国传统文化在近代衰败了。这种观点是对中国传统文化在近代处境的错误认知。

首先,中国传统文化在近代没有衰败。衰败的文化是没落的、无生机、无活力的文化,而中国传统文化不仅在中国古代长达数千年的历史时期内,为中国古代社会生产力的发展,为中国古代社会的发展起到了积极的作用,即使在中国社会的近代,在西方文化涌进中国之后,中国传统文化也没有衰落和衰败,广大中国农民仍然遵照传统的认知、知识、技能和经验创造着客观效益,养活着数亿人的吃和穿;广大手工业劳动者在近代仍然依靠传统的知识、技术和经验为社会创造物质财富;中国传统文化的人文文化仍然是中华民族团结抗敌和保卫家园的精神支柱。

其次,被掩盖的文化活力。文化本是人类为了解决生存、生活和生产中的问题而创造的,各种文化在解决具体生活和生产中困难的方法不同,由于西方文化的部分常识及部分操作方法简便、易懂、易行,又由于人们对新事物的新鲜心理,西方文化的许多知识和技能很快被人们接受,并用于日常,久而久之人们便生疏于传统的知识和技术,其实并不等于传统的许多知识和技术不能用了。最典型的是中国古代关于对疾病的认知和技术,关于中医药文化的健康理念及抗病、防病的技艺,当西方医学传入中国后,由于西医对疾病的认知较为直观,其认知表述也直白,治病方法简单,表面疗效明显,所以西医很快在中国近代社会站住了脚,也被社会众多人们接受,在社会疾病问题这个阵地逐渐占据越来越多的份额,同时掩盖了中医药文化的活力。

再次,被压制的文化活力。传入中国的西方文化并不一定都是对中国有用的文化,有许多文化不适应中国的国情,更不用说有相当一部分西方人传播文化的目的就不光明,或者想以西方文化代替中国文化,或者想奴役中国人,他们以救世主自居,以居高临下的态度教训中国人等,这些不平等、不友好的文化传播行为压制了中国古代社会原有文化的活力,使中国文化没有展现文化活力的机会。如西方工业文化的传入一方面加快了中国工业发展的进程,另一方面也压制了中国从古代手工业成长起来的民族工业的发展;又如西方医学的大量传入,使传统的中医学失去了解决社会上许多疾病问题的机会;西方文化关于对人的认知强调人性等人的自然属性,在一定程度上对中国传统人文文化重道德、重礼数、重和睦的文化精神有着明显的碰撞,提倡张扬个性,看重名利,追求享受和主张一切通过斗争解决问题的文化理念,对中国传统文化的弘扬和传承无疑是一种无情的压抑和压制。

（三）对中国传统文化在近代的误解

西方文化在近代传入了中国,改变了中国文化在古代数千年以来的状态,也改变了中国文化的发展方向,这是世界文化发展过程的必然现象,是不以中国人意志为转移的客观事实,中国人只有面对现实,认真对待事件的发生和发展,正确理解西方文化传入对中国文化发展的影响。

西方文化传入中国,对中国文化的发展走向,对中国社会的发展走向产生了重大的影响,其影响的作用不可能是单向的,而是双向的,即西方文化的传入对我国的发展既有积极作用,也有消极作用,如果只看到积极作用而认识不到消极作用,将是非常危险的认知。

西方文化的传入,对我国文化和社会发展产生的积极作用,已被我国近代以来文化和社会的发展所证实,中国人已给予充分的肯定。

需要认真反思的是西方文化传入中国以后,中国人应以积极和肯定的基本态度对待中国传统文化,以中国传统文化是优秀文化的基本认知坚信中国传统文化,而不应当只看到西方文化的优长而贬低中国文化。

当西方文化像潮水般涌进中国的时候,不少人被西方文化所吸引,总是拿西方文化的优势和先进部分相比于中国文化的弱势和不足,看不到中国文化的优势和长处,便产生了崇洋媚外的心理认知,认为一切都是外国的好,甚至产生了一些误解中国文化的认知,错误地认为中国传统文化落后了,甚至认为中国传统文化衰落了,衰败了等,这是对中国传统文化在近代处境不公正的判断。

持这种观点的错误关键在于认知的偏差,他们把西方文化某些方面的优势和先进性,误认为是整个西方文化都是优秀的,都是先进的,而把中国文化在某些方面的弱势和不足,无根据地扩大为中国传统文化整体都落后于西方文化。其实,在人类文化的大花园中,各地域、各民族创造的文化都各有优势,各有特点,同时也各有弱势和不足,西方民族创造的西方文化,在自然科学文化的某些方面确实比中国古代文化自然文化的某些方面具有优势和先进性,但是就中西文化各自的总体情况,却不能随意无根据地判断中国文化在近代落后于西方文化。

第二节 近代自然科学在欧洲的形成

近代自然科学为什么没有在发达的中国古代科技基础上崛起,却发生在中世纪科学发展几乎没有什么建树的欧洲,这使许多西方学者百思不得其解。其实,只要我们认真分析中西文化认知发展的趋势,就可以理解近代自然科学为什么发生在欧洲的偶然性和必然性。

一、近代自然科学在欧洲发展的原因

近代科学的崛起使欧洲社会发生巨大的变化,后来关注科学史发展的人们想寻找其中的原因。乍看起来,在欧洲发生第一次工业革命以前的近十个世纪没有什么科学基础,怎么就突然发生了科学的大发展呢?从这个角度看好像是偶然的,其实在偶然发生的大事背后有着必然的原因,其原因的主要构成是社会基础和文化基础。

(一)近代崛起的自然科学

为了说清近代科学崛起的原因,我们有必要先对"近代自然科学"的含义作一个内含范围的说明。所谓自然科学,是指人类对关于自然存在的物质世界的认知所形成的系统理论的总称,由于自然界是由多种物质组成的,展现着千奇百怪的自然现象,可以根据不同类的物质和事物分为不同的学科,有关于天体构成的天文学、有关于物质及其运动的物理学、有关于有机生命现象的生物学、有关于从自然研究中抽取数量关系而形成的数学等学科。在近代以前,人类对自然现象只有观察和利用的记载,或者只有一些假设性的空洞推理。当欧洲社会进入近代时期,因为社会生产发展的需要,人们开始对自然世界进行分门别类的观察和研究,进而形成了多门系统的理论,这些理论在近代科技创造和工业生产中发挥了重要的基础作用。

本节讨论的近代自然科学与现代科学中的自然科学体系有一定的区别。其一,从时间范畴说,后者包括人类从进入文明时代开始有目的的观察、适应和利用自然,到近代开始有针对性展开的研究,再到现代的研究,其时间跨度至全部人类文明时代,而前者仅指欧洲近代时期的自然科学研究。其二,从科学研究范围看,后者是对所有自然现象和物质世界的大规模、全方位的立体研究,而前者只在自然物质世界的某些方面展开的研究。其三,从科学发挥的作用看,后者是人类创造一切生产力和科技的基础理论及其技术体系,前者是指在近代欧洲工业革命中发挥作用的自然科学。其四,前者是后者的组成部分,前者为后者的发展起着重要的开创和奠基作用。

本章所涉及的自然科学仅指近代欧洲发起的自然科学,在讨论中西文化的对比时,一般都是在此层含义之上讨论西方自然科学。

(二)社会的基础

近代自然科学在欧洲文艺复兴的文化大潮中迅速发展,有其广泛的社会实践基础。

首先,社会生产发展的需要。欧洲的中世纪末是农村手工业发展的旺盛期,其手工业发展的动力是商业贸易,当时的情况是欧洲各国纷纷竞争,什么手工业产品利润高就开发什么产品,为了高利润必然想方设法提高产品数量和质量,而提高产品数量和质量的关键之一是工具及工艺。将生产产品的过程根据产品的物质特点而分解为若干环节,再根据生产环节的需要改造劳动工具,而工具的单一化又有利于向简单的机械化发展,人们对于劳动过程机械性能的认知和利用,都需要对关于物质世界基本原理的把握。

这就是产品利润的需要刺激劳动工具的改造和劳动工艺的改进,工具和工艺的改进引发工作的机械化,机械化实现的愿望又启动人们对物质本质和原理认知的动力。

其次,积累了一定的社会劳动经验。在欧洲中世纪末及文艺复兴过程中,由于农村手工业生产的发展,广大手工劳动者,特别是掌握某一方面行业熟练技能的大批工匠,他们的辛勤劳动为社会不仅创造了大量的财富,为手工业主挣来了丰厚的金钱,更重要的是为当时西方近代科学的发展打下了必要的实践基础。

经验是一切理论升华的客观基础,但是近代自然科学突破性的发展不是需要什么都会的整体性、笼统性经验,而是需要单一的、专业的实践经验,如某个制造行业中的某一环节,或某环节中的某一细节,只有这样的经验才能为研究物质的本性、特性和原理提供最直接的实践经验。欧洲的工业革命过程迫使工人在劳动中精细化分工,一个人只做一件细小的工序,无限重复的单一劳动使劳动者在劳动工艺和劳动对象方面积累了单一的经验,为分解性分析研究提供着需要的客观实践经验。

再次,工匠与学者的广泛结合。在欧洲近代工业革命之前相当长的一段时期,西方社会已经形成了一定规模的手工工业体系,在这个庞大的行业中有大量的能干活、有操作技能的工匠,他们有着丰富的劳动技艺经验,他们非常熟悉关于他们的接触到的物质、物体的性能。但是工匠只能反复重复劳动的程序,却很难快速和大幅度提高产品数量,也难以突破产品的质量。大学里的学者、专注于自然科学理论的研究者们走进了工匠们的作坊,一方面给作坊带来了生机,使原本有一定自然或物质方面理论知识的工匠们有机会学到更多的理论,另一方面使理论家或学者们有机会将他们的推理、假设等理性认知,在实际操作或物质的动态变化中找到根据。当工匠与学者的结合成为西方近代社会一个普遍现象时,便显示出西方近代自然科学文化的认知思维活力。即经验找到了升华理论的机会,为有准备的学者寻找物质世界的原理提供了实验的条件,使大批工匠迅速成为有技术又有理论的科学家。

（三）文化的基础

西方近代自然科学的飞跃发展虽然没有在西方中世纪文化的基础上跃起,但是并不是不需要文化基础。不仅需要,而且是不可缺少的文化基础。这个文化基础不是西方中世纪的宗教文化,而是西方中世纪之前的古希腊文化,古希腊文化从两个方面为西方近代科学的飞跃起到了基础作用。其一是古希腊科学家们萌发的构造性自然观;其二是古希腊哲学家们创立的抽象逻辑认知思维理论体系。还有一种文化基础不可忽视,即在欧洲文艺复兴中所形成的广泛的社会文化氛围。

其一，朦胧的构造性自然观念。构造性自然观是西方近代科学发展的一个重要的认知基本观念，在西方近代科学的发展中起到了极其重要的作用，本书在前一章已作了专题阐述。这种认知观的萌发是在古希腊的文化盛期，它的基本观念是主张从物质世界的内部认识事物的本质、特点和规律，认知思维产生的理论是以抽象概念为基本单位的可演绎的逻辑体系。但是这种认知观在古希腊时期还处在朦胧的不成熟阶段，又因为这种认知理念脱离了当时的社会生产水平，它不可能起到引领科学认知思维的方向。而当西方社会生产力迅速发展的时候，客观上需要从事物的内部把握物质世界的本质、规律和联系，而古希腊的这种构造性朦胧认知理念，启迪了近代自然科学家们的认知注意方向。

其二，抽象逻辑思维理论体系。由古希腊哲学家们共同讨论，由亚里士多德集大成的抽象逻辑理论体系，为西方近代自然科学理论体系的构建提供了模式，使他们在对客观事物进行严格的质和量的规定基础上，进行科学的抽象，形成具有同一性特征的概念体系，并通过形式化的描述对抽象概念进行明确的规定，不仅使数学、物理学、化学、生物学等每个学科都建立起独立的理论科系，而且使西方近代整个自然科学建立起了可相互为用、相互演绎、相互支持的理论体系。

其三，文艺复兴掀起的文化大潮。欧洲近代自然科学的突飞猛进，其文化基础不可能只有古希腊的启迪，必然还有当时社会文化环境的因素，即适宜的文化环境、热烈的文化氛围、广大民众的参与等，其总的根源还应归功于发生于 14 世纪末至 15 世纪初的欧洲文艺复兴。是文艺复兴的文化思潮找回了古希腊哲学，是文艺复兴唤醒了欧洲广大民众对新科学的兴趣和支持，是文艺复兴使中世纪欧洲社会沉闷、压抑、黑暗的文化氛围一转为异常活跃的文化气氛。

（四）受控实验的桥梁

西方文化早在古希腊文化时期就创造了抽象逻辑思维理论体系，在西方近代科学的发展中起到了重要的作用。那么，具有如此超前发展的理论之所以没有随即推动西方科学文化的快速发展，除去这些理论存在不完善和缺乏实践基础原因以外，一个最具关键性的环节是没有创造一个从理论到实践的桥梁。西方人在近代科学的实践中建造了这座桥梁，它就是科学实验体系。近代英国著名科学家弗朗西斯·培根是近代实验科学理论体系的创始人和践行者。

实验属于实践的范畴，它包括观察、实验、试验、受控实验等。实验性观察是有目的的观察，即实验者在观察开始前就预计到事物发展的结果，观察是为了验证实验者对事物结果的理性认知；实验则是借助一定的仪器模拟某些劳动过程，在实验过程中观察事物的发生、发展及其结果；试验是简单或缩小的实践活动；受控实验是严格根据理论研究需要而设计的实验，其实验的仪器、材料和过程等必须符合自然科学的原理，由实验者根据理论的要求严格控制实验过程。西方人在近代科学活动中充分利用了实验的科学方法，并逐渐形成了近代科学实验体系。

近代科学实验体系的创立和逐渐完善，极大地促进了近代科学技术的发展，其意义和作用是：首先为自然科学的理论通向生产实践，架起一座坚实的桥梁；其次是使近代自

然科学实现了理论与实践的有机结合;其三是为从实践经验中升华关于物质世界的一般原理,找到了一个省力、省时的捷径;其四是近代自然科学研究成果转化为生产力的主要途径。可以说,没有近代实验科学的兴起,就没有近代科学技术的飞速发展。

二、近代自然科学没有在中国崛起的社会和文化因素

本节讨论的没有在古代中国崛起的"自然科学",仅指近代在欧洲迅速发展的自然科学,而非指一般意义的"自然科学",因为迅速发展于近代欧洲的自然科学有着特殊的含义。本节是在寻找欧洲近代式的自然科学没有在中国崛起的原因,一方面是没有社会促其形成的动力,另一方面是不具备必要的文化基础。

(一)没有社会的动力

促进自然科学发展的社会动力是多方面的,第一方面是社会生产力、生产方式;第二方面是社会统治阶层的政策鼓励;第三方面是社会扩张意识的膨胀。

第一个方面是社会生产力、生产方式的因素。中国古代的封建社会与欧洲封建社会在生产方式方面有着本质的区别,我国的封建经济是完全的自给自足的自然经济方式。就总体而言,其一,广大农民的土地所有权程度相对高于欧洲的农民,广大农民拥有相对高的生产自主权;其二,以生产农耕工具和家庭用具为主业的手工业生产规模,比当时的欧洲手工业规模相对小得多;其三,社会手工业劳动者群体数量比农耕劳动者群体数量少得多,难以形成一个影响经济方式发展走向的社会力量。由于以上社会生产方式的特点,引来了一系列社会活动的特点,主要表现在如下几个方面。

首先,经商意识不浓。中国古代社会的手工作坊生产的产品主要不是卖的,而是为了周围农户用的,有多余的产品会拿到集市上卖掉;也有的手工作坊是专门经营产品出售的;即使手工产品经市场而销售,一般都是个人行为,没有集团利益,更没有为了趋利而动;手工业开发新产品的目的以农业生产和家庭生活需要为导向,而不是以获利的多少而生产。

其次,改造劳动工具和改进劳动工艺的愿望不急迫。由于中国古代是典型的自给自足的自然经济,当时的手工业制造的劳动工具可以满足生产的需要,手工制造业没有大规模提高产品数量的急需要求,则难以激发起改造手工制造工具研究的热情,进而难以形成大规模工业革命的动力。

再次,手工业生产竞争力不强。古代中国的手工业生产以满足农业生产和家庭生活需要为生产目的,在没有追求高额利润的行业面前,则很难出现行业内外的竞争局面。没有竞争的生产行业很难发起行业劳动本身的革命性变化。

正是由于上述原因的共同作用,使古代中国的手工业生产没有从社会生产力发展需要的层面,构成中国古代自然科学向近代自然科学发展,成为刺激自然科学飞速发展的社会因素。这是我国古代在社会生产力和社会生产方式方面,没有构成促进我国近代自然科学飞跃发展的社会动力的因素。

第二个方面是社会统治阶层方面的因素。中国古代各个历史时期的统治阶层，基本没有意识到自然科学的重要性，不可能出台国家层面鼓励发展自然科学的相关政策。

第三个方面是古代中国社会没有扩张意识，更没有侵略他国的动机。中华民族从来没有滋生扩张性社会意识，自然也不可能产生像欧洲那样的因扩张需要而推动社会的自然科学发展的动力。相反，却是因为别国的扩张意识发展为强盗行径，使中华民族遭受百余年的压迫和残害。近代的中国人也有无数思维敏捷的自然科学人才，也有振兴中华的广大民众的愿望，但是在那生命安全都没有保障的殖民地半殖民地的社会中，人们哪里有持续的热情投入基础性研究，社会怎能为人们提供稳定研究环境？

（二）没有必要的文化基础

古代中国不是没有自然科学，不是没有发展自然科学的文化基础，是不具备欧洲近代飞速发展那种模式的自然科学的必要条件。

其一，没有经过黑暗的文化低潮过程。古代中国社会自从进入文明时代，随后掀起第一个文化盛期，再到西方列强开始入侵中国之前，从未出现过较长时期的文化低潮现象，更没有发生过长达十个世纪的文化黑暗历史，即中国的文化从来没有发生过断代的现象。这样的文化发展历程不容易出现"突"飞猛进的局面。

其二，没有发生文化启蒙的思想解放过程。中国古代也有宗教文化，有中国本土滋生的宗教，也有外国传入中国社会的宗教文化，但是外来宗教很容易与中国文化相结合，出现外国宗教"中国化"现象，难以与中国文化融合的宗教文化在中国的信教、从教、入教者少。古代中国民众的宗教意识相对西方社会比较淡薄，真正"在教"人数在中国社会民众总数中的占比是很小的，这个比率恰恰与中世纪的欧洲社会相反。没有经历长时期黑暗社会的压抑，就不需要发动一场声势浩大的思想启蒙运动。广大古代中国民众相对于欧洲的中世纪，总体上一直处在相对平稳的社会，中华民族向来追求构建和谐社会，广大古代中国民众一直处在一种温和的文化环境之中，没有激起广大民众思想大变化的社会环境。

其三，不存在学者与工匠结合的文化活动条件。古代中国的学者、文人们都以关注社会人文活动为主，没有形成以自然现象和物质世界为专一研究对象的社会氛围，也没有出现大批致力于此的专业研究人才。当时从事人文研究的学者、文人们对从事具体操作性劳动的农民或工匠有着较深的偏见，而从事具体劳动的农民和工匠们识文断字者不多，他们对自然事物和物质世界的认知都融合在他们的劳动经验之中了，认为没有必要也没有可能用准确的语言表达给他人，更重要的是他们对于司空见惯的自然现象，没有动力和欲望去怀疑其中的"为什么"和证明其中的"是什么"。

有识字读书能力的文人、学者不关注自然现象和物质世界；关注自然、物质世界的劳动者缺乏研究的兴趣，还不大努力读书；文人、学者与广大劳动者之间又存在着莫名其妙的隔阂。其结果必然难以形成像欧洲近代发生的学者与工匠有机结合的文化活力。

其四，工匠们缺乏学习和研究自然科学理论的热情和行动。其实，古代中国应该有条件在很早以前的世界第一个文化盛期之后，就进入自然科学的研究，中国古代创造出那么多科技发明制造,不断改造农业生产工具和改进劳动工艺,创造了长期领先于世界的生产力,这些成就的背后一定有着古代中国人对自然界,对物质世界本质、规律及联系的认知智慧,只是当时智慧施展的方式与欧洲近代学者和工匠不同,如果古代中国人也闻到了弥散着大自然和物质世界深层流露出来"香气",如果古代中国的工匠们也好奇自然现象的深层秘密,也有兴趣怀疑其中的"为什么",研究其中的"是什么"和"怎么样",并将其研究的成果用理论阐述出来,不就是近代欧洲人走的路吗? 世界科学发展的历史证明,古代中国人没有走上像近代欧洲人走的那条路;历史也证明通向科学的道路并非只有西方人走的那一条路。

三、近代自然科学没有在中国崛起的认知思维因素

古代中国文化的认知思维方式,不适合于向欧洲近代自然科学模式方向的发展,因为古代中国文化没有构造性自然观和受控实验的认知桥梁。构造性自然观和受控实验是西方近代自然科学飞速发展的两大基石,而中国传统文化的认知思维模式中,却不具备这两个基本条件。古代中国人习惯和熟练运用的思维模式,不适应于中国古代的自然文化朝着西方近代自然科学形式方向发展。

(一)没有构造性自然观

西方近代自然科学的一个基本特点,是从物质世界的内部结构认识事物的本质、规律和联系,由此而形成的关于物质世界"是什么""怎么样"和"为什么"的理性阐述都具有抽象的可演绎的逻辑体系。而中国传统文化的基本认知理念没有构造性认知趋向。

首先,古代中国人没有形成从事物内部结构认知思维的理念。在古代中国人的认知里,一切欲获得关于客观世界的认知材料,只能依靠人体自身拥有的感觉能力,用视力观察客观事物,用听力感知客观事物的声响,用触觉感知事物的质地等,依靠人的感官获得的所有关于客观事物的信息都是宏观的,即客观事物的整体性。当时的人们没有能力也没有意识努力从物质世界的内部、从客观事物的内部展开认识活动,进而不能为构造性自然观的形成打下基础。

其次,古代中国人不善于将动态的事物人为静态化认识。古代中国人认为,人们周围的事物都处在不停的活动动态之中,日、月在动,天气在不停地变化,风在刮,庄稼在不停地生长,鸟在天上飞,兽在地上跑,它们还在不停地寻找食物,人也在不停地活动等。在动态中观察、认识事物是当时人们的共识,人们认为没有必要将正在活动的事物,再用一定的办法固定下来。不将认识中的事物静态化,则难以对事物进行定性、定量分析,也不能为思维活动进行抽象提供支持。

再次,没有将客观事物进行抽象规定的过程。在古代中国人看来,人奔跑时被物体绊倒了,马奔跑时被拦阻物绊倒了,行走的马车被碰翻了等现象都不是一回事,它们之间没有什么联系。西方人却从其中发现了惯性现象及其定律,而从众多事物中抽取其中的某一相同属性,是西方近代自然科学认知思维进行抽象规定的重要环节。处在中国传统

文化环境中的祖先们,不善于从众多看起来没有联系的事物中寻找其中存在着的共同属性,则难以在事物的本质层面把握事物的抽象联系,进而难以在客观事物的原理层面把握事物。如果不是这样,汉朝的曹冲就可以将在河中用船称象的事物与在池塘中放一只盛物的木盆,木盆中盛满水再放一只漂浮的碗等现象联系起来,不就离研究浮力现象,发现浮力定律不远了吗,问题在于当时的曹冲及以后的古代发明家没有走上抽象规定的认知之路。

最后,关于对客观事物认知的阐述不具备可演绎性抽象逻辑特征。由于上述三个原因的存在,直至西方文化开始传入中国以前,中国传统文化关于自然科学的认知,一直没有向抽象逻辑方向发展,没有形成关于自然文化的抽象理论体系。

以中国古代医学对人体的认识为例,传统中医学关于人体的描述都不是像西方近代医学那样,在构造性自然观指导下形成构造性人体观,在构造性人体观理念支配下,形成从形态学角度描述人体的人体解剖学理论。中国古代医学家在中国传统文化的环境中,没有形成主要依靠打开人的机体观察人的理念,则不可能从人的肌体实质结构的层面认识人体;古代中医主要依靠人的机体在活动状态下表现于外的征象,揣摩体内的动态,这样的认知方法则不可能将活动的人体静态化,进而不能将人体的各个组成部分进行定性、定量分析,不能对人体及其各组成部分进行抽象的规定,最终难以形成关于人体"是什么""怎么样"和"为什么"的系统理论,难以形成以人体解剖学、生理学为核心的医学基础理论体系。

(二)没有受控实验技术体系

在西方近代自然科学发展中发挥重要作用的受控实验技术体系,是西方近代自然科学家们在从事关于物质世界研究的实践中逐渐摸索到的,是有着诸如构造性自然观等一系列理论为基础的。西方人在近代的科学创造需要一定的实验过程,古代中国科学家在创造一系列发明创造的过程中也不是一步到位的,只是没有走上受控性实验的路。古代中国人之所以走出另一条路,是由中国古代的主客观因素决定的,这些因素主要有。

其一,经验难以满足证明抽象理论正确与否的需要。经验主要适应于宏观技术的传承,中国古代关于对大自然和物质世界的认知,主要建立在宏观层面,经验是传承技术的主要途径,也是相关领域内知识的主要成分。但是经验难以满足具有抽象逻辑关系特征的理论推理的需要。

其二,不需利用受控实验技术。因为中国古代关于自然科学的认知没有形成关于物质世界抽象的理论体系,不同内容的理论之间不存在推演关系,也不可能形成关于自然科学的假说,进而不需要利用理论指导下的实验技术证明理论的正确与否。

其三,试验的作用不能达到受控实验的目的。试验与受控实验有着认知层面的本质不同,受控实验是在相关理论的推理下形成科学假说,再根据假说的需要设计受控实验,实验的材料、仪器和程序必须符合理论的要求,实验的结果证明的是假说相关的理论,从实验的结果到生产实践还有一个转化过程。而中国古代科技活动的试验是与生产实践无缝对接的,不能起到直接证明理论的作用。

仍以传统中医为例,中国古代医学之所以没有走上西方近代医学之路,没有发展为西方近代医学的模式,一个重要因素是中国古代医学没有主要依靠受控实验实现理论与实践的统一。古代临床中医诊治技术的提高主要依靠临床经验的积累,对临床经验的升华是中医临床理论形成的唯一途径。而西方近代医学的许多理论是通过对动物的受控实验获得依据的。古代中医从来不会用动物代替对人的认知,最多可能让动物尝尝药物毒性的大小,历代中医史料的记载,从来没有关于用可控的手段做有关临床诊断和治疗实验的描述。

试验性临床诊治活动是古代中医常用的方法,例如为了验证临床诊断的正误,临床中医常常采用试探性治疗的方法,以疗效作为验证诊断正确与否的依据,或者先用小剂量的中药方剂试探拟定处方的疗效,这种试验性手法在中医临床医学认知发展中同样具有实践本质的意义。

中国古代医学没有走上实验医学的道路,走了一条与西方近代医学完全不同的从实践到理论的路。在西方近代医学像潮水涌来以后的二百年间,并没有完全代替中医学在现代医疗卫生事业中的作用。相反,人类卫生健康事业发展的实践越来越清晰地证明:中华民族抗击病和寻求健康的智慧是经得起实践考验的,传统中医学同样经过了符合人类思维发展规律的认知过程,是人类智慧不可多得的文化瑰宝。

四、西方近代科学对中国近代社会的影响

人类创造科学的目的是利用科学,但是科学被利用的目的和方向却大不相同,有人利用科学为人类创造幸福,促进人类的进步,有人却利用科学发财和扩张。中华民族始终在利用科学造福人间并努力构建和谐社会,却在近代遭受他人恶意利用科技掠夺中国财富、抢占中国领土、杀害中国人民。

(一)科学及其作用

科学是人类对客观世界正确认知的合理反映,是人类创造文化的一种表现形式。科学是由人创造出来的,又被人所利用。又由于利用科学的人的目的不同却使科学产生不同的作用。

科学,属于精神文化的范畴,是人类对客观世界正确认知的系统和合理反映,对人类社会、人的社会存在及其关系的系统反映属于社会科学;对大自然及物质世界认知的系统反映属于自然科学;对人的认知思考活动本质、规律和联系的研究所形成的系统知识属于思维科学。本教材在本节主要讨论自然科学的社会作用。

科学被人创造出来又被人运用于社会活动中便产生了科学的作用,科学被人正常利用的作用主要有:提高人们对大自然及物质世界的认识,获得在大自然面前更多的"自由";提高社会生产力,使人获得不断改造劳动工具和改进劳动工艺的能力;促进社会的进步和发展,使社会的人们获得越来越多的物质生活资料,从而不断提高人们的生存质量和幸福指数等。

人们在利用科学的时候都抱有一定的目的,有的是为了生存,为了生存得更好、更稳定、更安全;有的是为了生活,为了生活得更美好;也有的人为了自身和他人的健康;另有一些人只为自己或极少数人的生存和生活,为了敛取财富,甚至为了霸占世界等。由于利用科学的目的不同,科学所产生的社会作用也不同,为了社会大多数人生存、生活得更好而利用科学,使科学得到发展,是科学的良性发展;为了不正当的目的而利用科学给人类或人类社会的局部造成灾祸,是不正当的利用科学,或者是在盗用科学的知识、理论和技术。

因此,脱离人的因素而讨论纯粹的科学问题,只是科学问题讨论的一个方面,更不是科学的全部问题,讨论科学与社会的文化发展问题,必然讨论科学文化的人为因素。

(二)西方文化的传入与中国科学的发展

西方人能在经历千余年科学低潮的基础上掀起近代科学的高潮,中国人为什么不能在经历了千余年科技盛期的基础上,将传统的科技推向大发展? 这是本章必须回答的第一个问题。

其实,人类的科学文化和科技发展的规律,并不都是要在具备了一定雄厚基础上出现突飞猛进,有时候可能在并不太高的科技基础上发生,乍看起来似乎不符合客观规律,当我们从人类思维与科技创造关系的角度看问题,就发现其中的合理性了。其核心因素是:科学和技术的创造都离不开认知思维的桥梁,在欧洲文艺复兴之后,工业革命对生产工具和生产工艺突破性改革的需要、古希腊构造性自然观的抽象逻辑思维及新发现的科学实验,三大要素的有机结合完成了近代科学循环加速机制的构建。

当欧洲的社会进程进入近代并掀起工业革命的时候,中国还处在古代社会阶段,当时中国的生产力水平和科技水平都很高,当时的劳动者和技术创造者已经处在惯性认知思维之中,当时已有较高的生产效率,也没有发展商业需要的刺激,社会上没有发起工业革命的动力;中国古代文化中没有形成对物质世界形态结构、功能及其原理研究的系统理论;更没有发现科学实验的技术体系。缺少西方近代科学发展的三大要素,则不可能在拥有数千年古代文明的中国引起欧洲式的近代科学发展。

第二个问题是当西方近代科学传入中国后为什么没有迅速促进中国近代科学的大发展。

关于近代科学传入中国后为什么没有迅速掀起中国科技的大发展,这是一个值得深入探讨的文化融合问题。

在讨论文化融合问题之前有必要将"文化融合"一词加一界定。自从西方文化传入中国,就引出中国文化和西方文化关系的一系列问题,其中议论最多的是关于中西文化融合的问题,即中西文化合在一起的意思,其表示词还有"结合",即中西文化结合。无论是用结合还是用融合,关键在如何理解关于中西文化"在一起"的含义。一种观点认为中西文化结合就是将中西两种文化糅合在一起,合并起来;另一种观点是西方文化为标准衡量中国文化,只吸纳中国文化与西方文化一致的部分,去掉不符合西方文化的体系和成分;还有一种观点认为以中国文化为标准吸收西方可用的文化等。

我们认为,中西文化是经过两种不同性质的思维桥梁,创立的具有不同形态的两种文化体系,中西文化的优秀部分都是人类创造的文明,它们各有自己的特点和优势,也各有自己的不足之处。依西方文化的标准衡量中国文化是不正确的,以中国文化为标准也是不公正的,将中西文化糅合起来也是不可能的,可行之路是相互吸收对方的长处和优势,在各自新的实践中将中西方文化的思维优势有机结合起来,才能创造属于自己的辉煌。

基于上述基本认知,进一步分析中国近代为什么没有在西方文化的启发下,激起中国科学文化的大发展就顺理成章了。

其一,西方的文化难以在短时间内激活中国人的抽象思维。科学的发展是通过人的思维活动实现的,西方文化传入以前中国人的思维活动,完全运用中国传统文化的知识认识和解决问题。西方文化传入中国后,人们还需经过一个消化吸收的过程,如果在不理解的情况下直接将西方文化输入于中国文化的认知过程,则难以得到正确的结果。

以西方医学传入中国为例,西方人认识人体是建立在构造性人体观的基础上的,其中关于对人体结构的描述是基于人体自然属性的形态学完成的,对人体功能的把握是建立在对人体活动质和量测量之上的,当人们依据西医学关于人体解剖和生理知识输入于中医对人体的认知时,却不能正确理解中医学的本意,如果将中医学对人体的解释都换成西医学的知识,那将使所有的中医理论和技术都不存在,中医学也就灭亡了。

事实是,自从西方医学从17世纪中叶开始传入中国至今,西方医学既没有促进中医学的发展,也没有代替中医学的存在,反倒有太多的事实证明,中医学在认识人体、抗击疾病和寻求人体健康诸方面,都表现出中华民族的智慧。

其二,西方的思维模式不适应中国的社会实践。如果因为西方文化的传入引起了中国科学的大发展,必须符合一个规律,即西方文化的思维方式适应于中国社会生产和科学的实践。但实际上并没有使中国人学到西方人的思维方式,因为它不适应于当时中国人的社会实践。

其主要表现是抽象理论用不上、思维方式不适应和实践途径不吻合等。西方文化关于自然科学的理论是对物质世界微观结构认知的阐述,如分子、原子、质量、能量的抽象概念及其关系的理论,而当时从事生产的农民、手工业者基本看不懂,即使有能看懂又对自然科学有一定研究基础的人,也用不到农业和手工业劳动过程中。中国古代各行各业的社会实践都不是主要运用抽象逻辑思维方式,而主要是以不脱离客观事物形象的思维方式,社会主导思维方式的转换是有深远文化背景的。如中医医生的诊治活动就不能用抽象逻辑推理疾病的状态,也不能用逻辑推理开中药治病的药方。又如中国画画家张大千曾专程去欧洲学习美术画人物,毕加索等西方著名画家要求他先学人体解剖学,他苦学后回到中国再不会画中国画的人物画了,画出的人物画四不像。中国古代各行各业的实践过程都用不上科学实验,经验和试验是中国古代生产及科技创造的主要实践方式,而欲实现欧洲式的科学大发展,没有科学实验的体系是不可能的。

其三,中国科学的大发展离不开中国传统文化。中国是一个有着数千年优秀文化传统的古国,中国传统文化已深入到每个中华民众的心底,是中国人认识一切事物的出发点和思想基础。当西方文化传入中国的时候,中国人会运用传统的认知理念和知识基础,对传来的知识、理念、理论和技术等,进行辨认和识别后再决定取与舍,可见,中国传统文化是中国科学大发展的基础。但是中国传统文化并不是完全封闭的文化体系,中国传统文化不拒绝外来文化,中国人在自己各行业的实践中,将中国文化和外来文化有机结合于实践的认知和创造中。

（三）西方文化的传入改变了中国社会的发展方向

如果不是西方文化传入中国,中国社会可能在中国传统文化的环境中继续缓慢发展着,中国人继续在大自然和客观世界现有的条件下,依靠传统的智慧和辛勤的体力劳动,创造并延续着数千年来的自给自足的生活。这种田园式的生活虽然没有像西方资本家生活那样奢华,但至少没有对人类生存的良好的自然环境造成大规模的破坏。假如若干年后的人类要追究是谁带头破坏自然环境的责任,一定找不到中国人的头上来。

如果不是西方列强霸权中国,中国就不会遭受民族危亡,中国人会用自己的方式沿着数千年发展的轨迹,在摸索中前进。是西方列强的入侵使中国沦为殖民地半殖民地的社会。

中国历史发展的事实证明,相比于西方近代科学发展促进了西方社会生产力的飞速发展,中国需要先进的自然科学。当中国人正在发现、学习和吸收西方近代科学还未来得及全面投入实践的时候,西方列强的入侵打碎了中国人依靠外国人强大自己的梦。

第三节　文化强权的压迫与反抗

西方列强侵入中国实行文化强权主义,压制中国传统文化,奴役中国人民,摧残中国人的身心,必然得到中华民族的坚决反抗,中国传统文化是中国人民反抗文化强权的精神武器。

一、文化强权的压制与抵制

列强国家的文化强权主义行为是帝国主义侵略中国的罪行之一,他们企图通过文化压迫中国人民,妄想实现长期奴役中国的野心。

（一）文化强权行为的本质

文化强权是利用政治权力将一种文化向另一种文化环境强势推行的霸道行为,是一种极不正常的文化传播方式。

中国在近代遭受到的文化强权来自多个帝国主义国家,他们为了达到掠夺中国财富、霸占中国领土、奴役中国人民的目的,总是在入侵中国之前或入侵中国的过程中,向中国社会强势推行某些文化。

列强国家向中国强权推行的文化内容既不是中国人需要的自然文化，也不是启迪中国人智慧的精神文化，而是服务于他们侵略行径的腐朽文化，是对客观世界，对人类社会歪曲的反映。为了达到愚弄民众的目的，强权者多以伪装的形式推向中国社会，如日本帝国主义早在英国人强行的中国输入鸦片毒品以前，就对中国富饶的国土垂涎三尺，他们以"帮助"中国建铁路、开矿藏、办学堂为名，向中国社会推行日本文化，还美其名曰帮中国建"王道乐土""大东亚共荣圈"等，其真实目的是霸占中国领土。

（二）文化强权行为对中国文化的压制

文化强权在中国的主要行为是一方面强制推行他们的强权文化，另一方面极力压制中国传统文化。列强国主要通过以下几种途径向中国施以文化强权行为。

其一，强推商品。西方列强敲开中国大门的最初目的就是向中国民众倾销他们的商品，以捞取银财。列强者强推的商品并非中国人生活中需要的，而是以获取高利润为原则；也不是为了促进中国的生产力和社会发展，而是以毒品残害中国人。列强者以他们的生活方式和习惯向中国推销体现西方文化的商品，如西式服装、家具、艺术品等，意以借此改变中国人的物质和精神文化生活方式等。

其二，强推他们的语言、文字、艺术等。列强者们以自我高大、优秀、文明、先进的心态凌驾于中国人之上，他们以俯视的姿态与中国人打交道，却伪装出善良的面容举办各种学校，推广他们的语言、文字，展示西方艺术作品等。

其三，强加西式"民主"。西方列强来到中国以"民主"自居，自以为他们国家的社会制度是最民主的，他们总是想在中国也建立他们那样的"民主"制度。

其四，愚民政策。愚弄民心是西方国家统治者惯用的伎俩，他们来到中国利用不同文化的差异性，故意封闭中国人希望知道的知识，隐瞒中国人希望掌握的技术等。

其五，压制中国人的中国文化活动。西方人以"民主""文明""先进"自居，以强势压制中国人的正常文化活动，甚至强迫中国人从事他们的文化活动，如穿他们的衣服，唱他们的歌曲等。

（三）中华民族对文化强权的抵制和抗击

中华民族是一个有着善良和睿智品质的优秀民族，她对待外来文化的态度是有基本原则的。一方面是以包容、接受和吸收的态度对待一切外来优秀的文化，欢迎外国友好的人和事来到我们中间；另一方面，对待那些不友好的、污秽的、有害于我们民众的文化，是持否定、排斥和抵制态度的。

西方文化本是西方人在他们的社会环境中创造的文化，适应于他们的需要和感受，但是把他们的文化强推给当时的中国，有些文化对中国人来说从心理上接受不了，有一种排斥的心理是自然产生的。例如当年清朝政府在北京圆明园建设过程中，就有抵制西方文化的实际行动。据有关资料记载，圆明园的海晏堂十二生肖兽首铜像水法阵的设计，最初是西方的意大利人设计的，他极力推行西方文化，他执意要把铜像设计为欧洲艺术风格的裸体女人像，方案上报至乾隆皇帝，他认为在如此宏大的建筑中展现出西方文化这样的风格,有损于中国人的形象,被乾隆皇帝予以否定,后来改为富含中国文化气息的十二生肖兽首铜像。

中国人抵制强权文化,阻止文化掠夺的另一种措施是保护中国文化。自西方人开始进入中国,就有人以研究为名骗取、偷取和掠夺我国的宝贵文化,无数的中国人觉察到他们的恶劣行径,便努力采取各种办法保护自己的文化,有许多人为此甚至付出宝贵的生命,有太多的历史资料记载着那些真实的事实。

但是,有些文化的优劣不是明显表现出来的,如果有些心怀鬼胎的人故意将污秽、反动的文化伪装成美好的东西,是具有很大欺骗性和迷惑性的。在西方文化传入中国的早期,善良的中国人把他们都看作好人,把他们迎进来了,当发现他们当中的许多人不怀好心,向中国传播他们的污秽文化,推销他们的毒品时,警觉的中国人开始抵制,清朝政府委派钦差大臣林则徐前往广州主持禁烟,在当时以林则徐为代表的清政府官员的领导和组织下,展开了抵制洋货,抵制毒品的浩大正义斗争。当强盗们感到通过一般手段达不到目的时,英国人首先用大炮开路向中国输送毒品,当即激起以三元里一带农民、渔民为主的广州人民的奋起抵抗。

自中英鸦片战争以后,外国列强纷纷把掠夺的目标转向中国,美英法等国联合侵略天津、北京,火烧了圆明园,掠走了我国大量金银、珠宝和文化宝藏,八国联军入京后特许各国军人抢劫三日。这就是当时西方人来中国的目的,他们披着文明、亲善的外衣,干着抢劫和掠夺的勾当。中国人在外国霸道行径面前从来没有停止对西方强权文化的抵制,也没有停止对中国文化的保护,更没有停止对列强侵略的反抗,其反抗的力量主要来源于广大人民,其中有广大百姓的英勇义举,有以"义和团"为代表的民间团体的英勇抗敌,有抗击日本帝国主义的伟大胜利等。

中国传统文化在文化强权行为的压迫下没有被压倒压垮,说明其有强大的生命力。

二、强盗行径的掠夺与摧残

文化强权行为的恶性发展就是强盗行径的霸道,西方列强借助武力打进中国,他们用枪炮蹂躏中国人的肉体,施强盗行为奴役中国人的心灵,经受中国传统文化数千年熏陶的中国人决不会屈服于列强的摧残,反抗的心中烈火必然转化为复仇的力量。

(一)强盗行径的邪恶本质

中国的文化里说人是"性本善"的,西方的各种宗教教义也都以"善"为议题,可是为什么人类还有那么多邪恶理念,那么多强盗行径呢? 邪恶和强盗为什么能形成一种社会能量危害人类的正常生存和生活呢? 在中国传统文化环境中生活了数千年的善良中国人,为什么遭到列强国家长达百年的残害呢? 其中必有深刻的心理和文化因素。

其一,私欲理念的恶性膨胀。西方文化的源头是古希腊文化,而古希腊人以航海、经商、掠夺为生存的主要内容。经商的利润意识深深地存在于他们的认知中,追求利润的心理必然助长人的私欲,他们为了个人利益而奋斗,甚至为了追求利益的最大化而拼

命,关于这样心理状态的描述在西方文化的各种形式中司空见惯。当这种私欲理念成为社会普遍存在的现象,争夺就是必然发生的现象,争夺不公的结果是私欲的恶性膨胀。当一定范围内的资源不够争夺时,扩张的行为必然发生。

其二,优越心理的恶性发展。西方近代科学文化的发展给人类带来生产力的大发展,成就了一批又一批的优秀科学家,掌握先进文化的群体成为人类文明事业的开拓者。但也有一群人,他们不能正确认知文化与人的社会存在的关系,总是以拥有一定文化而自居,居高自傲,自感优越,盛气凌人,并由此发展为自我种族优越感。当这种"优越"心理成为社会人群的集体意识,当这种集体意识被握有政权的扩张主义者利用和愚弄时,是很容易形成集体强盗行径的。

其三,人性理念的邪恶认知。早在西方文化的第一个盛期时,西方人对人的认知就存在某种偏差,他们过于强调人的自然属性,而较少强调人的社会责任和社会关系的和谐性。这种认知在西方文化的发展中没有机会得到纠正,又被欧洲各种宗教加以歪曲和利用。列强们在中国的强盗行径已彻底打破了他们所谓的张扬人性,是完全失去人性的兽性暴露。

当私欲理念的恶性膨胀、优越心理的恶性发展、人性理念的邪恶认知三种恶性心理积聚在一起时,帝国主义的强盗行径就成为必然发生的事。中国人民善良的心理和勤劳的品质必然成为强盗们欺压的对象;中国大地富饶的资源必然成为殖民主义者们垂涎三尺的肥肉;而自清末至民国政府的腐败无能,国力不强等因素必然成为帝国主义入侵中国的可乘之机。

(二)强盗行径对中国文化的掠夺与摧残

帝国主义者在中国的强盗行径世人皆知,国人铭记。列强们对中国文化的掠夺和摧残使中国传统文化遭受巨大损失。他们的文化侵略行径主要表现为诱骗、偷盗、掠夺和破坏等。

通过诱骗手段获取中国文化财富,是西方人早期掠夺中国文化财宝的途径,他们来到中国以经商、旅游、探险、考察等名义流窜我国各地,一旦发现带出中国可以卖钱的东西,他们就以保护、修复、购买等名义接近目标,直至获取。这种行为成为当时西方人个人千方百计来中国的重要目的。西方人以诱骗手段获取中国文化财宝的典型例子是敦煌莫高窟大量文化财宝的损失。1907年英国考古学者斯坦因以探险的名义发现了敦煌的文化宝藏,以极少的银两一次就骗走了29箱莫高窟文化宝藏,后来又多次来到莫高窟骗走大量文化宝藏。由于斯坦因的带头,西方人蜂拥到中国骗取文化财宝。

偷盗是西方人来中国常用的手法,中国的寺庙、道观、古墓、古刹等是西方偷盗者常去的地方,见到有价值的文物,见没有职守看管就偷,偷出去就售卖。

西方列强获取中国文物的最常用手段就是掠夺,掠夺是帝国主义发动战争的主要目的,掠夺土地,掠夺资源,掠夺财富(文化掠夺属于掠夺财富的罪行)。从1840年的第一次鸦片战争到中国人站起来的时候,帝国主义者向中国发动了多次战争,他们残害中国人的同时还在不停地掠夺,仅八国联军攻占北京后在宫廷、颐和园、圆明园大肆烧杀掠抢,国家和民间的文物被他们一抢而空,圆明园里的十二生肖兽首铜像就是在这时候被掠走的。

帝国主义列强侵略中国的目的是奴役中国,而奴役的手段之一是让中国人失去自己的文化,他们意识到中国人有自己的文化就有中国人的认知,有中国人的凝聚力,有中国人对国家、对民族、对国人的情感,这种中华情结是对侵略者无形的打击和威慑。因此,侵略者所到之处偷抢中国的文化是他们的重要目的,如果偷不到、抢不着,就大肆破坏,决不留给中国人。

(三)痛定思痛的认知

拥有数千年灿烂文化的中华文明古国竟然遭受到自称"文明"、披着"文明"外衣野蛮人的欺压,实在令中国人痛心,实在不甘忍受欺侮,血的教训迫使中国人思考,必须以牙还牙。中国人对外来侵略的反抗意识和对帝国主义本质的认识是逐渐发展的,开始只有朦胧的意识,然后渐渐清醒,最终走上坚定和彻底的反抗侵略的必由之路。

当中国人开始遭受英国人的侵略时,中国人以抵制表示反抗,当多国豺狼纷纷袭来,国人意识到我们之所以被欺负是我们没有抵挡恶人的武器,于是我们也制造武器抗敌。后来侵略者们来中国大量杀害我们的亲人,我们也不得不拿起武器,以牙还牙,对所有敢来杀人的人予以彻底消灭。

由于侵略者们将他们掌握的先进文化转化为"坚船利炮",弱势的中国人以团结起来的"万众一心",组成抗敌的"钢铁长城"。

但是,面对凶残、势强、众多的侵略者,近代的中国人民呼唤代表先进文化核心力量的出现。中国人从开始反抗到以牙还牙,经过了七八十年的反抗,还没有实现抗敌出境的愿望,根源就在于中国人还没有找到一种既能集民族智慧、民族经济、民族精神为一体,又能代表先进文化的核心力量。

三、中华民族的希望在于寻找代表先进文化的核心力量

西方文化的传入使一部分中国人主张走西方人走的路,更多的中国人主张还是走中国传统的老路。但是,世界在发生变化,中国正遭受侵略,中华民族的希望在于找到代表先进文化发展方向的核心力量。

(一)"全盘西化"路不通

西方文化传入中国的早期,中国人被西方人的先进文化和生活方式所吸引,不少人主张抛掉中国传统文化,全面接受西方文化,向西方人学习,走西方国家发展的路,其结果证明此路不通。今天的人们在反思历史时,不仅要知道"全盘西化"此路不通,尤其应认识到为什么走不通,我们认为主要有如下几个方面的因素。

首先,当时的中国不存在转化为西方模式的社会基础。本章所讨论的社会基础,是指在一个相对社会范围内存在的经济方式和民众生活方式。从经济方式的生产力因素看,中国已经历数千年的农耕生产,构成社会主要生产力要素有生产工具、土地和农

民,生产工具都是以耕作、管理、收获为主的农具,农业生产的规模不刺激生产工具的大改造,自然不存在工业革命的可能性;生产对象的土地和农作物不存在什么大变化;农民的农业生产知识都在劳动经验之中。社会生产力的三大要素都不存在剧烈变革的可能性。经济方式的生产关系中的生产资料基本归农民所有,因为农村中的雇农不占多数,而贫农及以上占多数,广大农民有从事农业生产的积极性,基本没有弃农经商的热情。总之,当西方文化传入中国之后的中国社会,不存在从以农业生产为主体的社会模式转为以商业经营为主的模式的可能性。

当时中国社会人员构成以农民为主,耕田是他们的希望,家园是他们的归宿,乡邻是每个人朝夕相处的人;务农、吃住和走亲访友是广大农民的日常生活内容。农村及城镇的手工业劳动者、市民和少量生活用品的经营者群体,大多原本就是农民,他们与农民有着密切的联系,并过着与农民相似的生活方式。中国广大民众求稳不求变的生活理念是不可能走向西方之路的社会思想基础。

其次,当时中国的社会不具备向西方模式发展的文化背景。西方社会从封建制到资本主义社会的大变革有着一定的文化背景,而当时的中国不具备那些文化背景。中国古代社会没有经历长时间的文化专制,没有出现宗教思想一统天下的情况;没有出现因社会民众长期受到思想压抑而激发思想启蒙运动,没有发生社会民众思想大潮的冲击;古代中国民众的基本生存理念是在稳定中不断提高生活质量等。因此,当西方文化传入中国之时,虽然引起了当时中国社会的一度西方文化热,但距离引起社会性质的大变革还相差甚远。

再次,当时的中国民众主体不接受西方社会模式。中国是一个农业大国,中国民众的主体是农民,数千年自给自足的自然经济生产、生活方式已经成为广大农民的主体生存方式,他们是不会主动和积极接受西方社会模式的。

(二)传统的老路走不成

照搬西方模式走路走不通,再走古代的老路已不可能,因为社会的文化环境已发生变化,落后的经济已经不能抵挡殖民列强的压迫。

其一,传统的老路已不适应社会变化的需要。西方的文化、西方的科技已传入中国,中国人目睹西方科技的效率,而老式的劳动工具相比于西方人的机器确实劳动效率不高,而社会的发展需要大量的工业产品和生产资料,如果照传统的老路走必然既不能快速提高生产效率,还会继续落后于西方。

其二,走在中国传统基础之上吸收西方之长的路的条件不成熟。中国社会发展的道路不能抛开中国传统文化,又不能否认西方自然科学文化的存在和某些先进性的现实,选择以中国传统文化为基础,合理吸收西方文化之长,即当时有国人提出"中体西用"之策,有一定道理,但是有一系列的什么是"体","用"别人的什么,"体"和"用"的关系如何协调的问题,真正有能力解决这些问题、把握正确方向的力量不在自然科学之内,也不在科技创造之内,而是代表先进文化发展方向的政治力量。中国人自从遭受列强的侵入,就开始了寻找这种力量,在近代的中国没有形成这种力量之前,走这条路的条件还不成熟。

其三,列强侵略不赶出中国则没有中国人能走的路。殖民主义对中国人的残害,文化强权对中国传统文化挤压,是压在中国人身上的大山。赶出强盗才有弘扬中华优秀文化的可能。

（三）呼唤代表先进文化发展方向的核心力量

中华民族经历数千年的自给自足自然经济,在认识、适应和利用客观世界的实践中,运用中国传统文化创造了举世无双的辉煌文明。正当中国人沿着传统的认知思维之路继续向前时,从遥远的西方传来了新的文化、新的认知方式、新的思想和新的生产技术等,经过多年的观察、学习和思考,中国人渐渐认识到在这个世界上还有一种文化,在认识和利用自然界方面比祖辈传下来的经验具有一定的先进性,于是有相当一部分中国人主张全面向西方学习,照搬西方的生产及社会管理模式。当这种思想倾向发展成为一种社会思潮,并转化为社会能量付诸实践时,才发现并不是像想象的那么美好,甚至与之相反。事实证明这条路走不通,当人们清醒过来正在寻找到新的道路时,帝国主义的侵略彻底打碎了中国人完全学西方的梦想。

正当中国的有志之士苦苦思索的时候,苏联十月社会主义革命胜利给中国送来了马克思列宁主义,中国的有志之士认识到这个学说不同于以前传入中国的西方文化,其中的核心启示让中国人悟到:人类社会已极不太平,世界上许多强盗当权的国家已经盯上了中国这块富饶的土地,他们正想独霸或瓜分这块肥肉,中国人欲过上安稳日子,必须彻底粉碎帝国主义者的黄粱美梦。

西方人从传教士的文质彬彬到列强们的霸道行径,使中国人逐渐认识到仅凭智慧和善良不能学到真正的科学,也不能赶走群狼野兽,必须寻找到一种以代表先进文化发展方向为标志的政治核心力量,带领中华民族推翻所有压在中国人身上的大山,挣脱套在中国人身上的枷锁,将命运掌握在中华民族自己的手中。

这个核心力量就是中国共产党。

第八章　中国传统文化在民族复兴大业中的作用

中华民族拥有 5000 多年的文明发展历史,曾经创造领先于世界的先进生产力和辉煌的古代科学技术,却从近代以来遇到西方文化的冲击,遭受帝国主义列强的摧残,又赶上清末政府的腐败无能等,使中国传统文化的发展处于极端困苦的境地。但是中华民族并没有被危难所压垮,复兴中华的强盛成为全民族不灭的梦想。在中华民族实现复兴伟业的实践中,中国传统文化的生命活力蕴藏着民族复兴的生机。

第一节　复兴是中华民族的百年梦想

中国古代曾有的辉煌是中华民族智慧和勤劳的象征,相对的落后和强盗的压迫不等于自身的衰落,复兴的生机是成就强盛梦想的基础。

一、中华民族失去的辉煌

中国古代的强盛是中华民族自己奋斗出来的,近代时期出现的暂时落后不是自身的衰落,中华民族并没有衰落,而且仍有复兴的生机。

（一）中华民族曾有的辉煌

与近代发展迅速的西方国家相比,没有哪个国家能在西方社会进入近代以前的数千年间,一直保持经济持续发展、社会相对稳定、文化不断繁荣的国家强盛发展势头,而古代中国做到了。中华民族是人类较早进入文明时代的民族;中华民族在古代创造的先进生产力和科学技术却是世界各国发展中唯一的现象;中华民族创造的中国传统文化,不仅一脉相承,而且传承数千年。上述三个基本特征构成了中华民族强盛于世界古代历史时期的事实,这个事实同时昭示如下几个层面的事实。

其一,中国古代的经济发展全部是古代中国人自己辛勤劳动的结果。勤劳是中华民族的品德,这是古代中国人在为生存和生活的劳动中逐渐养成的,是人们在生存中悟到的真谛,因为只有自己动手劳动才能获得生存和生活的基本条件。在长达数千年的历史时间内,广大农民背朝烈日面向大地而辛勤耕作,广大手工劳动者终日挥汗于各种作坊,他们是创造古代中国物质文化的主力军。

其二,中国古代的经济发展不含有任何掠夺、霸占等行为。中华民族不仅勤劳,而且善良。从古至今,中华民族从来没有发生过掠夺、霸占别国资源及财富的事,中国人认为别国领土上的资源属于当地人民,别国人创造的财富只有创造者才有享受的权利。古今中国人不仅不会掠夺别国,相反却尽己所能而帮助别国人民,这正是古今中国人受到全世界人民信赖和尊重的人格魅力。

其三,从来没有发生有组织、有计划的大规模破坏自然环境的现象。古代中国人从不以破坏自然环境作为发展经济的代价,因为我们的祖先早就认识到天地是人生存的根本,天地之间的一山一水、一草一木都是有灵气的,人们只能利用它而不能大规模的破坏它。

其四,充分显示了中华民族的智慧。在古代生产力和科技水平都很低的条件下,创造持续发展的中国古代经济是非常艰难的,不仅要克服大自然不利因素带来的灾难,还要最大效率地利用有利的自然条件,更需要最大可能地合理调节人与人的社会关系,使社会的人们有机组合起来,投入创造社会财富的劳动之中。所有这些,都需要人的智力活动"生产"出智慧的实践措施和操作技巧,才能实施于实践过程之中。

(二)相对落后的中国近代科技

事物的落后,其性质有不同,有一种事物的落后是没落,是走下坡路的落后,是自己与自己相比的落后,即一天不如一天的滑落;另有一种事物的落后是与此事物以外的事物相比而显露出的落后,即相对的落后。

中国社会的发展进入近代时期,中国文化相对于西方文化的自然文化,确实出现了落后的局面,这是必须承认的事实。但是我们也应该认识到中国文化当时的落后是相对的,其中社会层面的落后是由于列强侵略对中国社会的破坏,由于自清末至民国统治者的腐败和无能;而近代科学和技术的落后,是相对于西方近代科学的迅猛发展,相对于西方科学从对物质的基础研究,经科学实验迅速转化为生产力及其技术的创造,中国当时的自然科学研究及技术创造确实落后了。当时的中国没有展开对物质世界的基础研究;没有专门展开对地球及地球以外宇宙的研究;没有对地球展开大规模的开发,没有造成城乡烟囱林立、黑烟遮天、良田荒芜、河流污染的恶劣环境,当时的中国人既没有这样想,也没有能力这样做。

(三)强盗掠夺导致中国文化的危机

西方列强侵入中国以后,开始对中国进行大规模的掠夺,他们不仅掠夺中国人以前创造的财富,还掠夺中国的自然资源,霸占中国的领土,侵略者的强盗行径是导致中国文化发展处于危机状态的直接原因。

首先,强盗的掠夺使中国遭受到重大资源损失。所有侵略中国的强盗们都有一个明确的目的,就是掠夺中国的资源。他们强迫中国割让国土,他们强占中国的资源,在中国的国土上修路、开矿,他们把中国的煤炭、石油、矿产等所有有用的物质运往他们的国家。国家创造物质财富的资源遭到严重的破坏,拿什么创造物质文化。

其次,强盗行径直接伤害中国人的心灵。强盗们从中英鸦片战争就开始肆意蹂躏中国,他们在中国烧杀掠抢,使广大中国人无法安稳学习、研究和创造。因为他们的暴行使中国人流离失所,中国人有家回不成,有学校上不成课,有研究场所无法展开课题,有创造、创作愿望没有实施的热情等。文化的创造和发展需要作为主体的人拥有稳定的环境,更需要热烈的情绪,而侵略者的行径使近代的中国人难以获得这两个必要条件,则难以获得创造和发展的必要环境。

再次,侵略者文化强权行径的挤压。帝国主义者对中国的侵略,不仅烧杀掠抢,而且实行文化侵略,其文化侵略行径严重地挤压着中国文化的发展空间,他们把他们的宗教信仰传给中国的百姓,让中国百姓敬仰他们认为的天神;他们利用掌握的先进传播手段,强势宣扬西方的文学艺术,挤压了中国人创作和传播中国文学艺术的空间;为了配合侵略行径,他们大肆宣传和歪曲种族优劣的反人类文化,大肆贬低和污蔑中华民族的优秀本质,严重伤害着中国人对本民族的深厚感情。帝国主义对中国实施的文化侵略渗透于中国的政治、经济、思想、宗教、文学、艺术等各个领域,严重挤压着中国文化的发展空间,是中国传统文化在近代遭受破坏的直接原因。

(四)相对的落后绝不是衰落

用"衰落"表述中国在近代的状态不合适。"衰落"的事物是自身没有了生机,而近代的中国虽然有西方文化的潮涌,又遭受列强的摧残,但是国家和中华民族自身内在的生机犹存,有生机有奋发图强的意志就有复兴的希望。

如果指文化的衰落,文化衰落就变腐朽了,其文化既不能正确反映客观事物了,又没有指导实践的意义了。而中国的文化自西方文化开始传入至中国的近代,还没有发展到被挤压和被欺压而导致衰落的地步。

如果是指中国人,指中国民众,更不能用"衰落"概括,人类历史上从来没有发生过哪个民族会自行衰落,因为民族是与人民大众密切相连,人民大众是创造历史的主人,是推动社会发展的动力。一个民族是一个相对的民众群体,有可能被另一个民族欺压和屠杀,而不会自行衰落,一个国家亦然。衰落的只有某个民族或国家的政权统治阶层,及其为之服务的文化的腐朽。

中国文化在近代只是相对的落后,其根据是:其一,中国文化显露出某些方面的相对落后是事实,但不是全部,中国文化的人文文化并不落后,中国人民在近代表现出的争取民族团结、推动世界和平、抗击外国侵略的社会文化理论及实践是先进的;其二,中国文化的自然文化落后于西方的关键环节,是没有关于物质世界的基础研究,西方文化传入中国后,广大民众继续运用传统的自然文化,仍然创造了相当的社会生产力和物质财富,保证了中国人民基本的生存、生活的需要,并为抗击和赶走外国侵略者提供了必要的物质基础;其三,中国文化既没有被传入的文化所全部代替,也没有被全部淘汰,更没有被文化强权所压垮,在人类文化发展的历史长河中,局部和暂时的落后是难免的,落后中孕育着生机。

中国的国家和人民在西方文化开始传入至中国的近代,并没有衰落。西方文化传入中国,其文化的综合实力不可能在有着5000多年优秀文化传统的中国实施文化的大毁灭,广大劳动者仍然继续着传统的生存和生活方式,并有选择地吸收传入的文化。帝国主义的侵略并没有征服中国人反抗的意志,却在代表先进文化发展方向的中国共产党领导下,不仅翻身做了主人,而且迎来实现民族复兴的中国特色社会主义建设的新时代。

衰落的事物不会有生机,能复兴的民族必然有文化的活力生机。

二、中国传统文化的生命活力内藏民族复兴的生机

中国传统文化含有自强不息的骨气,是中华民族实施复兴伟业的内在动力,也是深藏在每个中国人心底里奋发图强的心声。

(一)中华民族复兴的生机

生机,即事物发生发展的生命活力,其含义有三:其一是事物发生发展的动力在于事物的内部,是事物的本质所深藏的生发机制;其二是内藏的生命活力总是要展现出来的;其三是事物内在生机的展现需要一定的条件。

中华民族在古代中国依靠自己的智慧和劳动,曾经创造了长期领先于世界的综合国力,使古代中国一直处于世界强盛地位,在中国历史的近代发生的挫折使中华民族暂时失去了强盛的地位,这并不是中国要强盛这个事物的结束,而是这个事物发生过的强盛和暂时失去强盛两个阶段,中国要再强盛是这个事物的继续。中国必然会再强盛,其一是因为在中华民族创造中国历史这个事物内部还存在着勃发的生机,其生机就在中华民族的心底深处,在中国传统文化中蕴涵的生命活力;其二是深藏民族心底的驱动力可以转化为实干的行动力;其三是我国已具备再次强盛的时机和主客观条件。

中华民族的复兴是一种伟大的社会实践,实践的目的是国家的强盛、民族的兴旺和人民的幸福,实践的主体是全中国人民,实践的文化基础是中国传统文化,实践的组织者和领导者是伟大的中国共产党。

(二)不甘屈辱的民族自尊心

西方文化传入古代中国,使当时的中国人感到很新奇,便以认真的态度虚心学习西方传入中国的自然文化,但是中国人却看不惯西方人那种傲慢的态度,他们以掌握暂时先进的科学和技术自居,以俯视的姿态对待中国人,西方人的傲慢严重伤害中国人的民族自尊。

中国人民自从遭到英帝国主义的侵略,在其后的近百年间连续遭到多国列强的烧杀掠抢,但是中国人民从未屈服于外国扩张势力的欺压,反抗和反侵略的斗争从外国人的入侵就开始了,直至将所有侵略者赶出中国。

有人伤害中国人的民族自尊,中国人就要以自身尊严的高大形象出现在世人面前;有人残害中国人,中国人就要以自身的强大使妄想压迫中国人的人望而生畏。这就是中国人的骨气,这种骨气深藏在中国传统文化之中,是不需要用语言表达的内心驱动力,是中华民族实现复兴大业的心理动力之一。

(三)深藏民族本色的文化精神

中国传统文化是中华民族在5000多年的社会实践中积累和升华的智慧体系,其中

不仅有中华民族对大自然的认识,有对物质世界的认识,有对人们生存和生活的社会的认识,还有中华民族创造的社会生产力,有众多的科技发明和生活用品。更有中华民族在创造物质和精神文化过程中所凝结的文化精神,这些精神主要内容有民族自强、民族自尊、民族独立、民族和谐等,以及敬畏生命、敬畏天地和勤劳致富等基本生存理念。中华民族的自强不息和民族自尊精神在民族复兴大业中的作用,前文已述,以下主要从民族独立、民族和谐等基本理念探讨它们在复兴中国梦伟大实践中的作用。

中国传统文化的独立自主精神是中华民族在数千年来的社会实践中悟到的生存法则。古往今来,生存和生活在中华大地上的中华民族深切地体会到,只有自己富足了,强大了,才能受到周围人的敬重,而富足和强大不是靠别人的"恩惠",也不能靠掠夺,只能靠自己。一个人是这样,一个家庭是这样,一个家族也是这样,一个民族、一个国家都是这样。在这种文化精神鼓舞下,中华民族创造了辉煌的古代文明,中国周围的国家或族群都敬仰着中国。中华民族怎能失去曾经的强盛,今天的中国人深知古代的辉煌是中国人自己的创造,近代的落后有野蛮人的欺压,明天的辉煌仍需中华民族自己的创造。

中国传统文化的民族和谐精神体现在人文文化的各家学术思想中,虽然表述各有不同,但其核心理念是人与人之间的和谐相处。5000多年以来中华民族大家庭中的各民族和睦相处,反对分裂,维护团结,成为中国人的光荣传统。在中华民族复兴大业的实践中,更加需要这种民族团结的精神,全国各族人民的空前团结是创造复兴伟业的社会基础。

中国传统文化的突出特点之一是人本主义精神,认为人是天地间最可宝贵的,因此敬畏生命、尊重生命成为中国传统文化的重要理念。古代中国的历朝君主都把民众的安危放在重要位置,新中国成立以来党和国家始终将人民的安危和健康放在最重要的位置,在抗灾、抗疫斗争中,保护人民的生命是各级政府的头等大事。党和国家关心全国人民的卫生健康事业,制定一系列我国国民健康事业发展规划,是中国传统文化敬畏及尊重生命理念在党和国家执政实践中的具体体现。民族复兴的大业需要全国人民的积极参与,最大努力地提高全民族人民的健康水平,是调动全民族每个人的积极性,发挥每个人主观能动性的重要保障。

中华民族的敬畏天地的理念,是中国传统文化形成人与大自然和谐重要理论的思想基础。在创造民族复兴伟业的伟大实践中,中国已向全世界承诺率先实现碳中和,保护人类赖以生存的自然环境,是我国人民的自觉行动。中国要实现民族复兴的目标不会变,要复兴必然有建设,要建设就要有开发,但是中国的建设和开发决不会以破坏大自然为代价,因为中国有着数千年的敬畏天地的传统理念。

(四)复兴大业的条件已成熟

中华民族盼望民族复兴的伟大梦想已历时百年,中国人民为启动复兴大业也已准备百年,先后经历了推翻压在中国人民头上的三座大山,中国人民站起来后立即投入新中国的社会主义建设,又经历了40多年的改革开放,实现了中国人民从站起来到富起来,再到强起来的发展,中华民族在中国共产党的领导下已经拉开了民族复兴大业的帷幕。

中华民族已经具备了进入民族复兴大业伟大实践必要条件。其一,中国拥有经历百年艰苦奋斗,并富有领导经验的中国共产党的坚强领导核心;其二,拥有传承5000多年的优秀的传统文化;其三,拥有70多年的社会主义建设和40多年的改革开放的实践经验;其四,中国已积累了雄厚的物质基础,有强大的国防力量的保障;其五,现在的中国在国际社会中占有极高的地位等。

三、中华民族的伟大复兴

中华民族的复兴要复兴什么,为什么要复兴,每个投入复兴伟业中的人们应有清醒的认知,概括起来可表述为复还中华民族国强民富社会安定的国际地位;复兴中华优秀文化的坚定信念;复兴中华民族在世界民族之林的尊严。

(一)复兴国强民富社会安

我国正在进行的民族复兴事业,并不是针对中国古代某一个具体的强盛朝代的模式,也不是复还古时某个朝代强盛的水平,而是有着现代意义的民族大业。

首先,这是中华民族发展史上的伟大壮举。中华民族自从进入文明时代,智慧、勤劳的人们数千年间并不知道他们一直在创造领先于世界的先进生产力。进入近代的中国人逐渐领悟到,国家的强盛原来如此重要和必要,今天的国人已经认识到,我国正在进行的复兴事业,是中华民族发展史上最壮丽、最伟大的社会实践,是中华民族发展史上的伟大壮举。

其次,是中国走向世界强国的重要发展机遇。中国的综合国力落后于世界发达国家的200多年以来,中国人民在中国共产党的领导下,从"站起来"那天起就开始了追赶先进国家的步伐,仅仅用了70来年的艰苦奋斗,我国的综合国力就已经接近世界最高水平。最重要的是我国的发展是依靠自己的努力,通过和平途径发展的,当世界上主要依靠不平等交易、掠夺和霸权等不正当手段,获得财富的阻力不断增加时,正是我国发挥中国传统文化优势,奋发图强的大好机遇。

再次,实现中华民族国强民富社会安定是几代中国人的梦想。目前,我们的国家已经非常强大,但不是最强,只有最强才能有效制服一切犯我之敌,才能使一切企图阻止我们和平发展的妄想破灭。目前我国已整体步入小康社会,但还没实现全民族的绝对脱离贫困,还有局部地区的部分人没有过上他们理想的好日子,需要全国人民在脱离绝对贫困的征程上继续奋斗。中国要构建安定祥和的社会环境,但祖国还没有完全统一,国内还有极少数人利用境外势力企图分裂祖国,民族复兴大业的伟大实践,是战胜一切分裂祖国、破坏和平等反动行径的正义斗争,使我们伟大的祖国更加安定,社会更加和谐,人民更加幸福。

(二)复兴中国文化的信念

在西方文化传入中国以前,中国大地的整个文化环境都是中国文化,中国传统文化是中国文化环境的唯一文化体系,是古代中国人从事生产劳动和科技创造的知识工具和智慧源泉,是中华民族的精神寄托,广大古代中国民众及各层社会统治者对中国传统文化都抱有坚定的信念。

自西方文化传入中国,不仅改变了中国社会的文化结构,而且冲淡了一部分中国人对中国传统文化的信念。西方文化传入中国时,与当时中国文化的结构和表现形式比,确实有着一定的优势,特别是其中关于自然文化的表现形式是原来中国文化中所没有的,也是中国人当时的社会实践所需要的文化。当一种全新的文化展现在古代中国人面前时,学习、吸收和践行具有一定先进性的文化是中国人的文化品德,也体现着中国文化的包容性。但是学习和吸收不能过度,更不能无原则地崇拜,因为本民族原来并不是文化空白,更何况原本就是优秀的文化,正确的态度应该是坚信本民族原有的文化,吸收外来优秀的而且是我们需要的文化。然而实际情况并非如此,当时的中国有一部分人,被西方文化某些方面的优势掩盖了对中国文化优势的认知,错误的认知导致对中国文化态度的转化,其主要表现有以下几点。

其一,无原则地崇拜西方。当时有相当一部分人主张全盘西化,认为西方文化是先进的,应当抛弃中国原有的文化,一切向西方学习,使 20 世纪初的中国一时间刮起了一阵西方文化热潮。向西方学习他们比我们先进的那一部分文化是正确的和必要的,而且通过学习确实促进了我国文化的发展。但是向西方学习不能无原则,不能因为西方的某些好就看不到自己国家真正的好,不能看不到本民族的优秀。

其二,不认真体悟中国文化的精粹。文化的精粹是需要深刻并认真体悟的,而且要抱有极大的热情,但是当时的一部分中国人被西方文化所吸引,却不认真研究中国的文化了,失去了对中国文化的热情,则势必造成对中国文化深含的精华视而不见的状况。

其三,淡化对中国文化的信念。对本民族优秀文化抱以坚定的信念是中华民族的优秀美德,但是自西方文化传入中国后,确有一部分人渐渐淡化了对本民族文化的信念,忘记了中国传统文化是中华民族经过 5000 多年创造的从未间断优秀文化的事实。

其四,一切以西方文化为认知标准。在崇拜西方文化观念的支配下,他们用西方文化的认知评判中国文化,以西方近代自然科学的具体形式和内容为标准衡量中国的科学文化。这种以西方近代科学的标准衡量认知事物的现象普遍存在,所谓的某事物"不科学",很多是以不符合西方近代科学的标准而做出的的判断。仅在医药卫生领域,从 20 世纪初就开始掀起一股反对中医的风潮,说中医学是"邪说",判中医学是"伪科学",还有人指责中医学的许多理念是"迷信"等,甚至有当时的民国政府要员提出废止中医学,反对中医学的思潮使我国中医事业的正常发展受到严重影响。

由于西方文化的传入,一部人淡化了对中国传统文化的信念,影响了中国传统文化的正常发展,影响了我国某些方面或某些领域的正常发展,甚至为某些境外反华势力渗透我国造成可乘之机。

中华民族复兴伟业的一个重要目标就是复兴中国人对本民族创造的中国传统文化的坚定信念,复兴西方人对中华优秀传统文化的向往,使广大中国民众更加坚定和自觉地弘扬中国传统文化,使中华优秀传统文化优秀思想、理念传向全世界,为人类社会走向和平、幸福、和谐的共同目标贡献中国传统文化的智慧和力量。

(三)复兴民族的尊严

中华民族在西方文化传入中国以前的古代,中国广大民众对自己的国家,对自己的中华民族有着崇高的信仰,即使在遥远西方人的认知里,遥远的东方有一个神秘、发达和强盛的民族,历史记载着我国唐朝、宋朝及以后历代都有境外国家向古代中国政府朝拜的事实。

自从外国列强侵入中国,当时旧中国的统治者未能领导中国民众有效阻挡强盗的侵入,使中华民族遭受到无尽的屈辱,在那些年的外国人的认知里,中国大地就是他们的一块肥肉任他们宰割,中国的财富像是没有了主人的看管任他们抢劫,中国的民众任他们奴役,……当时的亿万中国人看在眼里,恨在心里,从心底里发出怒吼,何时才能还我尊严!

新中国的成立使中国人在全世界站立起来,中国人的尊严已经复还,但是世界上总有一些曾经奴役过中国人的境外势力,总是不甘心他们在中国的失败,不愿意看到中华民族拥有尊严,他们总想伺机诋毁中国人在世界人民面前的威望,中华民族怎能容忍恶人阴谋的得逞。

中华民族复兴大业的实践,就是要使全国人民在复兴大业的伟大斗争中,感悟到中华民族拥有尊严的荣耀,从而激发为维护中华民族尊严而奋斗的力量。

(四)中华民族为什么要复兴

因为中华民族凭自己的智慧和劳动曾经在古代一直保持国家的强盛,是因为列强的侵略而暂时失去强盛,再用加倍的努力使失去的人民幸福、社会祥和、国强民富复还回来。

其一,为了中国人民大众的长久幸福。贫穷和落后不属于中国人,中国人要的幸福生活是长久的幸福,中国人最有追求长久幸福的资格,因为中国人是靠智慧和勤劳创造的幸福,中国人希望所有善良和勤劳的人都长久幸福,反对少数人过度的奢华。在中国古代各种典籍、史册、文学作品中,载有太多关于人们追求幸福生活的描述,历代的人们为了长久幸福的生活,辛勤劳作于中国大地,在近代革命战争年代,为了全中国人民的长久幸福,英雄们不惜抛头颅洒热血,为了中国人的长久幸福,中国人一代接一代的连续奋斗。

其二,为了中国社会的长期稳定。如果国家不强盛,社会生产力水平不高,物质财富则不丰富,不能满足人们生活的要求,社会可能滋生不安定因素,社会的不稳定直接破坏和谐社会的构建。因此,只有社会的长期稳定才能有全体人民真正的幸福生活。

其三,为了中华民族永远不再遭受欺凌。中国社会在近代遭受的列强侵略,使中国人深刻认识到,中国人只有善良的心、聪慧的智和勤劳的手是不能安稳生存的,也不能幸福地生活,因为在这个世界上总有那么一些人,时刻盯着软弱的人,总想欺压和掠夺他人,总想称霸世界。有效阻止恶人欺凌的唯一途径就是实现自我强大,有了强大的国力、强大的国防、强大的人民,就不怕任何恶人,就会使恶人望而生畏。

第二节 文化活力推动复兴大业

中华民族的复兴大业是在建设中国特色社会主义的过程中进行的,新时代的伟业一方面要体现世界发展的新潮流,另一方面也要体现中华民族传统的特色,这是中国特色社会主义的核心内涵,也是推动民族复兴大业的基本动力。

一、建设中国特色社会主义

所谓中国特色社会主义,是体现中华民族发展意愿、发展理念和发展实践的社会主义建设事业。从文化发展的角度看中国特色社会主义,一方面领导建设事业的核心力量代表着先进文化的发展方向,另一方面体现着中国传统文化的基本精神和理念。

（一）坚持中国共产党的领导

中华民族的复兴大业是一种伟大的社会实践,也是一种极其复杂的社会实践,其过程必然涉及多种文化,涉及中国传统文化,涉及我国现代科学文化,涉及外国的各种文化,如何在复杂的文化环境中把握好正确的方向,以争取最大的经济效益和最好的政治效果。伟大的实践需要坚强的领导核心,这个核心有能力带领广大人民选择和践行优秀的文化。中国共产党是代表先进文化发展方向的无产阶级政党,有能力带领中国人民赓续优秀中国传统文化,有选择地吸收外国先进而且对我们的事业有用的文化,使我国的社会主义建设事业既能坚守中华文化的优秀传统,又能坚持改革开放的总原则。

（二）独立自主的和平发展道路

实施中国特色社会主义建设,是建设的实施过程蕴涵着中国传统文化的精神,这些精神主要有走独立自主的和平发展的道路;坚守保护自然生态的发展理念;充分发挥人民群众创造力的发展实践。

中国的复兴走的是独立自主的和平发展之路,这是从中华民族5000多年发展经历中总结的经验,是中国传统文化的智慧结晶,是中国共产党代表先进文化发展方向的集中体现。

在中华民族发展史的记录中,中国人从来没有靠掠夺别人发展自己,也没有主要依靠其他国家的帮助获得发展的记录,从古至今中国人都是靠自己的智慧和辛劳而创造财富的,中国人深感遭受掠夺的苦难,深知战争对国家发展的影响。中华民族从自身发展的经验和教训中得出的发展原则是:吸收别国发展的经验一定要结合本国的实际情况,坚定不移地走独立自主的发展道路;坚定不移地走和平发展的道路,中国决不压迫别国,中国更加警惕别有用心人的颠覆和破坏。

中国传统文化中关于自强不息的艰苦奋斗精神,鼓舞着古代中国人靠自己的智慧和辛劳,创造了古代的辉煌;鼓舞着中国人民靠自己的力量把一切外国侵略势力赶出了中国;鼓舞着中国民众靠自己的力量将一穷二白的旧中国建设成为富强的东方大国;中国人民将继续发扬中华民族自强不息的精神,实现民族复兴的伟业。

（三）保护自然生态的发展理念

中华民族的祖先从中华史前文化时期就萌发了敬畏天地的意识,中国传统文化传承了祖先的智慧,在长达数千年的中国古代生产力和环境条件下,古代中国人始终坚守在顺应自然规律的原则下寻求发展的途径。

近200多年以来,地球的自然环境已经被一些只顾自己发展的不负责任的国家或经济集团破坏得很严重了,人们应当警醒了,再不能以破坏自然生态为代价寻求发展了。

中国的复兴大业需要发展,因为中国是发展中的国家,中国又是负责任的大国,中国既要发展又要保护自然环境,中国已向世界承诺在2030年前二氧化碳排放达到峰值,争取在2060年前实现碳中和,足以证明中国在实现民族复兴的社会主义建设中,坚持保护自然生态,坚持保护环境的坚强决心和坚定意志。

（四）充分发挥人民群众创造力的发展实践

中华民族复兴的中国特色社会主义建设事业,是亿万人民大众参与的社会实践,是当今世界上只有中国共产党领导的中国人民大众才能实施的壮举。

在这样的壮举中,广大科技工作者将铭记民族复兴的意志,把复兴的意愿转化为科技创造的动力,充分发挥他们的聪明才智和科学创造精神,以极大的热情投身于民族复兴大业的实践中。

在这样的壮举中,立志创业成为人民大众的自觉行动,亿万人民的创业行动将汇集成中国人走在世界科技发展前列的主力军。

在这样的壮举中,积极创新成为每个中国人心中涌动的意志,每个处在复兴大业实践中的劳动个体,在各自的岗位上都以创新的态度和行动,创新自己的业绩,亿万人的创新行动必将推动民族复兴大业的创新大发展。

任何建设事业都是通过无数劳动者的个体劳动操作完成的,中国特色社会主义建设离不开千千万万个工匠们的精细劳动,中国的大国工匠把无数的科学蓝图变为无数个大国重器,使中国古代的工匠精神焕发出新时代的光彩。

人民是创造历史的主人,中国古代的辉煌文明是古代的劳动大众创造的;近代的外国列强是中国人民的流血牺牲把他们赶出中国的;今天的幸福是现时代中国人艰苦奋斗换来的;未来复兴大业的实现必将在中国共产党领导下的人民大众伟大实践中完成。

二、中国传统文化是智慧的宝库

中国传统文化是中华民族在5000多年的社会实践中,在认识、适应和利用客观世界的过程中创造的精神和物质的总和,其中富含着中华民族的智慧,中国人民在新时代欲创造新的辉煌,中国传统文化的宝库中蕴藏着丰富的认知、创造和管理的智慧。

（一）中国传统文化的认知智慧

任何艰难的创业都需要智力的参与，而智力的基础是智慧，伟大的创造需要创造者丰富的智慧，中国传统文化的认知智慧为古代中国人创造辉煌的古代生产力和科技，提供了强有力的智力支持。

在民族复兴伟业的中国特色社会主义建设中，将会遇到许多新事物、新困难，遇到许多需要解决的问题，从而更加需要丰富的认知智慧。古代中国人在创造中国传统文化的过程中，为今天人们的认知至少可以提供如下几个方面的智慧。

其一，以解决问题为认知导向。中国传统文化之所以呈现一脉相承的文化体系，一个重要的特点是古代中国人的认知导向是以解决生存、生活和生产中的实际问题为目标的，即是以解决实际问题为思考和实践方向的。在现代科学条件下进行现代化的建设，虽然有现代科学理论体系的指导，但客观实际是千变万化的，现实中必然会有重重困难，必然有许多需要解决的问题，当问题和困难出现了，就应像古代人那样迎着困难上，利用已有的理论、知识、技术及经验解决一个又一个困难和问题，在解决问题的思考和实践中提高技术，在解决问题的思考和实践中推动文化的发展。

其二，充分利用已有的经验。中华民族拥有 5000 多年的文明史，古代中国人为了生存和生活得更好，为了发展生产而认识天、认识地、认识人及人与人的关系，从事着各种劳动，克服着各种困难，积累了丰富的经验，这些经验都是认知智慧的结晶。在为祖国现代化事业奋斗的实践中，各行各业的奋斗者们一定也会积累许多实践的经验，经验和理论对于新的实践都一样重要。新的实践会产生更新的经验，在理论的指导下将新老经验运用于新的实践，是我们在新时代进行创新性事业的重要认知思路。

其三，发挥传统的整体动态认知思维的优势。中国传统文化之所以不同于西方文化，中国古代之所以创造出不同别国的辉煌，其中一个重要因素是因为古代中国人，创造了有别于西方人重局部、重静态抽象思维的中国式的整体动态认知思维，在进行现代化建设，在创造新时代中华文明的伟大实践中，仍然需要从事物的整体和动态层面把握客观世界的结构与功能，把握事物的发展方向。

（二）中国传统文化的创造智慧

中华民族的复兴大业需要无数个大国工匠的创造，只要全国的大国工匠及全国的劳动者发扬中国传统文化的创造精神，传承中国传统文化的创造技艺，必将为祖国的复兴大业做出特有的贡献。

古代中国人在当时科技条件下创造出众多科技发明和先进的生产工具，充分体现了他们的创造智慧，他们的智慧都蕴藏在中国传统文化的物质文化之中，其中主要有严密精细的操作、丰富的想象和实践经验积累等。

精细的操作是工匠精神的基本素质。现代化的建设工程主要依靠模式化和程式化的施工作业，但是任何高端的、完美的、高效的工程，都离不开精细的雕琢，都需要工匠们的细致操作。中华民族复兴大业中有无数的精细工程，需要成千上万的大国工匠弘扬传统文化的工匠精神,带领亿万劳动者以精心的态度,精细的操作完成各种精细作业,为复兴大业做出卓越贡献。

丰富的想象是工匠素质的思维优势。中国特色的现代化建设需要体现中国传统文化的元素,而中国文化元素工程建设的设计、施工和成形是离不开想象性思维的,中国古代的建筑是古代工匠们丰富想象力的杰作。中国现代化各类创造成果和建设工程的中国元素,一部分是通过外在形体展现出来的,而工程外观的中国文化美感设计是离不开设计师的想象性思维的,发挥中国文化想象性思维的优势是进行中国特色建设的重要环节。

经验的积累是工匠技能不断提高的基本途径。中国传统文化没有形成受控实验的实践体系,古代科技的创造主要借助试验的办法积累经验,在技能操作中注重技艺、技巧,注重经验的摸索、把握和记忆,这是中国古代工匠认知和实践的关键环节,也是中国古代科技发展活力的体现。在现代化建设中仍然需要劳动操作技能的经验的积累,因为模式化、规模化和程式化的劳动操作并不能解决所有的问题,任何复杂的、精细的操作性劳动都需要操作经验的积累。

（三）中国传统文化的管理智慧

任何由多人参加的社会实践都存在一个管理问题,管理的主要内容是对人的管理,因为人是社会实践的主体,而人在实践过程所持的态度,所发挥的能力,所表现的团队综合能力等,所有这些都需要合理而适宜的管理,以最大可能地调动全体人员的积极性,充分发挥团队中每个人的主观能动性,才可能获得最理想的实践效率。

中国传统文化突出特点是注重人及人的社会关系研究,中国传统文化的人文文化中蕴藏着丰富的处理人的社会存在及人的社会关系的智慧,其中与人的社会管理有关的主要内容有人以和为贵、人以诚信行天下和崇尚道德等理念,是在现代科学文化环境中进行新时代中国特色社会主义建设事业中,做好人的管理工作的重要思想基础。

其一,复兴大业需要人的和合精神。中华民族的复兴大业是通过建设新时代中国特色社会主义的伟大实践实现的,伟大的实践是我国亿万人民参与的宏大事业,亿万人民参与的宏大事业需要所有人团结一致,精诚合作,能做到此的只有中国,因为中国的亿万人民有中国共产党的领导,有中华民族优秀的"人以和为贵"的认知理念,亿万中国人民的齐心协力、团结奋斗必将为完成宏图大业创造最佳的人文环境。

其二,复兴大业需要人的诚信品质。人在社会上从事各种职业劳动和在社会生活中与他人交往,诚信是基本的品质,不具备诚信基本品质的人不可能得到他人的信任,也难以胜任重要工作,难以承担重要任务。中华民族的复兴大业需要亿万民众在建设事业的各个行业、各个岗位扎实的工作,认真完成每一项细微的任务,不懒惰,不虚伪。中国传统文化的人文文化中对人的个体行为的基本规范中就有"信",是"三纲五常"中的重要一条,弘扬和践行中华优秀文化的诚信文化,是每个投身于复兴伟业的建设者们应当奉行的文化理念。

其三,高度文明的社会需要高尚的道德。中华民族伟大复兴的任务之一,就是要把我国建设成为具有高度文明的社会,而高度文明的社会不仅要有严明的法制,还必须拥有高尚的道德,即全社会都崇尚道德,道德是全社会共同遵守的行为规则,道德和法制共同治理的社会才具备创造高度文明社会的基本条件。中国是一个拥有悠久道德传统的国家,自古以来有太多的关于研究和弘扬中华美德的文章,也流传了许多关于中华美德的人文故事。建设新时代中国特色社会主义强国,注重社会的道德建设,用中华民族传统的道德理念参与社会的治理,是体现中国特色社会主义社会的重要标志,是中华优秀文化内涵在社会生活层面的重要体现,在创建新时代中华文明的实践中,传承、弘扬和践行中华优秀道德文化,是实现中华民族伟大复兴的重要任务之一。

三、文化的精神释放复兴的力量

文化中蕴含的精神可以通过人们认识、认同和信念的心理作用,在践行文化的过程中释放出行动的力量。中国传统文化精神深藏于中华民族每个成员的认知心理中,必将在实现民族复兴的伟大实践中释放出无穷的力量。

(一)团结的力量是无穷的

中华民族自古以来有着民族团结的传统,这是践行中国传统文化"和为贵"基本理念发挥的作用。一个家庭的和睦是这个家族兴旺的基础,一个相对的社会环境的和谐是这个社会繁荣的必要条件,一个国家、一个民族群体更加需要团结,只有团结才能凝聚广大人民的力量投身于伟大的建设事业中。

如果在一个国家内不断出现民族问题,民族之间因为信仰或其他原因经常处于矛盾之中,人们就难以集中精力搞建设;如果一个社会政治不稳定,社会里的政治集团相互攻击,那么这个社会的政治组织很难形成统一的思想和意志;如果一个单位、一个企业的决策层出现不团结现象,出现决策层的成员互不信任,尔虞我诈,拉小集团等不利于团结的行为,必然从负面影响他们所在部门或企业的工作效率。

中华民族复兴大业的伟大实践需要中华民族的空前团结,防止境外民族分裂势力的干扰,中华民族的空前团结,就是为民族复兴大业凝聚的无穷力量。

(二)信念的力量是强大的

信念是社会实践主体展开行动的基本动力,信念的力量源自于人们心理认知的态度,中华民族复兴的伟业需要为此业而奋斗的所有人树立起坚定的信念,其信念的基本构成主要包括对复兴伟业必定成功的信念;对中华民族实践能力的信心;对中国传统化的自信等。

对中华民族复兴伟业抱有必然成功的坚定信念,这是每个中国人应有的认知,因为只有心中有信念才能从心底迸发出投入伟大实践的力量。

对中华民族攻坚克难能力抱有必胜的信心,这是对中华英雄史观的基本认知,每个新时代的中国人对中华民族创造辉煌历史的认知,都应给予充分的肯定和报以崇敬的心理,深信中华民族有着战胜一切困难而取得成功的光荣传统。

文化自信的集中体现就是对中国传统文化的坚定信念,认可中国传统文化是中华民族创造的优秀文化,是中华民族5000多年智慧和劳动的结晶,必将强化中华民族的自豪感,从而在民族复兴的实践中自觉弘扬中国传统文化。

(三)艰苦奋斗的精神是崇高的

中华民族的复兴是伟大的事业,伟大的事业需要事业中所有人的辛勤劳动,因为世界的任何辉煌都不是等来的,而是经过艰苦奋斗获得的;因为一切伟大、一切辉煌都靠双手创造。艰苦奋斗是中华民族的光荣传统,也是中国传统文化重要的精神之一。每个中国人都应准备以艰苦奋斗的精神投身于民族复兴的社会主义建设事业中。

首先,事业的辉煌是靠奋斗得来的。中华民族数千年生存、生活和生产的经验及教训证明:一切财富和一切成功都是由于人的艰苦奋斗换来的。在投入民族复兴伟业的实践中,中国人民将继承祖先们关于艰苦奋斗的光荣传统,以饱满的热情,以不怕苦、不怕累、不怕死的大无畏精神投入民族复兴的伟业。每个新时代的大学生都是未来事业的接班人,必须从现在开始做好艰苦奋斗、艰苦创业的思想准备,以应对未来创业中困难的挑战。

其次,未来会有许多困难。通向辉煌之路向来都不是平坦的,路上一定有许多艰难险阻的困难。我们的复兴大业是为实现中华民族强盛的百年梦想,越是伟大的事业越不可能轻而获得成功,前面必然困难重重,其困难首先来自国际上不希望中国强大的政治势力,他们会千方百计地阻挠我们的发展;其次是来自客观世界的困难,因为宏大建设事业需要的大量物质和设备并不是现成的,是需要中国广大建设者的辛勤劳动才能获得;其他还有资金、技术等多种困难,甚至还有许多想不到的困难都需要我们做好克服万难的准备。

再次,做好艰苦奋斗的准备。中华民族的优良传统之一就是艰苦奋斗。在古代通过艰苦奋斗创造了辉煌的历史;在近代通过艰苦奋斗使中华民族顽强地生存下来,并且推翻了压在中国人民头上的三座大山,赶走了外国侵略者,使新中国屹立在世界的东方;在建设社会主义的伟大事业中通过70多年的奋斗,特别是经过40多年的改革开放的艰苦奋斗,使中国人实现了从站起来到富起来再到强起来的初步梦想;未来的事业是更加光荣、更加伟大、更加艰巨的,全体中国人民已做好了艰苦奋斗的思想准备,决心在中国共产党的领导下,通过加倍的努力为实现中华民族的伟大复兴而奋斗。

新时代的大学生们是未来创造民族复兴大业建设队伍中的生力军,祖国的未来需要你们,中华民族复兴大业需要你们,你们目前的任务是认真读书,努力学习,刻苦钻研,把建设中国特色社会主义强国的本事学到手,以出色的学习成绩完成学业,以充沛的精力投入建设。

参考文献

[1]钱学森.关于思维科学[M].上海:上海人民出版社,1986.

[2]约翰·洛克.人类理解论[M].关文运,译.北京:商务印书馆,1959.

[3]列维-布留尔.原始思维[M].丁由,译.北京:商务印书馆,1981.

[4]孔狄亚克.人类知识起源论[M].洪洁求,洪丕柱,译.北京:商务印书馆,1989.

[5]丹皮尔.科学史[M].李珩,译.北京:商务印书馆,1975.

[6]潘吉星.李约瑟文集[M].沈阳:辽宁科学技术出版社,1986.

[7]张岂之.中国传统文化[M].3版.北京:高等教育出版社,2010.

[8]张岱年,方克立.中国文化概论[M].修订版.北京:北京师范大学出版社,2004.

[9]姜守明,洪霞.西方文化史[M].北京:科学出版社,2004.

[10]方汉文.比较文化学[M].桂林:广西师范大学出版社,2003.

[11]陈昌曙.自然科学的发展与认识论[M].北京:人民出版社,1983.

[12]马伯英.中国医学文化史[M].上海:上海人民出版社,1994.

[13]杨善民,韩锋.文化哲学[M].济南:山东大学出版社,2002.

[14]禄保平,王海莉.中医药文化通论[M].郑州:郑州大学出版社,2022.

[15]王庆宪.中医思维学[M].北京:人民军医出版社,2006.